中华农业科教基金资助图书

中华农业科教基金会简介

中华农业科教基金会经中国人民银行批准，民政部注册登记，于1995年12月20日成立。基金会得到国家科委、中国人民银行、民政部、农业部等部委的大力支持；得到国内外企业界、知名人士的积极响应。基金会归口农业部管理，接受中国人民银行和民政部监督。

中华农业科教基金会的宗旨是：通过广泛吸收国内外和社会各方面的资金，用以支持中国农业科教事业，补充国家主渠道对农业科技的投入，以加快实施“科教兴农”战略。

中华农业科教基金会的任务是：发展农业科教事业，推动农业科技进步，提高农业劳动者素质，促进中国农业发展和农村经济繁荣。基金会资助农业基础研究、应用研究、试验示范、成果推广和农业科教前沿重大课题的研究；资助有突出贡献和有发展潜力的中青年农业科技人才；资助优秀农业科技著作的出版；奖励在中国农业科教事业中做出重要贡献的个人。

中华农业科教基金会将根据政府制定的农村经济发展规划，定期公布资助方向。资助项目的遴选实行“公开申请，专家评审，民主公正，择优资助”原则。基金会建立严格的筹资、管理和使用制度，公正、合理、规范、科学、有效地使用农业科教基金，向捐赠者公开收支帐目，接受监督。

中华农业科教基金会热忱欢迎国内外企业、社团、各界人士向本基金会捐赠资金，本基金会可根据捐赠者的意愿，设立名人基金、专项基金等。

面向21世纪课程教材

Textbook Series for 21st Century

农业政策学

农业经济专业用

钟甫宁　主　编

谭向勇　副主编

中国农业大学出版社

主　　编　钟甫宁（南京农业大学）
副 主 编　谭向勇（中国农业大学）
编　　者　傅龙波（南京农业大学）
　　　　　　徐志刚（南京农业大学）
　　　　　　张秋林（南京农业大学）
主　　审　朱道华（沈阳农业大学）

责任编辑　宋俊果
封面设计　郑　川
版式设计　宋俊果

重编说明*

《农业政策学》是全国高等农业院校规划教材，主要供高等农业院校农林经济管理各专业教学使用，也可作为农村经济管理干部培训教材和政府相关部门工作人员参考用书。

本教材原由南京农业大学杨德祥教授主编，北京农业大学出版社 1993 年版。在重编过程中，我们保留了原教材的体例，即先介绍原理，再介绍具体政策。根据农业经济专业的特点和课程教学大纲的要求，在具体内容上做了较大幅度的修订、补充，增加了农业政策经济原理、农业可持续发展政策、农村社会发展政策，为了不至于同其它课程重复，本次修订删去了原教材中主要国家和地区的农业政策介绍。在重编过程中，吸收了政策科学和农业政策研究领域里的一些新成果，书后列出了主要参考文献。我们在此和读者一起向被本书引用其研究成果的专家学者致以诚挚的谢意。

此次《农业政策学》的重编工作得到中华农业科教基金专项经费资助。由于年龄和工作等原因，原 1993 年版《农业政策学》的主编杨德祥教授、副主编柯柄生教授不再担任此次重编任务的主编和副主编工作。本教材重编工作由南京农业大学钟甫宁教授任主编，中国农业大学谭向勇教授任副主编，并请沈阳农业大学的朱道华教授担任主审。参加编写成员：钟甫宁（第 1 章，第 2 章，第 3 章）；谭向勇（第 4 章第 1 节，第 6 章）；傅龙波（第 4 章第 2、3、4 节，第 5 章，第 8 章，第 9 章，第 10 章，第 13 章，第 14 章）；徐志刚（第 11 章，第 12 章）；张秋林（第 7 章）。

本教材在编写过程中，得到了南京农业大学经贸学院、南京农业大学土地管理学院资料室的大力协助，在此表示感谢。

由于我们的水平有限，书中缺点在所难免，恳请读者批评指正。以便今后再版时加以修订。

《农业政策学》编写组

1999 年 8 月

---

* 原书无前言或编写说明。

目　录

第一章　导　　论

第一节　政策与政策科学

一、政　　策

政策是国家、政党为实现一定目标而制定的行为准则。为了实现社会、经济、政治、文化等方面的发展目标，政府可以凭借其权力，通过政策来规范个人、家庭、企业、社会团体的行为，包括政府部门的行为。正因为如此，我们有时将为了实现政策目标而采取的措施和行动也包括在政策范畴之中。由于人们所处的社会地位不同，政府政策与不同人群的利益的关联度有所区别，同一具体政策所造成的影响也不一样，不同的人会从不同的角度认识政策并试图在力所能及的范围内影响政策的制定和执行。因此，一项具体政策的制定、执行和检查修正过程都是个人、家庭、企业、社会团体和政府机构相互活动的结果，其中政府行为占据主导地位。

在存在阶级的社会里，政策是统治集团实现本阶级利益的一种工具。封建制度国家制定的政策为地主阶级利益服务，资本主义制度国家制定的政策为资产阶级利益服务，社会主义制度国家制定的政策则是为无产阶级利益服务。可以说，任何一个阶级社会的政策从来就是为其统治者服务的，政策具有它鲜明的阶级属性。

早期的资本主义提倡自由放任的市场经济，除了维持社会秩序以外，反对政府对社会、经济和文化等领域采取任何形式的干预行动。自19世纪后半期以来，反复发生的经济危机揭示了资本主义社会制度内在的深刻矛盾，两次世界大战便宣告了自由放任政策的破产，各主要资本主义国家纷纷采取积极的干预政策，以维护社会经济的正常发展。

另一方面，高度集中统一的计划经济制度片面强调政府的作用，基本上破除了个人、家庭、企业和社会团体在制定、执行和检查修正政策过程中的作用。在经历了一定高速发展时期以后，实行中央计划经济的国家都面临资源配置效率低下和经济缺乏活力的困境，因而自20世纪70年代后期以来，这些国家先后进行了市场导向的社会和经济改革，逐步减少政府对社会生活的全面行政干预，充分发挥个人、家庭、企业和社会团体在社会经济发展中的积极作用。到目前为止，中国的改革最为成功，不仅经济增长速度快，而且个人、家庭、企业和社会团体越来越多地参与政策的制定、执行和检查修正过程，社会经济生活充满了活力。

自 20 世纪 70 年代以来，各国政府对社会生活的政策干预更趋全面，尤其是加强了对科学技术和社会发展以及资源的开发利用和环境保护领域的干预，以维持经济、社会的可持续发展。与此同时，个人、家庭、企业和社会团体也越来越积极地参与政策的制定、执行和检查修正过程。随着经济全球一体化进程的不断深入，人类不仅面临资源、环境等全球性问题，科学技术发展中的许多问题，甚至社会和经济发展中的一些问题，都日益具有全球性质。因此，政府和个人、家庭、企业、社会团体之间的交换活动也逐渐超越国界，一些政策的制定、执行和检查修正必须放在全球的背景之上，在地区和世界范围内相互协调。

在现代社会经济条件下，政府在政策的制定、执行和检查修正过程中既要充分发挥个人、家庭、企业和社会团体的积极性，又要积极承担起自身的主导责任，使整个社会的发展既充满活力，又协调一致，保证社会全体成员最大福利的可持续发展。

依据政府行为影响的范围底下，一般可以把政府政策分为不同类型和层次，如社会政策、经济政策、技术政策、农业政策、农业市场政策等等。

政策主要是在一定信念、价值观和目标基础上的有计划的工作。它是由三大要素组成的一个严密的逻辑体系，即政策背景、政策目标、政策手段。政策背景是起点，是政策作用对象及其周围环境的现状；政策目标是终点，是政策作用对象后希望其改变成的理想状况；政策手段是起点到终点的桥梁，是政府所采取的如何把其认为不合理的现状改变成理想状况的一系列措施。三者之间的逻辑关系如图 1.1 所示。

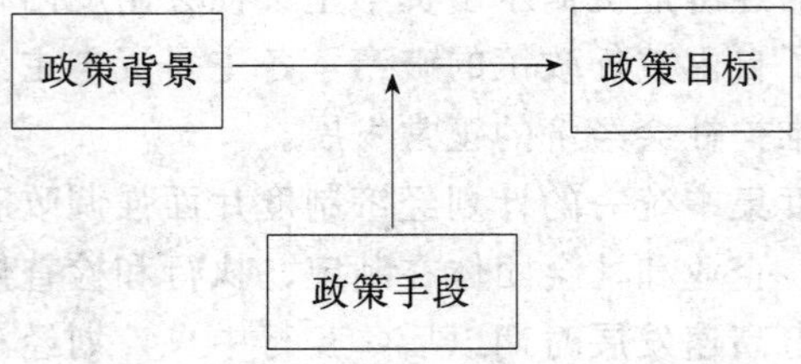

图 1.1 政策的三要素及其逻辑关系

二、政策科学

政策科学是人们对政策运动规律的总结。以经济学为例，人们一度把主要的精力用于企业和居民家庭的微观经济问题研究。随着资本主义经济危机的出现，经济学家逐步把宏观经济问题以及政府行为也作为重要的经济问题来研究，就是说“宏观经济”与“经济政策”等等也成为经济学研究的对象。

19 世纪 40 年代，德国历史学派经济理论家曾经提出，国家要干预经济生活，要把经济政策作为经济科学的研究对象。1890 年，资本主义世界经济危机发生以后出现“经济政策论”，这可以说是研究经济政策的先声。但一般认为，最早提出“政策科学”概念的是美国学者拉斯韦尔（H. Lesswell）。1951 年美国著名政治学家拉斯韦尔与勒恩（D. Lerner）合著的《政策科学：近来在范畴与方法上的发展》一书的出版是政策科学诞生的标志。可以看出，政策科学是一门在第二次世界大战之后兴起和发展的新兴学科。

在 20 世纪 70 年代，政策科学被普遍接受而且得到迅速发展。这一时期，不仅涌现了大量的有关政策科学的专业性研究遵循组织和学术期刊，而且发达国家的许多大学也将政策科学列为主要的进修课程。在整个 70 年代，政策科学的理论和技术不但在许多国家的各级政府得到了广泛应用，而且由于其潜力和普遍的适用性，同时也在私营部门得到了推广。进入 20 世纪 80 年代，政策科学的理论和方法已经成为工业发达国家政府乃至实业团体管理决策的基本方式，以至出现了未做政策分析，不做政策决定的现象。

在社会主义国家中，有关经济政策学的概念提出是在 20 世纪 80 年代以后，但运用经济理论研究经济政策的现象早在马克思时代就已经出现。马克思关于对小农不能剥夺的思想，关于按劳分配的思想，关于大力发展生产力的思想等，都明显带有政策主张的色彩。列宁提出的管理俄国，把提高劳动生产率放在首位，发展合作制，把经济建设建立在关心个人利益的基础上以及实行“新经济政策”等，也明显反映出了列宁的政策主张。毛泽东提出的正确处理好农轻重关系、正确处理好各种经济利益关系和权力关系的思想，邓小平提出的发展经济的“三个有利于”标准等，都对社会主义经济政策的制定和实施有着极大的影响。

政策科学主要研究政府行为。就经济政策科学领域而言，要研究的是政府为什么要干预经济活动，干预哪些经济活动，怎样干预经济活动。政府是经济活动中一个非常重要的主体，其活动也应遵循一定的规律和准则。比如说，企业的行为决定于能够获得多少利润，一切活动都要考虑其成本和收益的关系；政府的活动则是为了宏观经济效益，综合经济利益，长远经济利益，直至社会和环境利益，因此也要考虑成本和收益的关系。“政府成本”和企业成本都很重要，政府不能不惜一切代价地去干某些事情。政府的行为必须有科学的决策。对政府的行为也必须做出科学的评价。这一系列问题都是政策科学要研究和回答的。

中国正在建设和发展社会主义市场经济，政策科学还刚刚起步，不断地完善和发展政策科学具有非常重要的意义。一方面要破除“政府无所不能，政府永远正确”的看法；另一方面也要防止全盘否定政府政策的极端倾向，只有不断发展我国的政策科学，才能使我国的各项政策的制定、执行和评价不断科学化。

第二节　农业政策的本质及内涵

一、农业的概念、地位及作用

（一）农业的概念

农业是农业政策作用的对象。要研究农业政策首先要搞清楚什么是农业。农业是人类利用太阳能，依靠生物生长发育机能以获取劳动产品的社会物质生产部门。农业生产的对象是生物体，获取的是动植物产品。

农业一般包括植物栽培业和动物饲养业。植物栽培业是指绿色植物利用太阳光、热和自然界的水、气以及土壤中的各种矿物质养分，加工合成植物性产品；动物饲养是指利用动物的消化合成作用，把植物性产品转化成动物性产品。我国习惯上把农业分为农（种植业）、林、牧、渔业。在一些发达国家，农业产前（如饲料加工等）和产后（如农产品加工等）部门有时也算在农业范畴内。在一些情况下，农业教育、科研、推广等等也属于农业的内涵。

农业与其它部门相比具有其显著的特点。农业最根本的特点是经济再生产和自然再生产过程相互交织在一起。所谓经济再生产，指社会生产过程中经济方面的投入和产出周而复始、不断更新，包括物质资料、劳动力和生产关系的再生产。所谓自然再生产，指生物依靠其新陈代谢机能，借助自然力和外界环境条件，通过生长发育和繁殖等一系列生命活动，使自身不断更新繁衍。在现实的农业生产中，既没有脱离经济再生产的纯自然再生产过程，也没有脱离自然再生产的纯经济再生产过程。

另外，农业还有一些其它特点，如土地不可替代；自然环境因素对农业有较强的影响力；农业生产周期长；农业生产时间和劳动时间不一致；农产品体积大、价值低、易腐烂、难储运；农业生产单位往往是一家一户，等等。

（二）农业的地位

农业是国民经济中最重要的物质生产部门，同时也是最古老、最基础的部门。由于农业的发展，其它国民经济部门才得以产生和发展。如果没有农业劳动生产率的提高，农业剩余的增加，其它国民经济部门的产生和发展是不可能的。

中国几十年的发展历程表明，什么时候农业发展了，国民经济其它部门也就随之发展；反之亦然。世界上的国家大体上可以划分成发达国家和发展中国家两种类型。一般来说，发达国家的农业都比较发达，如北美和西欧，其农业生产主要是解决农产品过剩问题；而发展中国家的农业则较为落后，经济发展的最大难题是农业问题，农业问题没有解决，就不可能实现工业化。这是世界各国发展的一般规律。

在经济发展的早期，农业是国民经济中的主要部门，其它国民经济部门的发展有赖于农业发展。在这一阶段，农业要为整个国民经济的发展积累资金做出贡献，这一阶段可称为农业支持国民经济发展阶段。随着经济的发展，农业发展速度变慢，农业在国民经济中的份额不断下降，一些国家开始对农业实行保护，这一阶段称为国民经济保护农业发展阶段。不同的发展阶段，农业在国民经济中的地位有所不同，农业政策就有所区别。总体上来说，我国农业还处在发展的第一阶段。

（三）农业的作用

国家的繁荣靠二、三产业，而社会的生存安全却靠农业，农业的兴衰对经济发展的进程有着重大影响，这一切均源于农业在国民经济成长过程中所发挥的重要作用。

1. 为社会发展提供安全保障。农业是人类衣食之源，无粮则乱的客观事实促使世界各国高度重视农业，尤其是粮食生产。充足、稳定的农产品供给是人们生活稳定的保证，也是国家安全的保证。没有农业的发展，社会稳定就会失去安全保障。

2. 为经济发展做出要素贡献。在实现从贫穷向富裕转变的过程中，农业的重要贡献突出地表现在为其它经济部门的发展提供土地、资金和劳动力等生产要素。

3. 为其它经济部门提供市场。农业生产所需的投入部分来自本部门自己的供给，部分来自非农部门的产品。在农业部门的消费方面，即农村人口消费方面，部分生活消费品来自农业产出（如粮食、蔬菜等），部分来自非农部门的产出（如衣着、日用品等）。农业部门对非农部门生产资料和消费品的需求，扩大了非农部门的销售市场，促进了非农部门的发展。从这个意义上说，农业部门为非农部门做出了市场贡献。

4. 为经济发展提供紧缺的外汇。经济发展的进程表明，农业可能是外汇的一个主要来源。尤其是早期发展阶段，出口商品主要是农产品。另外，用国内农产品代替进口以节约外汇也是缓解国家外汇紧缺的可能途径。出口导向和进口替代不仅对工业部门有积极意义，对农业也同样具有重要意义。

5. 为人类提供良好的生态环境。农业是国家的绿色资源，是自然景观、乐生环境的供给者。没有遭受污染之害的农业以及与之相联系的自然环境，不仅可以保持生态平衡，在发展观光旅游和假日休闲也具有重要价值。

二、农业政策及其重要性

农业政策是政府为了实现一定的社会、经济及农业发展目标，对农业发展过程中的重要方面及环节所采取的一系列有计划的措施和行动的总称。农业政策的主体部分从属于一般经济政策，属于部门经济政策，是公共政策的一个重要组成部分。作为部门经济政策，农业政策的主要目标是保持农业生产长期稳定增长。为了实现这一共同目标，各国政府通常在农业的生产结构、组织形式、资源配置以及生产要素和产品流通等领域制定一系列相互联系的政策，引导市场中各行为主体做出符合总体利益的决策，并且保障最终目标的实现。

由于农业问题和农民、农村问题的密切关系，广义的农业政策也涉及农业、农民和农村的其它领域。例如，农业环境政策和农村社会发展政策就超出了农业生产的范畴，也超出了经济范畴。它们不仅涉及社会学领域，而且也涉及自然科学领域。尽管它们不是严格意义上的农业政策，但是，由于研究、制定和实施政策的机构相同或重叠，实施政策的地域范围和受影响的人群相同，加上与主要农业政策之间的相互影响非常明显，我们将这一类政策也包括在农业政策的范畴之类。毫无疑问，这些政策都与农业生产的长期稳定发展相关。但是，这些政策本身更关注农民收入和生活质量，以及农村的社区发展。

农业政策与其它部门经济政策相比也有显著不同，这是由农业的特点决定的。农业是弱质产业，由于农业进行的是动植物生产，受自然影响大且生产规模小，很难与其它部门进行市场竞争；而农产品（特别是粮食）又是人类生存的基本物品，其供给数量和价格不能有较大波动，否则就会转化成严重的社会问题。因此，政府必须采取有力的政策措施，保证农业在市场经济条件下的市场地位和市场竞争能力，从而保证整个社会经济稳定。

同时，农业政策的特点还源于农业生产关系的特点。农业是需要生产者精心照料的产业，农产品还不能像工业产品一样实行标准化生产，这就决定了它的生产组织形式必须实行多样化，以满足不同地区、不同动植物生产的需要。多样化的组织形式，必然涉及到农业生产资料的不同占有形式，因此，农业经济活动过程中实行什么样的组织形式，就需要做出政策选择。

随着经济的发展，人们消费支出中用于食品的部分不断下降；加上社会食品支出中加工和流通领域获得的比重在不断上升，初级产品的生产者（即农民）获得的总收入在国民收入中所占比重必然以更大幅度下降。如果农民占全国人口的比重不能相应减少，农民人均收入就可能持续下降。从大多数国家的经验来看，农村人口和劳动力向非农产业和城镇转移是一个漫长的过程。这一过程不仅困难、痛苦，而且通常滞后于国内生产总值中农业所占比重的下降速度。这一现象同时也严重阻碍了农村社区的社会发展。因此，政府有必要制定和实施一系列政策，减少这一过程中可能产生的摩擦和痛苦，保障农民的人均收入不至于过度下降，保证农村的经济社会发展速度与城镇保持一定的平衡。

在中国农业政策对发展农业生产和提高农民生活水平有着极其重要的意义。中国农业发展上正反两方面的经验也足以证明政策的威力。农业政策正确与否对农业生产和农民生活有着极其深刻的影响。十一届三中全会以后，由于实行一系列正确的农村政策，农民积极性普遍高涨，农村经济得到迅速发展，农民生活也得到明显改善。

第三节 政府、市场与农业政策

一、市场经济体制下政策形成的逻辑起点

各国经济发展的事实表明，在生产力到达一定水平后，国家经济的进一步发展必须以市场为导向。正是市场这只“看不见的手”引导着经济逐步向

前发展，并最终促成国民经济现代化。然而，市场经济也有其自身不可避免的缺陷。为弥补市场缺陷，需要政府制定必要的政策加以补救。政府政策对市场的干预，其必要性仅以市场失灵为限。市场机制的有效性在大多数场合必须得到肯定，但在某些情况下，也会出现市场失灵。政策的基本作用就是补救经济生活中这种现实的失灵或可能出现的失灵，弥补市场机制的缺陷。这就是市场经济条件下政策形成的逻辑起点。

市场经济自发调节存在着一些固有的缺陷或局限性，对某些经济活动领域，无法实施有效调节。突出地表现在以下几个方面：

（一）市场机制本身不能解决社会目标问题

市场经济追求的首要目标是各决策主体自身的效率，是其自身资源的最优配置。对资源最优配置的评价受社会集团的偏好、社会目标的取向制约，市场调节并不能保证资源配置与社会的偏好和目标取向一致，有时就会造成对社会公正的严重损害，或激化社会矛盾。

（二）市场经济无法承担公共职能

一个社会总有出自全民需要的诸如国防、教育、基础设施、环境保护等等公共产品。这些公共产品具有“外部性”特征，它们有些是生产私人产品部门不愿提供的，有些是生产私人产品部门无法提供的。因此，单靠市场机制的调节不能保证它们有足够的供应，需要依靠发挥政府的经济和行政功能，将市场缺口填平补齐。

（三）市场经济的调节作用具有一定的盲目性

市场机制是自发的经济运行机制，仅仅依靠市场调节的经济运行难以避免盲目性，甚至出现无政府状态，带来社会经济的不稳定。例如，反周期政策已成为现代市场经济国家政府的一项重要职能。

二、政府政策干预的目标及其缺陷

由于市场失灵的存在，需要政府介入社会经济生活。但政府的介入并不意味着由政府完全替代市场，而是要以市场机制为基础，运用政府的力量，协调局部利益与整体利益的矛盾，保证公共产品的供应，同时遏制或限制市场机制自发运行所产生的经济波动。在经济发展过程中，市场机制始终是第一位的，政府的干预则是第二位的。政府干预的基本目标，是对宏观经济进行总量控制和政策控制，从而使国家经济的总供给和总需求达到基本平衡，以实现经济的稳步增长。

但是，政府的政策干预也存在一定缺陷。首先，政策的制定和实施是一种政治和行政行为，其目标不可能与市场经济的理想目标完全一致，其措施也不可能与市场机制完全相容。如果政府有关部门和机构的政治、经济利益以及职权等方面的矛盾和冲突得不到有效的控制和协调，实际制定的政策或政策的实施结果可能与初始目标相去甚远。因此，政府的政策干预必须严格限制在必要的范围内，即仅仅针对那些市场机制无法解决经济的政策问题，同时尽量遵守市场经济的行为准则。

其次，政策的制定和实施离不开具体的人，而每一个抱有良好愿望的人都可能犯错误。不了解实际情况或者缺乏应有的理论素养和思想方法都可能导致政策的失败。因此，必须强调政策科学的重要性，加强政策制定和实施过程中的科学性。

三、市场经济条件下的农业政策

经济活动中市场失灵存在的客观事实导致政府干预的必要性，而政府的干预活动主要是通过政策来实现。政策的作用是按照政府的目标去修正市场失效，所以政策的制定与实施，就是要在政府与市场的关系中找到一个相对满意的平衡点。

市场经济中政府干预的作用举足轻重。但政府要真正发挥好它的作用，就应当搞清楚它在市场中的地位。在市场经济活动中，政府的作用是充当市场竞争的裁判，制定比赛规则，以消除竞争障碍，维护竞争秩序，提高竞争质量。这些竞赛规则多数就是以政策形式来表现的。市场经济活动中政府所处的裁判位置，决定了它只负责裁决、监督，而不直接参与如何在一个市场经济主体的活动。“不与民争利”是各国政府行为最基本的准则。

由于农业自身的特点和它在国民经济中所处的地位，需要政府采取措施对其进行干预。事实上，几乎所有的国家都毫无例外地干预了农业经济事务。在传统自给自足经济条件下，农业生产不需要政府进行宏观调控。只有在商业性农业生产发展到一定阶段后，由于农业生产和农产品需求之间出现了脱节现象，农产品市场成为现代农业经济发展的核心因素以后，政府调控才成为必要。

政府通常采取法律、经济和行政手段对农业实行干预，干预的内容包括：①为农民提供直接补贴；②提供农业信贷服务；③加强对农产品市场的宏观调控；④提供农业教育的科技服务；⑤对土地资源和环境进行保护；⑥建立农产品储备制度；⑦实行食物分配计划。这些干预措施的最终目标是要提高农业劳动生产率，增加和稳定农民收入，促进农村发展。

第四节 本书的框架

农业政策与经济理论密切相关。有什么样的经济理论做指导，就会制定出什么样的经济政策。经济理论是对现实经济活动的科学概括和总结，是经济政策科学得以建立和发展的基础，也是指导经济实践活动和完善人们经济行为的基本原则。因此，农业政策科学必须重视将经济理论的基本原则通过农业政策的制定和实施贯彻到经济实践中。

经济学理论和农业经济学对农业政策有十分重要的影响。经过多年来对农业政策问题的研究和对中国推行农业政策实践的观察，国内学者认为公共选择理论、经济政策动态学说、委托—代理理论和组织行为理论等分析工具，对理解中国农业政策推行过程出现的种种现象能够起到有益的帮助。

农业政策科学把农业政策过程作为自己的研究对象，研究和探讨农业政策过程的基本环节、规律以及政策制定、执行和评价的方法与手段，提高人们掌握政策的能力，从而提高政策科学的民主化和科学化水平，更好地运用农业政策来管理和调节农业经济运行。

农业政策科学研究的内容可以概括如下：①农业政策的概念、指导原则、作用，包括主要政策方向、任务、目标，以及对影响农业政策的研究和制定的诸要素的识别；②研究和制定农业政策的方法，包括调查研究方法、经济理论和系统分析方法，识别或发现各种农业政策问题的技巧；③农业政策模型的研究和对农业政策的分析与评价；④农业政策制定体系的改善，包括研究和制定农业政策的过程、机构以及农业政策工作者工作条件和素质的改善；⑤农业的未来和发展战略，以及相应的政策研究；⑥各国农业政策的比较和制定农业政策的历史经验研究。

上述内容本教材只涉及到一部分。本书主要从经济理论、政策原理（政策的制定、执行和评价）、农业政策内容等方面来研究农业政策，全书共分十四章。第一章是导言，介绍政策的一般概念及农业政策的功用。第二章是农业政策分析的经济原理，介绍据以制定农业政策的经济理论及经济分析方法在农业政策研究中的应用。第三章是农业政策的制定，主要介绍农业政策的目标、政策工具及政策方案的评价。第四章是农业政策的执行，介绍农业政策的背景、执行机构、政策执行过程和执行效果分析。第五章是农业政策评估及调整，具体介绍政策评估的内容和指标体系、评估的方法和程序、政策调整。第六章是农业结构政策，介绍农业区域结构政策、农业部门结构政策、农业经营规模结构政策。第七章是农业产业组织政策，主要内容介绍了农业产业组织政策的目标、中国农业产业组织政策的演变、农业产业组织政策的创新。第八章是农业土地政策，内容包括土地政策的目标、土地所有政策、土地使用政策、土地赋税政策。第九章是农村劳动力政策，内容涉及农村劳动力政策的目标、农村劳动力就业政策、农村劳动力资源开发政策。第十章是农业科学技术政策，介绍了农业科学技术政策的内涵、农业科学技术体制政策、农业技术政策。第十一章是农产品市场与价格政策，主要内容包括市场与价格政策的内涵、农产品国内价格政策、农产品对外贸易政策、农产品、市场结构政策。第十二章是农业资金政策，主要介绍农业资金与农业投入的关系、农业信贷资金政策和财政资金政策、中国农业资金政策的具体内容。第十三章是农业可持续发展政策，内容包括可持续农业产生的背景及其发展、中国农业可持续发展面临的问题、农业可持续发展中的资源保护政策。第十四章是中国农村社会发展政策，主要内容包括中国农村人口政策、中国农村教育政策、中国农村扶贫政策。

思考题

1. 何谓政策？政策如何产生？
2. 什么是农业政策？其基本内容包括哪些？
3. 农业的特殊性和重要性对农业政策产生的影响如何？
4. 试析政府、市场与农业政策之间的关系。
5. 谈谈你对中国农业进行市场化改革以后农业政策所发挥作用的看法。

第二章　农业政策的经济原理与方法

第一节　农业政策与经济理论

一、制定农业政策相关的经济理论简介

（一）公共选择理论

公共选择理论把经济问题的分析置于政治研究领域，用经济学的方法分析政策决策问题。它所关注的问题如政治个体的行为特征，以及由此引出的利益团体的行为特征对政策决策的影响等。该理论有助于加深我们对各种利益团体对农业政策制定和执行所产生的影响。

（二）经济政策动态学说与农业政策

该理论把政府制定经济政策作为一个内生变量，系统而深入地研究了经济政策自身内在的演变轨迹。它揭示了经济政策演变过程中出现的日益复杂化趋势，以及执行过程中所产生的扭曲变形原因，有助于我们认识政策扭曲的本质。

（三）委托—代理理论与农业政策

这一理论将各类经济主体之间的关系看成是一种契约关系，从现代产权结构来看，财产的所有者是这一契约关系的委托人，而管理者为代理人。在委托—代理关系中，由于信息的不对称和契约的不完备，委托人和代理人的利益又经常不相一致，所以委托人不得不对代理人的行为后果承担风险。这种方法可用于分析各经济主体之间由于利益分配不均而导致的农产品地区封锁等政策行为后果。

（四）组织行为理论与农业政策

该理论把组织行为看做是当代行为科学研究的最高层次的行为，它对组织结构变革和行为方式变化趋势的分析，对促进组织结构变革和行为方式变化原因的分析，对我们分析经济体制转轨时期农业政策部门的组织结构和行为特征，具有重要的理论参考意义。

二、农业政策与经济福利的关系

政府制定农业政策的目的在于推动农业向满足社会需要的方向发展。政策制定者主要是通过影响农业生产要素和农产品价格，达到改变整个农村经济的资源配置和收入分配。所以，研究和制定农业政策要求我们考虑把出现在现实社会中的可以选择的经济情况，分成“较好”和“较坏”的等级问题。而讨论这一问题的理论大多来自经济学的分支——福利经济学。福利经济学研究社会成员集团的福利，同个人行为与企业行为的经济学不同，它是关于整个社会目标的达到的程度，而不是每个社会成员个人目标达到的程度(D. M. Winch)①。

福利经济学阐述某些主张，根据这些主张，我们可以按较好或较坏的尺度，把现实社会中可以选择的情况分成等级（E. J. Mishan)②。福利经济学是经济学家和决策者对于可以选择的政策之间以及好与坏的制度之间，怎么样和用什么标准做出或应该做出他们的选择的理论（Arrow and Scitovsky)③。

由此可见，福利经济学的首要任务就是要研究个人偏好与“社会偏好”之间的关系。一个理性的个人可以在各种事物之间排列出好坏、有无差异等等的偏好秩序，福利经济学的首要问题就是要找出社会整体的“偏好秩序”，经济学的许多问题都有赖于对“社会偏好”和“社会福利函数”的理解。政策的出台必然涉及到社会成员的利益调整，寻求满足每个成员福利最大化是政策研究的首要任务。福利经济学和农业政策的联系是明显的，以致于农户、农业企业和地区政府等各自相对独立的经济利益主体，总是以自己从某项已出台的农业政策中获取利益的多少来评判农业政策的优劣，并以此作为政策行动的依据。

考察福利经济学的全部内容不是本书的重点，我们在此集中讨论福利经济学对农业政策研究有特别关系的两个方面：一是由完全市场经济形成的资源配置和产品分配，可以看作经济效率高的；政府政策导致背离这些条件的范围，可以看作经济效率低的。二是可以衡量某一政策变化的福利效果。

---

① 【英】里特森，1988，《农业经济学原理与政策》，农业出版社，第 220 页。

② 来源同①。

③ 来源同①。

三、经济福利的概念及其内涵

（一）经济福利

最早由庇古（Pigou）、马歇尔（Marshall）等人建立起来的福利经济学是建立在“基数效用论”基础上的。该福利理论假定效用可以在不同人之间进行比较，个人的效用函数是连续的和边际递减的，从而每个人都可以用某种确定的基数值来衡量、比较和表示效用满足大小，社会福利就是个人效用的加总。

这种以基数效用论为基础的福利经济学，其最大缺陷在于认为个人效用可以比较，但这是极不现实的。帕累托（Pareto）于1896年提出序数效用论对基数效用论进行非难。序数效用论认为，效用未必能衡量，边际效用递减也很难成立，消费者无从知道效用的数值，而只能说出自己的偏好次序。个人效用的最大满足，不是指达到最大的满足总量，而是指达到最高的满足水平。由于效用不能相加，所以无从知道一个人所得到的效用总量。从而每个人所得到的效用或满足是大还是小，也就无法比较。新福利经济学由此认定，社会福利取决于组成社会的各个人的福利，而不是其它。

（二）社会福利函数

如果社会能够把每一可能的经济结构都分成等级，我们就会有把个人效用和社会福利联系起来的所谓社会福利函数（Social Welfare Function，简称 *SWF*），它是决定社会福利的一种实值函数，其数值可理解为取决于所有可能影响福利的变量，包括社会每个成员购买的商品数量、提供的要素数量及其它相关变量。

建立在序数效用论基础上的 *SWF* 为：

$$W_n = F\ (W_1,\ W_2,\ \cdots\cdots W_n) \tag{2.1}$$

$$\partial F / \partial W_n > 0$$

式中：W_n 表示第 n 个消费者的效用函数。

社会面临的问题就是如何在既定的资源约束和生产技术条件下，实现社会福利函数的最大化，目的使个人福利之和最大，以寻求社会资源的最优配置。这种 *SWF* 可以在图 2.1 中用社会福利无差异曲线表示。

图 2.1 中 U_A 表示消费者 A 的效用，U_B 表示消费者 B 的效用，W_1、W_2、W_3 代表福利等高线，并且 $W_3 > W_2 > W_1$；一旦无差异曲线代表不同水平的社

会福利，把 A 和 B 的一对对效用联接起来，这些效用都是和社会福利的同一水平相联系的；曲线 UPF 代表效用可能性边界，表示经济在最有效率的情况下所提供的各种效用组合。

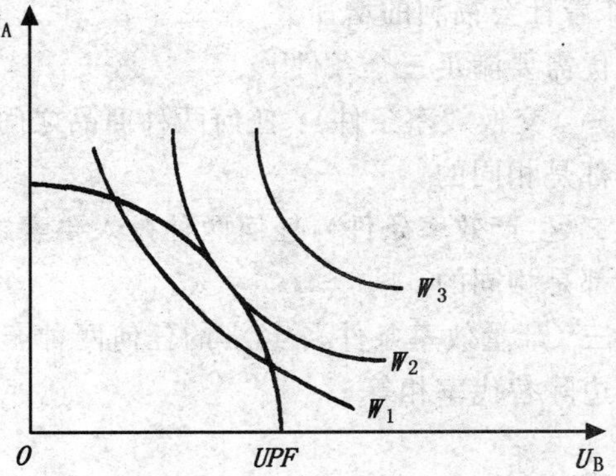

图 2.1　社会福利无差异曲线图

社会福利函数把一种经济中所有可以选择的结构完全分成等级，帮助我们了解某种经济变化的方式是否可以看做代表整个社会的改进。它表明任何经济措施，即使不能实现帕累托最优，但只要能够使社会总福利有所增进，集体效用水平提高，则认为是可取的措施。

同时，社会福利函数也清楚地表明，社会福利是建立在个人的价值判断基础上的，社会的偏好秩序取决于每个人的偏好秩序。“个人主义”仍是社会福利函数中所包含的最基本的价值判断。

社会福利函数还表明，如果社会生产没有增长，任何经济变动都只是一种利益再分配，而在这种再分配中，一方受益，必然是另一方受损，这时就很难对总福利水平是否提高的问题做出判断。若给定收入分配方案，总收入增长，必然导致福利水平的提高。

四、帕累托最优及其实现条件

（一）帕累托最优及其实现条件

帕累托最优是指这样一种状态，在这种状态下，每个人的经济状况好到这种程度，以致于任何人都不可能再得到好处而同时又不使另一个人受到损失。从某种意义上说，帕累托最优是一种效率如此之高的状态，以致于不可能再通过对资源和产品进行再分配来使效率提高。如果存在通过对资源和产品进行再分配，使得某些人的效用水平在其他人的效用不变的情况下有所提高，那么经济就不是一种帕累托最优，这种“重新配置”称为“帕累托改进”，而这也就意味着社会福利的增加。

达到帕累托最优需要满足三个条件[①]：

帕累托条件之一（交换效率条件）：任何两种商品之间的边际替代率，对于任意两个消费者都是相同的。

帕累托条件之二（生产效率条件）：任何两种投入要素之间的边际替代率，对于任何两种产品都是相同的。

帕累托条件之三（产量效率条件）：经济的任何两种产品之间边际转换率与它们在消费中的边际替代率相等。

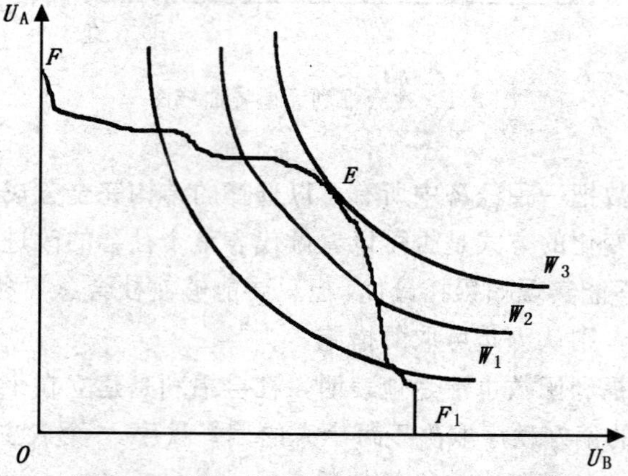

图 2.2 满足帕累托最佳条件的福利边界图

帕累托最佳条件可以用福利边界来表示（如图 2.2），边界上的任何一点，都是从满足三个条件的经济形态中得出来的。边界里面所有的点，都不能满足一个或几个条件，因为任何这样的点，适当地移向边界，都能增加一个人的效用，而不减少另一个人的效用。经济福利最高点的综合位置，应该在可以达到的最高社会福利等高线上。由福利边界上的一点表示出来，就是 W_3 与 FF_1 相交的 E 点。

① 帕累托最优三条件的证明参见樊刚，1992，《市场机制与经济效率》，上海三联书店，第 72～76 页。

（二）帕累托最优与市场均衡

在诸如无报酬递增、无外部性等经典假设条件下，一种完全竞争的经济将达到一个帕累托状况，因此，完全竞争市场经济理论模型通常作为评价农业政策经济效率的标准。但应该注意，并不是只有在完全竞争市场经济中才能实现帕累托最优，一种不同于完全竞争的经济制度也可以达到帕累托最优。如兰格（Lange）的社会主义经济理论和列昂惕夫（Leontief）的投入—产出计划经济理论在理论上都具有实现帕累托最优的逻辑可能性[①]。

使得经典条件下的完全竞争能达到帕累托最优的关键因素是，任何产品或要素的买方或卖方都不处于能够显著影响价格的地位。厂商的利润极大化行为和消费者的效用极大化行为与供求的作用一起保证了所取得的均衡状况是一个帕累托最优状况。

市场均衡与帕累托最优的相互关系，可以从两方面来说明。一方面，竞争均衡是一种帕累托最优。在竞争经济中实现均衡能满足帕累托最优的三个条件。由于消费者不能影响价格，其预算约束是线性的，它在预算约束与最高无差异曲线相切点进行消费时效用最大，则

$$MRS^{i}_{XY}=P_X/P_Y \quad (i=1，2，\cdots，l) \qquad (2.2)$$

式中：X 和 Y 表示任意两种物品，i 表示消费者。

（2.2）式表明，由于所有消费者面临相同的价格比率，因而可以达到交换最优状况。

同样，由于生产者不能影响价格，所以能够达到生产最优状态。生产者的等成本线是线性的，它在等产量线与等成本线相切的一点进行生产，因而，有：

$$MRS^{C}_{AB}=P_A/P_B \quad (C=1，2，\cdots，C) \qquad (2.3)$$

式中：A 和 B 表示任意两种要素，C 表示生产者。

（2.3）式表明，由于所有生产者面临同样的价格比率，因而可以达到生产最优状况。

在完全竞争市场上厂商均衡的另一个条件是产品的边际成本等于产品的价格，因此，价格比率等于边际成本比率，而边际成本比率即是 MRT，根据

---

① 【澳】黄有光著，1991，《福利经济学》，中国友谊出版公司，第 60 页。

（2.2）式得：

$$MRT_{XY}=P_X/P_Y=MRS_{XY} \quad (2.4)$$

也就是任意两种产品的边际转换率在均衡时等于其消费的边际替代率。

由此可知，在竞争均衡中，帕累托最优的三个条件都得到满足，因此，竞争均衡是一种帕累托最优状态。

另一方面，资源禀赋的适当分配，可以使每种帕累托最优状况作为一种竞争均衡来保持。这表明：①市场竞争均衡的结果取决于禀赋分配或收入分配；②一种市场均衡和帕累托最优对应着一种特殊的财富分配方案，改变市场运行的结果，改变帕累托最优的位置，可以取得预期效果。

五、福利变化的测度

完全竞争市场均衡能满足社会的帕累托最优条件，这表明竞争性决定的资源配给和产品分配是高效率的。政府任何企图改变因自由竞争而形成的消费者和生产者之间的分配，都包含经济成本，会带来效率的损失。这意味着政府对资源和收入的再分配政策会背离竞争决定的帕累托最优状态。

帕累托最优是一种理想状态。其实，政府政策要么包含经济效率的损失，要么包含背离竞争决定的资源配给和产品分配。至于选择何种政策，应该在既定的目标约束下，在两种或两种以上可选的政策方案中，比较政府所选方案的经济效率。为了能够这样比较政策，对于可选择的政策手段的福利效果必须有某种量度，一般采用经济剩余（Economic Surplus）方法来进行。

经济剩余是指在市场条件下，生产者和消费者在商品供给和需求不断变化中实现均衡状态时获得的市场成本节约。这可以指消费者效用，或指生产要素收入。当经济剩余没有达到最大时，就存在帕累托改进。这是因为只要不减少每个消费者和生产者的剩余，只是把新增加的剩余恰当地在它们之间分配，就可以在不使任何人的状况恶化的情况下而使至少一个以上的人的状况得到改善。在经济剩余达到最大的时候，就没有这种帕累托改进的余地。

（一）消费者剩余（Consumer Surplus）

消费者剩余的概念最早是由法国工程师杰·杜皮特（J. Dupuit）于1850年左右提出的[①]。自马歇尔（Marshall）的《经济学原理》一书出版后，消费

① 【英】C·里特森认为消费者剩余的概念最早由米香（Mishan）提出。

者剩余的概念逐渐在学术界广为传播。马歇尔将消费者剩余定义为：个人为一物品愿意付出的最大代价与他实际付出的代价之间的差额[①]，也就是消费者实际付出的价格与他愿意付出的价格之差。作为其度量，马歇尔用了需求曲线之下与代表消费者实际支付的矩形面积之上的那个三角形面积，如图2.3（a）所示。

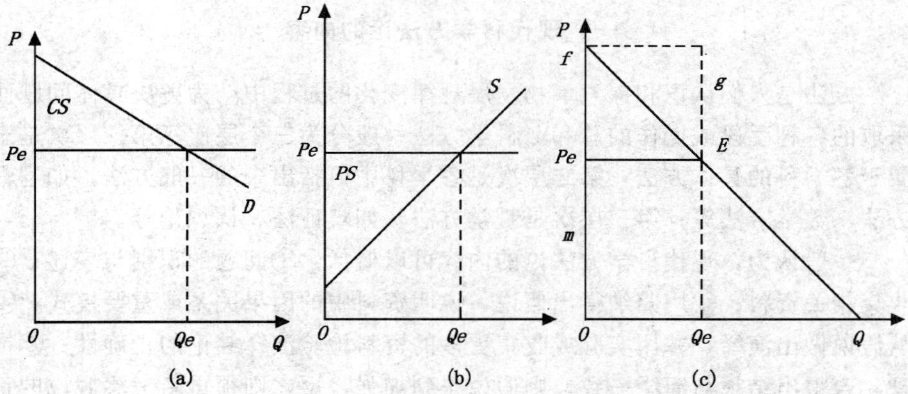

图 2.3　消费者剩余、生产者剩余和经济剩余几何图示

（二）生产者剩余（Producer Surplus）

所谓生产者剩余是指生产者所愿意接受的最低价格与市场实际价格之差。如图 2.3（b）所示，生产者剩余是供给曲线以上，价格水平 P 以下的封闭区域的面积。

生产者剩余＝生产总收入（价格×产量）－可变成本

＝生产总收入－总成本＋固定成本

显而易见，在没有政策干预的生产均衡条件下，生产者剩余和消费者剩余是既定的，因而不存在所谓的福利损失，当然就没有福利收益。一旦干预市场均衡的农业政策发挥作用，就会存在因社会资源重新配置而使生产者或消费者获益的可能性。政策的经济福利效果就可以用生产者剩余和消费者剩

① 【美】约翰·伊特韦而等编，1992，《新帕尔格雷夫经济学大辞典》，经济科学出版社，第965页。

余来加以度量。有关利用经济剩余方法来衡量政策效果的内容将在本书第十一章做详细介绍。

第二节 农业政策的分析方法

一、现代科学方法论的内容

方法是人们认识和探索事物发展规律变化的过程中，为解决具体问题而采取的各种手段或操作的总和。科学方法一般分为三个层次：第一层次是隶属于各学科的具体方法；第二层次是各学科中概括出来的一般方法，如逻辑方法、数学方法等；第三层次是哲学方法，如辩证法、认识论等。

一般认为，现代科学方法论的内容可以概括：①问题的识别与表述；②收集相关资料；③用归纳得出假说，说明资料中的因果关系或重要模式；④从假说做出演绎，并用实验或收集更多的资料检验演绎结论的正确性；⑤推理，若得出结果与演绎一致，则假说得到加强，反之则须重新考察假说的正确性。

二、农业政策分析方法的基本内容

不论是政策的制定与实施过程，还是对政策内容本身的研究，政策分析的基本内容都包括事实分析、价值分析、规范分析、可行性分析等四个方面。

（一）事实分析

政策分析中所讲的事实，多指对客观存在的事物、事件与过程的描述与判断。事实分析，就是对社会生活中存在的事物、事件、关系及其相互作用进行描述、观察、计数、度量与推理；回答是什么、在什么时间与地点、程度如何等问题。政策分析中，无论是定性或是定量的，人们通常按照经验的方法，首先对客观现实进行一定因果关系的描述研究，然后才能进行更深入的分析、研究，事实分析中最重要的是尊重客观实际，杜绝一切主观干扰。

客观存在的事实是独立存在于人的意识之外的。但在描述事实时，不论是判断、推理还是分析、综合，都离不开价值取向的引导。同样一个客观事实，人们在观察和描述时明显地表现出主体的价值观。呈现在人们面前的各种事实都是具有价值的事实；但是有价值的事实并不都具有同等地位。政策分析的一个基本点，是选择特定价值的事实。从这一点上讲，政策的功能范围，无论在空间还是在时间上都是有限的。人们只能按照决策者或政策分析者的价值取向，选取具有特定价值的事实进行研究。

（二）价值分析

价值是一定主体所具有的不依具体情况的改变而转移的期望、肯定、支持和反对、讨厌、放弃事物的评价标准。政策分析中的价值分析，是考察个人和社会的价值观念以及价值规范，并确定价值准则的研究任务与过程。它回答因为什么、为谁、为什么目的，许诺什么、应优先考虑什么的问题。价值标准直接影响甚至决定政策的性质、方向、合法性、有效性和社会公正程度。因此，价值标准的确认和选择是政策的决定因素之一。一般来说，政策的价值标准包括政治公正标准、经济效益标准、社会可行性标准和实践检验标准。但是，政策所提供的价值标准，不可能对全社会每一个成员都产生相同的作用。社会经济生活中的问题只要经过提炼加工形成政策，就意味着政府在帮助全体或部分社会成员去认识什么、改造什么；先认识什么，先改造什么，以及如何改造等等。社会成员服从政策，执行政策，就是服从于特定的价值意识与价值取向。

一个完整的政策制定过程，从政策问题的提出，到政策拟定，直至政策评价，自始至终都贯穿了价值的调节作用。通过价值分析，可以确立一些基本的价值准则来衡量和评价政策方案；通过价值分析，能够了解人们价值观念的变化与趋向，有助于形成新的价值准则；通过价值分析，可以帮助人们树立科学的价值观，指导人们对政策做出新的选择。

（三）规范分析

规范是指准则、标准或尺度。人类的行为是多种多样的，规范的形式也是多种多样的，诸如科学规范、道德规范、宗教规范等等。这些规范形式及内容，在政策的制定与政策内容中从不同方面表现出来。规范分析主要是应用演绎推理方法，从抽象的普遍原则出发，得出特定问题的结论。政策规范作为一种社会力量，除了推动人们去做那些一致愿意做的事情外，还诱导人们去做他们不一定乐意做的事情，或阻止人们去做正在乐意做的某些事情。政策规范具有强大的社会教化作用，因此，政策分析中离不开规范分析。

政策分析中的规范分析回答应该是什么，应该怎样做的问题。规范要有效，必须以相关的价值观念为基础。价值观念的任何变化必然带来社会规范的变化。实际上，政策分析中的事实、价值和规范是无法完全割离的。人们一旦获得大量与政策问题相关的“事实的”信息后，往往需要通过特定的假设来判别这些信息。这些特定的假设实际上包含了明显的价值前提。如果政策分析中只有事实分析，而没有价值分析和规范分析，或只有规范分析，而没有价值分析和事实分析，这样的分析是不会有什么结果的。

（四）可行性分析

政策分析中的可行性分析指政策制定者通过各种方法论证既定政策在政策实践中是否可以执行并且产生预期社会效果的一种行为。可行性分析最关注的是实践问题，是成本、支持率、效益等现实性、社会性、操作性范畴的问题。通过可行性分析要回答的问题是：我们这样做是否行得通？领导或公众是否同意这样做?我们是否能够提供充分的条件或能够提供到什么程度?需要改变或增加哪些条件才能实现既定的政策目标？可行性分析的内容主要涉及政治、经济和技术上的可行性。

政治可行性强调政策选择被决策者或当事人接受的可能性。在实际的政策分析过程中，政治可行性的分析主要是通过考察政党和新闻媒体在特定政策问题上的态度来进行的。得到多数或主要政党和新闻媒体支持的政策是政治可行性程度高的政策，反之则是可行性程度低的政策。但是，这样的政策未必是好的政策，未必一定是正确的政策，而仅仅反映其政治的一致性程度。一般来说，政治可行性越大，政策被接受、被贯彻的可能性就越大。

经济可行性指获取实施政策所需资源的可能性。这里所说的资源主要包括资本、自然资源和人力资源等等。在政策制定和实施过程中都需要消耗资源。从某种程度上说，获取所需各种资源的可能程度直接决定了政策方案的可行性。较为理想的政策可能由于资源限制而无法实施。经济可行性的主要任务，就在于确定政策期望值与所需的经济资源量之间的关系，计算其投入产出比，不考虑经济可行性而盲目推行的政策必定会带来灾难性后果。

技术可行性指实现政策目标的科技手段上的可能性。许多政策设计在理论上可行而实际上不行，或在政治上、经济上均可行而实际做不到，一个主要原因就在于缺乏实现政策目标的技术手段。对技术可行性进行论证，一方面要对国家、部门或地区的技术发展进行一般性分析；另一方面要对实现特定政策目标所需的技术手段和方法进行研究。

可行性研究还包括社会因素上的可行性，即生态环境、伦理道德和文化等方面的可行性。这些社会因素的影响有时也是不可忽略的。

上述可行性研究内容相互联系、相互影响，在政策分析中发挥不同的作用。成功的政策，往往要全面考虑到各方面的可行性，并寻找最佳的组合。

三、农业政策分析的具体方法

在农业政策分析过程中，主要使用下列方法和手段：

（一）社会调查

正确的政策都是从实际出发，都是主观认识对于客观现实的正确反映。要做到这一点，就必须向社会做调查研究。制定方针政策要调查研究，执行方针政策也要调查研究；从政策经验上升到政策理论要调查研究，将政策理论运用于实践和指导实践，以及政策理论接受政策实践检验，也要调查研究。农业政策也不例外。因此，农业政策的制定、执行都必须紧密联系实际，深入进行调查研究，以获取大量可靠资料，使制定出来的政策能够符合客观实际，并在实施中使政策进一步完善。社会调查是制定农业政策的前提和基础，它是研究农业政策科学最基本的方法。

（二）历史分析法

任何事物都有发展演变的历史过程，如果不寻根问底，就很难说明事物的现状和未来。经济现象更是如此。例如，对我国农户经营规模过小的现状分析就必须历史地看待这一问题。如果只是简单地对现状给予评价，或者简单地与欧美国家家庭农场加以比较，必然得出不切实际的结论。从历史发展的角度分析，就会发现中国农户经营规模小是一个长期的历史现象，而不仅仅是实行家庭联产承包责任制后才出现的问题。中国人多地少，工业化和城市化水平较低是长期以来的客观事实。1950～1980年，我们曾经试图扩大经营规模，但由于生产力没有本质的改变，实践证明是不成功的，后来又不得不退回到以家庭为单位的经营规模。如果了解这一历史背景，在考虑中国未来的规模发展时，也许会更客观地考虑中国的实际情况，而不是不顾客观条件，片面追求经营规模的简单扩大。任何现行政策总有其历史继承性，这是从事政策研究时不能忽视的问题。

（三）系统分析法

系统分析就是根据事物的系统特征，从事物的整体出发，强调事物的整体性、层次性、结构性。各项农业政策问题都不是独立存在的，它们之间既有纵向联系，也有横向联系。只有从整体上把握这个有机的内在联系和基本特征，才能制定出切合实际的农业政策方案。

（四）结构分析法

结构分析法接近于自然科学研究中的解剖方法。为了搞清楚事物的本质，就必须把事物解剖开来，深入研究组成事物的每个要素的情况以及要素之间的关系。这样就能够深入细致地认识事物。解剖可以是多层次的。任何事物都是一个系统，研究可以根据需要在系统的不同层次上展开。对事物研究不深入，在很大程度上就是由于没有对事物进行结构分析，没有深入到事物内部或组成要素的层面上。

（五）模型分析法

模型分析法是分析政策的基本工具。在满足政策系统整体性的要求下，模型方法力求抓住本质，化繁为简，化难为易。模型的建立过程，要以事实和数据资料为依据，运用一定的科学理论，按照目标的需要，提炼出主要因素、主要过程和主要关系，力求建立能够反映系统本质特征的，符合逻辑的理论和实证模型。通过模型分析法，不仅可以定性说明经济变量之间的关系，而且可以从数量方面进行较为精确的阐述。近年来，许多国内外学者在分析中国农业问题时，都采用了模型分析方法，取得了令人瞩目的成就。

（六）社会试验法

一些新的政策往往要先做试验，先搞试点，取得经验，证实可行才能全面推行。社会试验方法就是对某项政策在所选择的试验区里进行观察、总结、分析，发现问题及时修正。这种方法对研究制定具有长期意义的政策十分重要。

（七）群众路线法

人民群众是创造世界历史的动力。它既是生产力的首要因素，而且还是直接物质财富和精神财富的创造者。尊重劳动人民群众的首创精神，历来是我们党制定农业政策的一个重大法宝。因此，相信群众、依靠群众是做好任何工作的基本条件。群众观点、群众路线是政策的基本方法。

思 考 题

1. 如何从经济角度评价农业政策的优劣？
2. 使用经济剩余方法分析农业政策应该注意什么？
3. 在农业政策分析过程中经常使用哪些方法？各有什么不足？

第三章　农业政策的制定

第一节　农业政策问题的确定

人类社会面临的问题层出不穷，旧的问题解决了，新的问题又会产生。人类就是在不断解决问题的过程中进步和发展的。政府的功能和政策的社会意义在于及时有效地解决人类面临的无法由市场机制自发解决的诸多问题。所以，问题就成为任何一项政策的起点。制定农业政策就是发现农业经济运行过程中出现的问题并确定解决问题的办法，发现和确认农业政策问题就成为制定农业政策的前提。

一、农业政策问题的内涵和基本特征

农村现实经济生活中存在各种各样的问题。大到农村社会的政治、经济，小到农户的生产、生活，都存在现实与人们预期不一致的状况。但并不是所有的问题都会成为政策问题。只有那些具有广泛影响，能够进入政府工作议程的问题才能成为政策问题。所谓农业政策问题，是一些特定的问题，它们须由政府列入政策议程并采取行动，通过公共行为加以解决。因此，农业政策问题只是那些关系到农业经济发展全局的关键性的大问题和在某一领域、某一方面起决定作用的主要问题。

（一）农业政策的内涵及共性，可以归纳为下面三方面内容

1. 农业政策问题是一种社会客观现象。政策问题来源于人们的期望与社会现实的偏差，没有现实问题的存在，就没有政策问题的产生。任何主观想像的问题都不能构成农业政策问题。

2. 农业政策问题能够为多数人觉察、认同并受其影响。客观存在的问题如果不为人们所觉察、认同，就不能成为农业政策问题。“对一个潜在的公共政策问题的觉察和定义都取决于受其影响的人数、他们传播这一问题的范围和能力以及使其要求被认为是合法的政策问题的机会”[①]。

---

① E.R. 克鲁斯克等，1992，《公共政策辞典》，上海远东出版社，第1版，第53页。

3．农业政策问题是必须由政府解决的现实问题。政府的农业政策是对现实农业问题的某种反应。当现实的公共问题被认为到了非解决不可的地步，从政府角度来说，就形成了明显的政策需要，必须制定并实施某一政策。

政府发现农业政策问题的途径通常包括：①执政党和政府领导人凭借其领导地位所掌握的信息，从大量农村经济社会问题中发现和抓住主要问题作为政策问题；②统计、计划、农业等政府职能部门的公务人员在执行农业政策过程中可以发现一些共同的农业政策问题；③高等院校的教学人员、科研机构和学术团体的科研人员在从事教学、科学研究的过程中，可以确认某些重要的农业政策问题；④某些突发的重大事情、事变、天灾人祸，也会成为政府立即要加以解决的农业政策问题，如1998年夏季在长江领域发生的特大洪水，导致湖北、江西、安徽等地农业生产遭灾，如何帮助受灾地区农民尽快恢复农业生产就成为迫切需要解决的政策问题。

（二）从农业政策问题构成内容来看，它具有下述明显的特征

1．农业政策问题具有相互依赖性。任何农业政策问题都不是孤立的，而是整个问题体系的有机组成部分。不同领域、层次的农业政策问题存在着相互联系、相互制约的关系。农业政策问题的相互依赖性，要求我们在分析多个相互关联、不可分割的农业政策问题时，必须从整体入手来把握具体政策之间的相互作用。因此，处理各种农业问题的各项农业政策也应当构成一个系统的农业政策体系。

2．农业政策问题具有客观性。农业政策问题是客观存在的农业问题，是农业经济实践中的问题，并且是已为人们所认识的问题。农业政策问题的出现有一个过程，只有当其发展到一定程度，触及到人们的切身利益时，人们才能感受到它的存在。当然，由于产生农业政策问题的外部客观状态，是经过人们由选择后进行界定、分析和评价的，因而作为农业政策问题的农业问题又具有一定的主观性。

3．农业政策问题具有主观性。农业政策问题的认定，源于人们改变现存社会状态的需要。只有当人们断定必须改变某种社会状态时，才会提出并讨论政策问题。因此，农业政策问题的提出和认定具有人为因素，既是人的主观判断产物，又是作为对客观社会状态的合法解释而被人们接受。离开了人的活动，农业政策问题就不存在。

4．农业政策问题具有历史性。农业政策问题不是突发产生的，而是逐渐形成的。任何一项农业政策问题的产生不可能横空出世，它可能是以前的农业政策执行不当或发生偏差的结果，也可能是社会环境发生了变化，具有一定的历史继承性。通过农业政策问题的历史考察，可以使人们了解农业政策问题的前因后果，为农业政策的预测分析创造条件。

5. 农业政策问题具有稳定性和动态性。任何一个农业政策问题，既涉及到环境因素，又与前提条件、相关人群密切联系。在一定时间和地区范围内，农业政策问题具有相对稳定性。但随着社会经济条件的变化，旧的问题解决了，新的问题又产生了，问题的提出与解决一直处于变化之中。在问题的分析过程中，研究者既要追溯既往，又要预见未来。只有把握问题的动态情形，才能形成正确的解决方案。

二、农业政策问题的认定与论证

农业政策问题的认定是一个极为复杂的过程。在这一过程中，存在着许多足以影响农业政策决定的重要问题。但要形成农业政策决定，必须首先进入政策议程，而要进入政策议程，首先必须完成政策认定，即相关主体达成一定的共识，认为某一问题已经到了非解决不可的地步。政策问题的认定过程至关重要。认定政策问题的方式以及所认定的政策问题的内涵，直接影响解决的方案。因此，如果错误地认定政策问题，就可能导致选择错误的政策方案，使原来的问题得不到解决并造成新的问题。政策问题的认定受多种因素的影响，一般认为影响政策认定的主要因素大体上集中在诸如利益集团、政党、民意机关、政治领袖、选举、抗议活动、危机或特殊事件、大众传播媒介、新旧事物的差别等方面。

在分析存在什么样的农业政策问题时，从方法论的角度看，通常需要做如下判断：现实现象与人们期望的现象之间的差别属于农村经济社会哪一个领域中的矛盾？用什么样的资料以及至少用多少信息可说明这种偏差？是否构成政策问题，其重要性、程度及影响范围如何？可能产生偏差的原因以及确认这些原因的依据是什么？判断这些偏差是否构成农业政策问题，可以从社会多数成员的价值观与实际农村社会生活的表现之间的差距来判断。在利用统计资料进行横向和纵向比较分析的基础上，可以得出问题能否成立的结论并且确定问题的重要性、程度、影响范围。政策认定过程一般包括问题觉察、问题界定和问题陈述三个既独立又联系的阶段。

在农业政策问题认定的过程中，会遇到对有关问题的争论。这种争论不仅包括人们对即将采取实际的或可能的行动的不同意见，也反映了人们对农业政策问题本身性质的认识。政策问题的论证相当复杂。西方学者认为这种复杂性可以通过论证所在的组织层次具体表示出来。政府最高层所做的一级论证是明确是否做某事；政府机构所做的二级论证主要规划优先发展的项目和考虑目标群；功能论证反映在具体的规划上；小论证反映在特定的项目中。当沿着政策问题论证的等级不断向上时，政策问题越来越表示出更大的相互依赖性。尽管各层次的论证是相互依存的，但立论不同，政策也不同。

三、确定农业政策问题的方法

农业政策制定过程中，对不同性质和形式的农业政策问题，需要使用不同的方法和技术来对其加以认识和了解。

（一）边界分析法

具体研究政策问题时，必须首先划定研究对象的界限。边界分析就是要划定研究对象的边界，找出与其它事物严格区别的本质及其属性，使之与外界相对隔离，在边界内组成一个统一整体。政策分析中，经常面对的是相互交织在一起的模糊问题，很少面对单一的确定问题，这使得确定研究对象的边界变得十分复杂。比如，政府要制定扶贫政策时，自然要确定扶贫的有关问题。这时，必须对贫穷进行界定，并由此确定谁是扶贫对象？有多少扶贫对象？如何扶贫？定出扶贫对象，搞清为什么要对他们进行扶贫，这些确实是不容易的事。如果边界界定不清楚，一定会造成失误。应该注意的是，边界分析的结果即使是合理的，但也不一定是完全肯定的，需要与其它确定问题的方法结合起来使用。

（二）层次分析法

层次分析是认定政策问题可能产生原因的方法。目的是为精确有效地认定导致问题情景的原因而提供一套有效的思维方法。这种方法可以帮助人们分析三种原因：可能原因、合理原因和可控原因。可能原因是某种事件或行为，不论它和政策认定的关系如何，只要是可能促成政策问题情景发生的，便都是可能原因。合理的原因是在科学研究和直接经验的基础上，对问题形势的出现可能会产生重要影响的原因。可控原因是受政策制定者的控制和操纵的原因。层次分析通过可能、合理、可控三个层次的原因分析，由浅入深，由表及里，逐渐深入探寻政策问题产生的根源。层次分析依靠分析者个人的知识、经验、理论观点和价值观念来获取信息，免不了带有浓厚的个人色彩，因此不能保证一定能够找到问题的正确解释。

（三）类比分析法

类比分析是在政策问题的确定过程中，通过对类似问题的确认，寻求政策问题的成因、性质及类别的方法。类比分析主要是调查问题的相似性，以便帮助政策分析人员根据类比的结果，对政策问题的内涵进行分析。类比分析以不同事物之间的比较为基础，其基本假设是，分析人员如果能够觉察问题所存在的相同或相似的关系，就能够利用已有的知识去理解未知的现象。在缺乏可靠论证思路时，类比分析法往往能够奏效。按照类比分析提供的思路，人们不仅能够识别出哪些看似新问题实为旧问题的伪装，而且还能够正确地获得解决新问题的思路。

（四）假设分析法

假设分析法就是对政策问题相互冲突的立论进行假设，然后进行创造性综合的一种方法。它是所有确定政策问题的方法中最具综合性的方法之一，常常用于比较复杂的涉及不同利益矛盾冲突的政策问题分析。它可以由个别专家运用，也可以由团体运用。这种方法在确认问题上的有效标准是，有关该问题情景上的各种冲突假设是否已经提出、是否受到挑战以及是否已经达成创造性的综合结论。假设分析具有三个基本特征：①它是从问题可能的解决方案开始，而不是从问题的基本假设开始；②在整个分析过程中它始终使用相同的资料；③它系统地提出了政策分析的主要问题，以一定的程序创造性地处理各种假设与方法间的冲突。

假设分析的运用大致包括以下 5 个步骤：①相关人群的确定。首先要找出与政策利益有直接和间接关系的相关人群，按照关系的亲疏、影响的大小和有无进行排序。这一步的目的是确定哪些人可以参加假设分析过程，或哪些人的立场、观点必须予以优先考虑。②假设的呈现。这一阶段要找出想要认定的政策或政策问题所依据的基本假设。一般是从现有的政策出发，追溯到该政策的基本假设，进而建立这一假设的原始资料。如果假设与原始数据资料相符，就允许推论。这样，我们不仅可以找到政策问题的基本依据，而且可以印证它们的逻辑关系，即政策是否由假设推论而得，以及假设是否根据原始资料来归纳的。③假设的论证。在这一阶段要对每一组政策及基本假设进行比较和评估，以确定假设的差异、优劣和正确性。一般来说，比较要从两种差距最大的假设之间开始。④假设的汇集。将前面各阶段所提出的假设与各种方案集中起来，对最重要和最不确定的假设进行汇集，并进行选优，从而建立一组可能为大多数人所能接受的基本假设。⑤假设的合成。这是假设分析的最后阶段工作，目的在于根据上一阶段所确立的大多数与政策相关的人可以接受的假设，进行综合研究，提出一个能够解决问题的综合性方案。

（五）试验区法

在自然科学的研究中，采取科学试验的方法，去探寻自然界的奥妙，提出科学的设想，然后加以验证，使科学设想得以确立，形成新的科学理论。在社会科学领域中实施社会、经济等方面的重大政策时，虽然没有实验室这样的条件，但可以采用试点的方法进行试验。如我国土地使用制度政策就是在全国选择不同经济类型的地区进行试点，根据试点地区发现的问题，再对此政策进行进一步的修改完善。

第二节　农业政策目标

一、农业政策目标的基本含义

农业政策目标是指农业政策所要实现的一种期望状态或理想结果。它是在农业政策实施之前，就以理性的概念产生于政策制定人员的头脑之中，可以用语言文字、数字、符号等表示的主观意志。这种主观意志必须反映大部分民众的意愿及理想，同时还应该与农业发展的经济与社会政治环境条件相吻合。它不仅是农业政策设计和政策择优的基础，同时也是农业政策执行的指导方针，并为农业政策评估提供了标准。

一般来说，农业政策的目标包括：发展农业生产力、提高农业劳动生产率、确保农产品安全供应、稳定农产品价格、增加农民收入、改善农村社会福利、巩固和完善生产关系等等。它们具有如下特点：

（一）农业政策目标的具体性

没有明确而具体的农业政策目标，农业政策方案的拟定就缺乏根据。因此，农业政策的语言表达必须明确、具体、清晰，内涵不能有歧义，外延要清楚明了。对实现农业政策目标的时间必须做出明确规定。任何一种政策都具有时效性，超过了有效作用的限制，再好的农业政策也达不到应有的效果。实现农业政策的目标是有条件限制的，只有符合特定条件的农业政策目标才能算政策目标的真正实现。

（二）农业政策目标的可行性

农业政策目标是政策制定者设定的理想目标，但是如果缺乏其实现条件，也就只能变成一纸空文。因此，在确定农业政策目标时，既要考虑能够保证实现政策目标的直接条件，如人力、物力、技术、信息和权力等资源，又要考虑制约政策目标实现的间接条件，如国际、国内政治环境、社会心理、自然环境的变化等。只有充分考虑多种影响因素的作用效果后，制定出来的政策目标才是可望又可及的；同时，也只有这样的目标才具有实现决策者最终意图的意义。

（三）农业政策目标的规范性

农业政策目标不仅是可以实现的，而且还应该体现决策者所代表的社会利益；和国家宪法、法律不冲突，符合社会道德规范；标准适当，既要高于现有水平，又必须经过努力可以实现。

（四）农业政策目标的协调性

通常，农业政策目标往往不是单一的，而是多个目标的有机结合。在这种情况下，为实现其中的一个特定政策目标所采取的任何政策手段，都有可能对其它政策目标产生三种可能结果：①农业政策目标互相独立。农业政策目标之间完全没有影响，或者其影响小到可以忽略的地步；②农业政策目标互相补充。一项农业政策目标的实现可能促成其它政策目标的实现；③农业政策目标互相对立。一项农业政策目标的实现会阻碍其它政策目标的实现。对多项农业政策目标之间的关系，必须进行充分的考虑，尽量避免出现互相对立的局面，以使整个农业政策体系更有效率。

（五）农业政策目标的层次性

农业政策目标是由一系列的主要目标和次要目标、中间目标和最终目标所构成的一个目标体系，具有明显的层次性。农业政策的层次性把各个等级的目标联系在一起。主要目标一般比较抽象，必须经过逐层分解，形成容易操作、便于考核的子目标和措施。通过目标的层次化，使农业政策的稳定性和连续性得以实现。

二、确定农业政策目标的原则

（一）要考虑到实际需要，保证农业政策目标确有经济和社会效益

农业政策的出台，应该具有现实性和预见性，既要针对农业经济活动中的现实问题，又要对农村经济下一步的发展具有导向作用，因此，在制定农业政策目标时必须从客观现实出发，真实地反映农业经济活动中的现实状况。并且制定出来的目标要尽可能进行量化处理，将其分解为具体的指标体系，以便能够从经济和社会角度对农业政策进行效益评价。

（二）要考虑农业政策目标的可行性和合理性，切实调动人们的积极性

制定农业政策目标时，既要高于现实水平，能够产生强大的激励作用，又要有难度，使人感到通过奋斗一定会实现。同时，在提出农业政策目标时要考虑可行性，要从实践出发，充分分析主客观条件，使目标建立在扎扎实实的客观基础上。

（三）要保持农业政策目标的相对稳定性，不要任意地加以改变

朝令夕改的政策可能因缺乏持久的目标而过早失效，既有损于执政党的威信，也不利于巩固其地位，同时会给执行者带来混乱，造成资源浪费。农业政策目标的确立是在充分考虑主客观条件的情况下制定出来的，在实践中发挥着引导作用。一般情况下不要轻易更改农业政策目标，至少要维持目标的长期相对稳定。

（四）要考虑到发展中的不确定因素，保持农业政策目标适当的弹性

社会经济生活复杂多变，人们在制定政策时，不可能把今后可能发生的情况全部预测到，因此，制定农业政策的目标时要留有余地，把长期目标和短期目标、主要目标和次要目标区分开来；前者保持相对稳定，后者保留适当弹性。

三、确定农业政策目标的基本思路与要求

（一）确定农业政策目标的基本思路

1．固定目标法。即根据现实需要而确定农业政策目标的一种方法，其要点是首先以经济发展战略目标或更高层次的政策目标为依据，借助于比较分析，演绎出农业政策目标；然后将目标固定，再据以寻求实现这一目标的政策手段、措施。

2．引伸目标法。即根据实际可能来确定农业政策目标的一种方法，其要点是首先以可能投入的政策手段、措施为依据，借助于综合分析，归纳出可能实现的农业政策目标的空间，然后从这一政策目标空间中，引伸出具体的农业政策目标。

（二）确定农业政策目标的基本要求

农业政策目标确定得是否恰当，直接影响到执行的效果。一个好的政策目标，必须满足以下基本要求：

1．关键性与全面性相结合。确定农业政策目标时，既要从基本政策任务

出发，全面考虑，又要突出政策重点和关键性政策工作。在有多个政策目标的情况下，要区分政策目标的主次，从政策资源分配上优先保证重点政策目标的实现。

2. 可行性与挑战性相结合。政策目标是激发和调动人们积极性的动力，如果不具备挑战性，就失去了激励作用；但如果政策目标定得太高，经过努力无法达到，使人感到可望而不可及，也就失去了可行性。

3. 具体化与定量化相结合。确定政策目标应该明确、具体，尽量用定量的指标描述；不能量化的政策目标，也尽可能使之具体化。只有这样，才能使人们努力有方向，检查有依据，考核有标准。

4. 灵活性与一致性相结合。确定政策目标时，必须使本级政策目标同上级政策目标保持一致，使政策分目标与总目标保持一致，同时还要从本级政策实际出发，使政策目标具有一定的灵活性，能够适应政策未来发展和客观环境的变化。

四、不同经济制度下的农业政策目标

（一）中国的农业政策目标

中国的农业发展的基本目标是努力发展社会主义市场经济，进一步解放和发展农村的生产力，开发利用农村劳动力、土地和各种资源，增加农产品的有效供应，满足人民生活和社会经济发展的需要；在发展生产的基础上增加农业劳动者的收入，提高其生活水平，建设共同富裕的文明的新农村，逐步实现农业现代化。概而言之，我国农业政策的目标就是：①努力发展农村社会主义市场经济；②增加农产品的有效供给；③增加农业劳动者的收入；④巩固和完善社会主义生产关系。

（二）西方主要发达国家的农业政策目标

在发达国家，农业政策一般分为两类：一类是价格和收入政策，主要用于在消费者和生产者之间再分配国民收入；另一类是农业发展政策和区域、结构政策，主要是为了提高农业生产效率以增加国民收入。

农业政策目标因国别而异。考察美国农业政策的历史，可以发现贯穿其整个农业发展历程中不变的农业政策目标始终围绕在三个方面：①提高农业生产效率；②增加和稳定农场收入；③增进社会福利和农村发展。

欧共体农业政策目标是：①通过促进技术进步，农业生产的合理化，农业生产要素最优配置，特别是劳动力的合理配置，提高农业劳动生产率；②

在不断提高农业劳动生产率的基础上，增加农业从业者的收入，从而使农业从业者能够保持合理的生活水平；③稳定农产品市场；④保证食品安全供应；⑤为消费者提供价格合理的农产品。

第三节 农业政策手段的选择与方案设计

一、农业政策手段的选择

（一）农业政策手段体系

任何一个政党或政府的农业政策，不可能仅追求某一单项目标，通常总是追求若干个目标。为了实现这些目标，往往要运用多种手段，并且要进行适当的组合、配套和协调，从而形成农业政策手段体系。

农业政策手段体系和农业政策目标体系一样，本身也具有层次性。按照农业政策手段发生作用的方式不同，它一般可分为：①经济性手段，如财政政策、货币政策等；②行政管制手段，如生产管制、价格管制和信用管制手段等等；③法制手段，即国家依靠法权的强制力量来保障农业政策目标实现的法律活动。

（二）选择农业政策手段的原则

任何一项农业政策目标都需要有与之互相对应的农业政策手段来保证其实现，因此，一般来说农业政策手段的数量必须不少于农业政策目标的数量。在实际选择农业政策手段时，如某项政策手段与某项农业政策目标有内在联系，它自然可以成为实现该项政策目标的手段，而大多数情况下，某项农业政策目标可能需要投入多个政策手段才能发挥作用，或者是某一特定政策手段的投入对多个政策目标的实现可能发生影响。因此，政策手段作为一个系统，应该尽量实现恰当的组合和配置。

选择农业政策手段应该遵循的原则是：

1. 整体性原则。必须把各种政策手段看成是一个统一的整体，明确一种既定的政策手段可能程度不同地影响多个目标，一个政策目标也可能需要依靠多个政策手段来实现。一般不存在一种政策手段只影响一个政策目标的现象。因此，应该从系统的角度考虑政策手段对政策目标的影响。

2. 协调性原则。在现实经济生活中，农业政策总是追求多重政策目标，但是，在政策手段有限的制约条件下，要同时追求或达到多个政策目标可能是十分困难的，往往会发生重视一种目标会影响另一种目标，两个目标互相对立或交替的情况。因此，在选择政策手段时，不能将农业政策目标只是作为互相独立的东西来处理，而应该把它看成一个整体，并据以选择农业政策手段。

3．有效性原则。农业政策手段作为达到农业政策目标的方法，必然要求它具有很强的效力，同时还应该注意政策手段运用的极限，以免发生政策手段的运用超过合理的限度而对农业政策目标的实现带来消极后果。

4．效率原则。农业政策手段的选择，如果没有其它什么限制，各手段的边际效率是一个重要的选择标准。如果各农业政策目标能分别选择出各自最有效率的政策手段，那么目标与手段的最优组合也就成立了。

（三）主要的农业政策手段

农业政策手段是实现农业政策目标的基本条件，没有适当的政策手段，再好的政策目标也无法实现。如上所述，农业政策的目标可以基本划分为价格、收入政策目标和区域、结构政策目标两类。围绕这两类农业政策目标，可以有多种政策手段供选择使用。

1．价格和收入政策手段

（1）市场干预类手段。这类政策手段可以细分为限制农产品的国内市场供应和刺激农产品需求增加的政策手段和措施。在国内市场上限制农产品供应的政策手段包括：①对限制进口的农产品征收特别关税。不允许外部供给低于一定的最低价格（所谓门槛价格）进入一国国内市场，可以避免国际农产品价格波动对国内农产品市场价格的冲击；②通过进口许可证的限制实行进口定额管理，或在国内价格低于参考价格时通过禁止进口来实行进口数量的限制；③通过提高环保要求，加强动植物检疫等非关税壁垒措施来限制进口；④通过制定农场生产定额、耕地休闲、职业培训等优惠政策对国内供给进行直接控制。这些直接控制措施必须与进口限制措施相吻合并配合使用才有价值。

刺激农产品需求增加的政策手段包括：①通过出口补贴制度鼓励农产品出口；②通过消费补贴的方式增加一些农产品的国内销售量；③政府的购买代理商以保护价收购农产品。

（2）补贴制度。主要的补贴形式有三种：①对生产者的价格补贴制度；根据这种补贴制度，生产者将得到指定农产品保护价与市场价之间差额的政府补贴；②对耕种面积和饲养的牲畜数量的补贴。这种补贴不是按照提供的农产品数量而是根据农业投入的规模核定发放；③对农场和农场主的补贴。这种补贴的基础是农场的规模和市场上收入的多少。

2. 农业发展政策或结构政策手段。农业发展政策或结构政策主要侧重于提高农业生产率以增加农民收入。促进农业技术发展的政策和措施是农业结构政策手段一方面的内容，政府所承担的在农业科研、推广、教育方面所从事的活动就是其具体体现。

而改善生产要素在农业部门内部和在农业部门及其它产业部门之间配置效率的政策和措施则是结构政策手段另一方面的内容。这类政策手段主要包括：①土地整合和土地利用项目方面的政策。这方面的政策试图通过土地开发和改良，使农业生产过程能够采用现代耕种技术、改善农业基础设施、使农业生产条件现代化；②对中止农场经营的农场主给予优惠补偿的农业重组政策。这一政策使得土地使用权得以集中，农场规模得以扩大，提高了农业生产组织结构的适应性。

表 3-1 发达国家常用的农业政策工具

政策类型	政策工具、手段	政策类型	政策工具、手段
收入政策	直接收入支持 差额转移支付 减灾转移支付 转产转移支付 生产者赋税	营销支持	机器购置补贴 营销开发项目 存储补贴 分级监控服务 运输补贴
价格干预	干预价格 出口补贴 进口关税 双轨价格政策 国内价格控制 非关税壁垒 国家收购 定额管理	基础设施支持	研究与推广 农场建设补贴 灌溉项目补贴 农场重组补贴
		区域支持	国家或省级项目 乡村风光和自然保护规划
投入支持	可变投入补贴 农业信用补贴 农业保险补贴 灌溉系统补贴	其它经济政策	汇率政策 税收政策 一般运输补贴

资料来源：陈东升，1998，“发达国家农业政策体系及其运作”，《农业经济问题》，第 3 期。

二、农业政策方案设计

农业政策方案的设计，就是在农业政策目标既定的条件下，寻求与组合可达到目标的农业政策措施和手段。农业政策的制定关键就在于选择，因此，可供选择的政策方案就不能太少，否则就不能进行正确决策。

在考虑提出备选政策方案时，需要注意以下几点：①所拟定的全部备择方案应该尽可能地把所有方案都包括进去，因为有时遗漏的方案正是追求的最佳方案；②不同方案之间必须相互排斥，否则即可综合成同一方案而无所谓选择；③拟定方案时必须充分考虑到多方面的因素。

（一）农业政策方案设计的参与者

一般来说，农业政策方案设计参与者可以划分为政府系统内部和外部两部分：

1. 政府系统内部的农业政策方案设计人员。政府的农业政策方案设计大都出自政府系统内部。随着农业经济问题的日益复杂，农业政策方案的设计难度也日益增加，仅仅依靠少数政治精英来设计农业政策方案已经不能满足需要了。广泛动员政府系统内部的人力资源和成立专门的工作班子来参与政策方案的设计，自然地提上了议事日程。政府内部的政策设计人员依靠其特殊的信息渠道和便利的工作条件，在整个农业政策方案设计过程中发挥着重要作用。但是由于他们隶属于政府系统，在方案设计时带有浓厚的政府色彩，缺乏独立性，难以公正、客观地反映农业政策问题。

2. 政府系统外部的农业政策设计人员。大学、科研单位的教学研究人员在从事政策设计时，独立性较强，不受行政命令的约束，可以根据自身的专业特长来进行农业政策的研究制定。但是他们受到政策信息资源少的限制，如果方案设计者的想法与政府的意图不一致，就更难从政府部门获得制定政策所需的相关信息资料。

因此，在进行农业政策方案设计时，要注意吸收政府内外两方面的人员参加，发挥各自的优势，保证能够设计出高质量的政策方案。

（二）农业政策方案设计的主要方法

1. 渐进式的农业政策方案设计。这种方法是在进行政策方案设计时，以当时社会上共有的价值取向为基础，调整因时间改变所产生的差异，进行逐渐、连续、修补性的设计，一般是在对原来的政策方案进行修改时使用。其优点在于对社会所产生的震动较小，能够适应有关各方面的利益需要，并能稳步实现所选定的农业政策目标；不足之处在于达到最终目标所需要的时间较长，在处理冲突较大的问题时缺乏突破。

2. 延伸式的农业政策方案设计。这种方法是在原来的农业政策方案基础上，通过类推和引伸等方式来进行方案设计。它分为两种情况：一是新的农业政策方案与旧的农业政策方案属于同一政策范畴，如从社会福利政策延伸到农民退休后的福利政策、贫困地区的福利政策；二是新旧两种政策方案不属于同一范畴，但基本概念可以从旧的政策方案中类推、引伸、比较而得到，如农村的人口控制政策的基本思想就来源于社会发展政策、经济发展政策和卫生教育政策等。

3. 创新式的农业政策方案设计。这种方法制定的农业政策方案与旧的政策少有联系，既不是对原有政策方案的修正，也不是原有政策方案的延伸，而是带有创造性的政策方案。它是现有知识的新组合，具有激进的特点。

（三）农业政策方案设计的步骤

农业政策方案的设计是一个动态的过程，要经历设想、分析、初选、评定、淘汰等环节，一般分为以下的两个步骤：

第一步，农业政策方案的初步设计。初步设计阶段主要完成农业政策方案的轮廓构想，这是制定政策方案关键的一步。这一阶段的工作包括两方面的内容：一是为实现既定的政策目标，确定大致可提出多少个不同的政策方案；二是将各方案的轮廓要勾画出来。工作的重点首先是保证备择方案的全面性与多样性，要采用多种途径，尽可能多地把可以备择的方案提出来。

第二步，精心设计阶段。在上一阶段提出的粗线条农业政策方案的基础上，按照所构想的方案轮廓，确定实现农业政策目标的具体途径、措施和手段，对方案后果进行初步估计，以确定各种备选方案的优劣，便于抉择。需要指出的是，设计方案的细节不等于制定详细的执行计划。政策作为一种行动的指导原则，不能“过细”，如果“过细”，有可能脱离实际和限制基层的主动性和积极性，政策也难以奏效。当然也不能过于概括和抽象，否则在执行中就难以把握政策方向。

第四节　农业政策方案的论证与决策

一、农业政策方案的比较论证

（一）农业政策方案比较论证的原则

任何农业政策都是依据一定理论和实践经验提出的，这样，在方案论证过程中不可避免地会产生冲突，这种争论的结果有助于方案的选择。在进行农业政策方案比较论证时应该坚持以下原则：

1. 科学性原则。信息的收集、传输、加工应该建立在科学的基础上，做到信息收集要真实，传输要可靠，加工要无误；对农业政策作用的对象及其相关系统发展变化状态的预测要建立在科学的基础上，并且要尽可能地通过多次反馈，做到政策手段和措施与政策目标相匹配，从而使可能发生的实际状况与理想状况相接近;决策者的决策要建立在科学的理论和方法的基础上，尽可能地避免主观臆断和单纯以个人的好恶来取舍。

2. 协调性原则。要使农业政策客体的发展处于整体协调的最佳状态，即一方面要着眼于农业政策对象内部的协调发展；另一方面也要着眼于农业政策对象与外界的协调发展；同时农业政策的制定者与执行者也要协调，使得制定出来的农业政策能够得到积极的贯彻执行。

3. 可控性原则。任何农业政策都应该是可控的。如果本来是属于可控制的因素控制不了，所制定的政策就可能处于失控状态，那将很难达到预定的目标。因此，政策不但应该告诉人们在既定的约束条件下，应该怎样做而不能怎样做，还应该告诉人们当约束条件变化后的原则做法等。

（二）农业政策方案比较论证的基本要素

不同的利益群体价值观不同，所追求的利益也不同，加之各自不同的知识背景，对农业政策问题的认知程度不同，因而所提出的看法和主张也不同。为了阐述自己的主张和看法，人们会寻找一切办法，支持其立论，同时反驳别人的主张和看法。在农业政策方案的论证过程中也会出现这样的情况，撇开具体争端不谈，方案论证将围绕下列几个方面展开：

1. 农业政策信息。不论是统计的结果还是专家的结论，或者是其它形式，与农业政策相关的信息是政策方案论证的出发点。

2. 农业政策主张。作为农业政策相关信息的逻辑推理结果，它是农业政策论证的结论。

3. 立论的理由。它是将信息转变为政策主张的某种假设，其方式往往以权威、直觉、分析、因果关系、伦理原则等形式出现。

4. 立论依据。它是将信息转变为农业政策主张的深层次的理由，其方式是科学规律、专家的权威以及伦理道德准则。

5. 驳论。它是不接受农业政策主张的原因、假设或依据。它有助于认识到预测分析中的缺陷，或补充某种农业政策主张的不足。

6. 可行性。它是用以评判农业政策的可行性程度，涉及政治可行性、经济可行性和技术可行性。

（三）农业政策方案论证的理性标准

1. 完整性。论证要素应该包括真实无伪的全部要素，要将所能考虑的方方面面都包括进去。在明显的冲突中，不仅仅要选出几个与之对立的假说与主张，而且要把所有假说与主张都列出来。

2. 一致性。论证要素要和谐一致，比如关于政策公正性的伦理学要素，要合理地将那些一致性的伦理假说结合在一起。

3. 内聚性。论证要素要综合发挥作用。无论是描述性的还是评论性的，要综合研究。

4. 简明性。论证要素要简洁明了地排列。简单易懂的农业政策模型，一般比极为复杂的、只有专家才能解释的政策论证更适用。

二、农业政策方案的决策

（一）农业政策方案选择的价值标准

在农业政策方案的筛选、决策过程中，面临着价值标准问题。一个农业政策方案选择的价值包含着对这一方案实施后的作用、效果和意义等等的判断。选择一项农业政策方案既有规范性标准，又有经验性判断。农业决策者要能够在各种方案中做出合理选择，必须对农业政策问题有全面了解，熟悉农业政策问题产生的历史背景和相关因素。也就是说，决策者的知识背景、经验、能力及价值观对农业政策方案的选择产生直接影响。

决策者追求的是一种最佳决策，也就是希望能够在所有政策方案中通过比较产生一种最好的方案。但由于农业受自然条件和市场变化因素的影响，市场经营成果的准确核算有一定难度，加之政策方案设计人员的能力限制，很难把所有可能的政策方案都找出来。因而，一般农业政策方案的选择只能服从于满意标准而不能是最佳标准，只能达到一个有限的目标。

（二）农业政策方案的优化与选择

通过农业政策方案的比较论证，每一政策方案的优缺点及利弊得失，就会全面反映在比较论证的意见之中。接下来就要根据比较论证意见，对多种政策方案进行比较和鉴别，从中筛选出最佳方案，进而对政策方案加以确认。这既是政策决策科学化的先决条件，又是政策实施的先决条件，还是防止政策决策失误的先决条件。这一筛选、确认过程要经历下列几个环节：

1. 否决政策目标不正确的方案。这里所说的农业政策目标是否正确，主要是根据农业政策人员的价值判断标准来衡量。因为政策研究人员可以为决策人员提供咨询意见，但这种咨询意见都不能代表决策人员的意见。也就是说，如果某一政策方案所确定的目标与决策人员自身的目标相背离，那么在农业政策方案筛选阶段就会将其否决，只有那些目标偏差较少的政策方案保留下来。

2. 否决政策手段与政策目标不相匹配的方案。根据比较论证意见，对于那些政策目标虽然正确，但政策手段与政策目标相背离或不吻合的方案加以否决，而将另外的政策目标基本符合农业政策决策人员的意愿、政策手段与政策目标也相匹配的方案保留下来。

3. 否决政策手段利小弊大的方案。通过综合对比，每一方案中的手段的利弊影响、得失大小便可以加以权衡。根据这一权衡，便可以找出其中的最佳方案，从而对此加以确认，而将另外的政策方案加以否决。

通过上述筛选确认过程，可能产生三种结果：一是选出最佳政策方案，从而成为政策的基本蓝本；二是选不出最佳政策方案，而以其中的一种方案为主，吸收其它方案的长处，从而综合提出新的政策方案；三是搁置所有政策方案。出现第三种结果的原因可能是资料不全，事态发展的面貌不清，有严重的不确定因素，使农业政策决策人员举棋不定，从而将政策暂时搁置起来，静观事态发展。

三、农业政策方案的修正与完善

经过筛选确定下来的农业政策方案还不是完整意义上的农业政策，它还需要决策者进行某种程度的修正和完善。

一方面，农业政策研究与分析人员的工作可以为决策者解决较困难的问题创造条件，但是他们都不能代表决策者的想像力、经验和判断力。政策研究与分析人员只对自己所提出的方案和分析结论负责，但是他们却不对最后的政策实施后果负责，因为只有决策者才对这一后果负责，所以，即便是比较完善的政策草案，也需要经过决策者对其加以修正和完善。

另一方面，由于农业政策作用对象及其相关系统的复杂性以及它们发展变化的随机性，从而使得站在不同角度、具有不同观察手段和不同观察能力的人，因持有不同认识而做出各自不同的判断和不尽一致的问题解决办法。所有这些不同的看法和方案，在最后都要统一由决策者来做出裁决，选出符合决策者意志的政策方案。

至于修正、完善的内容，既可能涉及到对政策目标的调整，也可能是对政策手段、措施的充实、完善等。

农业政策方案做出选择之后，农业政策的制定即告一段落。但制定政策的目的是为了解决现实社会经济问题，因此，方案的选定还不是政策制定的中止，还需要根据农业政策在实施过程中反馈的信息，及时纠正在政策执行过程中出现的偏差，以随时对原来的农业政策做修正和补充。

四、农业政策方案的合法采纳

（一）农业政策采纳

农业政策采纳就是决策机关或执政党和国家领导人决定采取某项农业政策的行动。农业政策采纳在政策制定与政策实施之间架设了桥梁，它保证了政策的连贯性，从而也保证了政策执行的有效性。影响农业政策采纳的因素主要有三方面：一是政策采纳者，他的地位、个体素质及其对政策的态度都直接影响政策采纳的成败；二是政策质量，政策质量的高低直接影响到政策采纳；三是政策环境，这是影响政策采纳的外部因素，有时会在政策采纳过程中发挥决定性作用。

一项农业政策特别是重大的农业政策，一旦实施，它所产生的社会经济影响是十分巨大的。正确的政策会产生积极的正面效应，错误的政策就会产生消极的负面影响。因此，决策机关或领导人，对政策采纳问题一般都持非常严肃的慎重态度，没有足够的把握不会轻易决定采纳某种农业政策。

在决定采纳某项农业政策前，要对农业政策进行严格的检测。尽管一项农业政策的实施是否成功及其效应大小，从根本上说要根据农业政策的实施后果来判断，但这并不排斥逻辑论证也是检验农业政策是否成功的一种手段。一项农业政策是否科学，从而能否取得成功及其效应大小，不应只等到政策实施的完成，看实施结果是成功还是失败才加以确定，因为如果政策实施的结果失败，将会给事业带来损失。因此，应该在政策付诸实施之前，以过去的大量实践结果所得出的具有公理意义的经验教训为依据，通过一系列的科学推论而加以检测。这种检测虽不能保证百分之百地预计政策实施的后果从而保证政策的完全成功，但至少可以减少政策失败的可能性。

按照正常的政策制定程序，从理论上说是应该采纳最佳或次佳的政策方案，但在实际生活中由于种种原因，即使最佳的政策方案，也会遇到许多障碍和困难，有些甚至是难以克服的困难。在这种情况下，决策者只有综观全局，权衡利弊得失，决定采纳哪种比较切实可行的政策方案。对于那些突发事件和急待解决的紧迫问题迫使决策者必须在短期内做出决定的情况，决策机关或领导者很难按照正常程序，依靠政策研究机关和政策制定机关拟定出可行的政策方案，然后再决定采纳何种政策。在这种情况下，决策者只能直接依靠个人或领导集体的知识、阅历、经验、能力和直觉，做出政策决定。

（二）农业政策合法化

农业政策的合法化是泛指制定和执行农业政策的全过程在形式上必须符

合法律规范或者传统规范。只有合法的政策才能产生约束力、具有可执行性，得到国民的遵从。政策的合法性问题涉及到统治的正当性与政策的合法性，统治的正当性是政策合法性的基础，而政策的合法性是统治正当性的手段。

农业政策方案择优选出来后，并不一定能立即付诸实施，它需要按照一定法律程序予以审定，取得合法化的地位，才能具有约束力。通常要通过法定程序，提交有关机关讨论通过，并以公报、决定、决议等形式向全社会发布，使政策决定取得公认的合法地位和国民的认可、接受和遵照执行的效力。

制定农业政策的一般程序如图 3.1 所示。

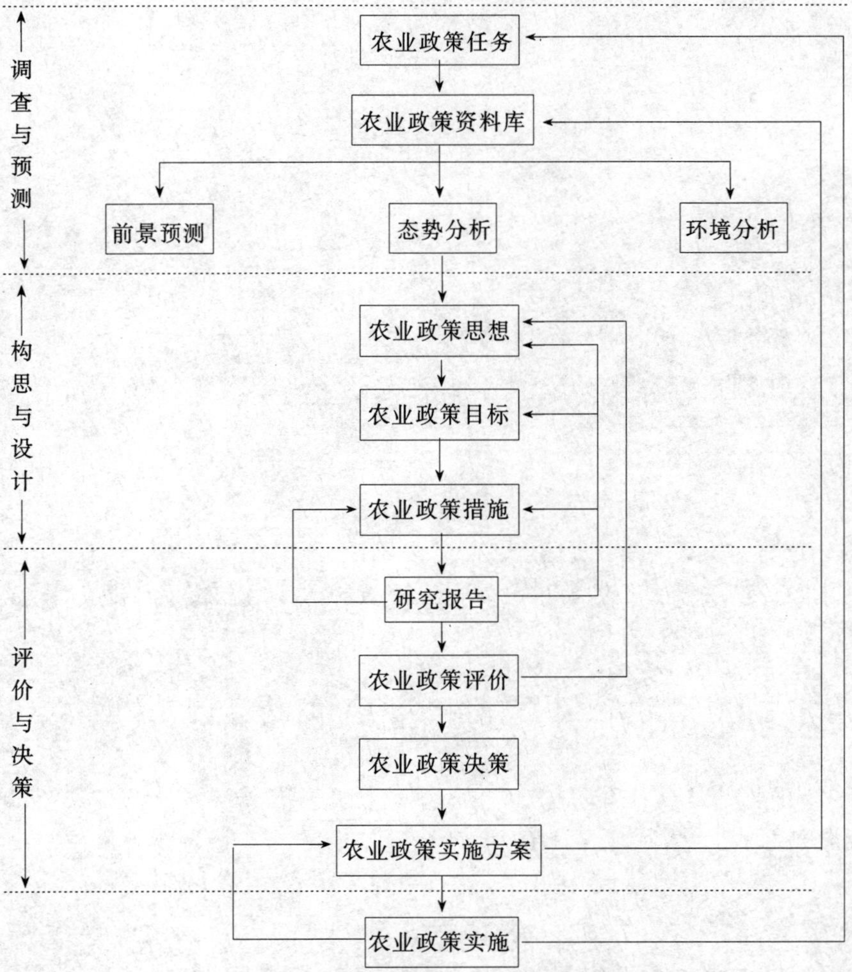

图 3.1 农业政策制定程序框图

思 考 题

1. 什么是农业政策问题？它有何特征？
2. 农业政策问题如何确定？
3. 农业政策目标对解决农业政策问题有何意义？
4. 农业政策手段的功用如何才能实现？它与农业政策问题之间的关系怎样？
5. 试按照政策制定的程序对现实经济生活中出台的某一农业政策进行分析。

第四章　农业政策的执行过程

第一节　农业政策执行的背景分析

一、农业政策执行背景分析的内容

（一）农业综合状况分析

一般采用下面三个指标来反映一个国家或地区农业综合状况。

1. 国内生产总值(GDP)。它是指一个国家或地区所有常住单位在一定时期内（如一年）生产活动的最终成果。国内生产总值有三种表现形态，即价值形态、收入形态和产品形态。从价值形态看，它是所有常住单位在一定时期内所生产的全部货物和服务价值超过同期投入的全部非固定资产货物和服务价值的差额，即所有常住单位的增加值之和；从收入形态看，它是所有常住单位在一定时期内所创造并分配给常住单位和非常住单位的初次分配收入之和；从产品形态看，它是最终使用的货物和服务减去进口货物和服务。在实际核算中，国内生产总值的三种形态表现为三种计算方法，即生产法、收入法、支出法。农业国内生产总值是反映农业总体状况的重要指标。

2. 国民生产总值（GNP)。它是按市场价格计算的国民生产总值的简称。它是一个国家所有常住单位在一定时期内收入初次分配的成果。国民生产总值等于国内生产总值加上来自国外的劳动者报酬和财产收入减去付给国外劳动者报酬和财产收入。国内生产总值是一个生产概念，而国民生产总值则是一个收入概念，两者既有联系，又有区别。

3. 平均每年增长速度。它是从动态角度反映农业总体发展的一个重要指标。一般有两种计算方法，即“水平法”（又称几何平均法）和“累计法”（又称代数平均法或方程法）。水平法是以报告期水平同基期水平对比来计算平均每年增长或下降速度；累计法是以间隔期内各年水平的总和同基期水平对比来计算平均每年增长或下降速度。在正常情况下，两者计算结果区别不大，但如果经济大起大落，两者计算结果就差别很大。我国一般多采用水平法计算。

（二）农业资源存量分析

农业资源一般可以分为自然资源和经济资源两大类。对农业自然资源的分析主要考虑土地资源状况、气候资源状况、生物资源状况和水资源状况。对中国来说，土地与水资源是农业发展的两个重要限制因素。农业经济资源首先是劳动力资源，即劳动力的总量、质量、结构、分布和发展趋势等；其次是资本，包括资本的数量和投资状况等；再次是农业技术，包括农业教育和科研的状况、农业技术进步的水平和速度、农业推广体系和农业技术贡献率等；最后是农用品供给状况，即化肥、农药、农机具、农膜、农用能源等生产结构状况及其发展趋势。

农业资源存量分析是为了摸清可供农业生产使用的资源数量、质量、结构、分布及发展趋势，从而说明农业进一步发展的潜力状况。

（三）农业生产结构分析

农业生产结构的第一层次是产业结构，即农林牧渔各业所占比重；第二层次是产品结构，即农林牧渔各业内部主要产品的生产所占比重。对农业产业和产品结构的分析可以比较全面地认识农业内部各产业和各主要产品的生产现状和发展趋势，同时可以将生产与市场需求的现状和发展趋势进行比较。我们还可以从生产要素方面来分析农业生产结构，即分析农林牧渔各业、各主要产品的生产所使用的生产要素包括劳动力的数量及其占总量的比重。

由于农业和农村问题的密切关系，农村的经济结构也是农业政策比较分析的内容。不仅农村的产业结构及其所有制类型和经营效益需要进行分析，地区性的结构差异和农业占当地国民经济的比重及其变化趋势也要进行分析。

（四）农业生产率分析

农业生产率分析一般主要有三个方面：一是土地生产率，包括播种面积、单产、总产，特别是单产的发展变化；二是劳动生产率，指人均每年生产的农产品数量（产值）及其变化；三是资金生产率，即农业投资报酬率状况等。

（五）农业流通状况分析

农业流通主要指农产品的流通，一般应从五个方面来进行分析。一是需求状况分析，需求的总量、结构及变化趋势，人口、价格、收入及偏好对需求的影响情况；二是供给状况分析。供给的总量、结构及变化趋势，技术进步、价格、时间等对供给的影响情况；三是价格状况分析。价格的绝对水平及发展变化，各类比价和差价情况；四是运销状况分析。主要包括收购、批发、零售、加工、储藏、运输等方面的情况；五是政府现行流通政策分析。另外还有国际贸易状况分析。

（六）农业分配状况分析

主要分析农业的总收入及其构成，农业收入的分配体制，农民人均实际收入水平及其构成，农民收入的差别，农业税收，农民负担等。

（七）农业消费状况分析

主要包括两个方面：一是农产品的消费状况，包括总量、结构、变化等；二是农村居民的消费情况，包括消费水平、消费结构、消费趋势等。

（八）政府现行农业政策状况分析

政策都是连续的。在制定新的政策之前，首先应对现行的政府政策予以分析，要分析各类不同的政策产生背景、目标设计、政策手段、政策进行状况及效果，各类政策之间的相互关系等。

二、中国农业政策背景分析

（一）中国农业发展的历史阶段

从生产力发展阶段来看，中国农业像世界农业一样也经历了或正在经历原始农业、传统农业和现代农业三个阶段。

1. 原始农业是指从新石器时代到铁器工具出现之前的农业。原始农业的基本特征是以石器、棍棒为生产工具，以传统的直接经验为生产技术，只能利用自然而不能改造自然，只是从土地上掠夺物质和能源，没有物质和能量的人为循环，刀耕火种，广种薄收，自给自足，没有社会分工。原始农业的最大贡献是实现采集业向种植业、狩猎业向畜牧业的转变。中国是世界农业最早发源地之一，中国的原始农业对世界农业有着重要的贡献。在原始农业期间，中国农业处在世界农业发展的领先地位。

2. 传统农业是指从奴隶社会到资本主义社会工业化之前的农业。传统农业是一种生产方式长期不变的简单再生产的农业。传统农业投资报酬率极低，生产结构长期固定不变。我国的传统农业在世界农业发展史上有着辉煌的经历。

3. 现代农业是指资本主义生产方式确立以来的农业。现代农业是建立在现代科学技术与现代市场经济基础之上的农业，生产技术科学化，生产手段机械化，生产经营企业化。我国大体上是从 20 世纪 60 年代中期开始农业现代化的，目前可以说还处在农业现代化的过程中，还没有完全达到现代农业的水平。与世界发达国家的农业相比，我国农业还处于相对落后的状态。

从社会经济的历史发展阶段来说，我国农业及农业经济大体上经历了四个历史时期：第一个时期是秦汉之前的农业，大多数学者认为，公元前221年秦王统一六国是中国历史发展的一个分界线。第二个时期是公元前221年到1840年间的农业，这两千多年的农业经济是典型的封建农业经济。这一期间中国农业处于世界领先地位。1840～1949年为第三个时期，这一时期中国农业经济属半封建、半殖民地性质，由于西方列强的欺负和地主阶级的剥削，中国农业的发展受到严重的制约。在这一时期，中国农业与世界农业的发展水平差距扩大了。第四个时期是1949年以来的社会主义农业经济，这一时期中国在政治上、经济上获得了独立，中国农业得到了恢复和发展，并逐步开始了农业现代化的进程。

（二）社会主义农业经济发展的几个时期

根据重大的农业经济管理体制的变革以及发展状况，一般可以把中国社会主义农业经济的发展过程分为五个阶段。

1．土地改革阶段（1949～1952年）。消灭封建土地所有制，实现农民土地所有制，这是中国新民主主义革命的基本内容，也是解决农业问题的中心所在。从1927年开始，中国共产党就确定了土地革命的方针，并在苏区进行了实施。1947年9月中共中央又制定了《中国土地法大纲》，并在广大的解放区进行了大规模的土地改革。新中国成立后，1950年6月中央人民政府颁布了《中华人民共和国土地改革法》，在全国范围内开展了大规模的土地改革运动。到1952年底，除台湾省和一些少数民族地区外，全国土地改革任务基本完成。土地改革使3亿多无地或少地的农民分得了7亿亩（1亩＝1/15 hm^2）土地，摆脱了每年向地主缴纳350亿kg粮食的地租负担。土地改革彻底消灭了封建剥削制度，解放了农业生产力，使农业生产得到了较快的恢复和发展。1952年农业总产值比1949年增长了48.5%，平均每年递增14.1%；粮食增长44.8%，平均每年递增13.1%；棉花增长193%，平均每年递增43.1%。1952年农业生产已经达到和超过历史最高水平的1936年，农民生活有了较大的改善。

2．农业合作化阶段（1953～1957年）。土地改革后，中国农业变成了小农经济的汪洋大海，为了使小农经济走上社会主义道路，实现共同富裕，使农业适应国民经济有计划按比例发展的需要，根据马克思主义关于农业合作的基本原理，结合中国农业的实际情况，在中国共产党的领导下，开展了大规模的农业合作化运动。从1953年开始到1956年底，用了不到4年的时间（实际上主要是1956年），完成了农业合作化的进程。到1956年底，全国96%的农户已加入了农业生产合作社，其中88%的农户参加了高级农业合作社。农业合作化促进了农业生产的进一步发展（见表4-1）。它在方向和原则上是正确的，但在合作的出发点、内容、速度、规模等方面却存在着一定的缺陷，这样就导致了随后的农业合作社的进一步升级（中国农业合作化的进程还远没有结束，党的十一届三中全会后农村实行家庭联产承包责任制在某种意义上使中国农业又回到了一个新的起点，客观要求我们必须重新考虑农业合作化问题）。

表4-1　中国农业合作化过程中的农业生产状况

年　份	农业总产值（亿元）	粮　食（百万t）	棉　花（万担*）	油　料（万t）	大牲畜（百万头）	猪（百万头）
1955	477.7	184	151.9	436	87.8	87.9
1956	508.4	193	144.5	456	87.7	84.0
1957	536.7	195	164.0	377	83.8	145.9

资料来源：薛莘，1981，“科学社会主义，还是农业社会主义”，《中国社会科学》，第5期。

* 1担＝50 kg，下文同。

3. 人民公社化阶段（1958～1978年）。受“一大二公”的极“左”思想的影响，1958年高级农业合作社合并组成了人民公社。这种“政社合一”的政治经济体制，严重挫伤了农民生产积极性，极大地破坏了农村社会生产力（见表4-2），是造成灾难性的“三年困难”的原因之一。以后经过多次调整，逐步形成了“三级所有，队为基础”的体制，相对明确了各级所有权，但仍

表4-2　中国人民公社化后的农业生产状况

年　份	农业总产值（亿元）	粮　食（百万t）	棉　花（万担*）	油　料（万t）	大牲畜（百万头）	猪（百万头）
1958	443.8	200	196	478	77.7	138.3
1959	379.1	170	171	410	79.1	120.4
1960	332.8	144	106	194	73.4	82.3
1961	328.8	148	80	181	69.5	75.5
1962	339.6	160	75	200	70.2	100.0
1963	365.2	170	120	246	75.0	131.8

资料来源：《中国农村经济统计大全》，农业出版社，1989年版。

然没有从根本上解决管理过分集中、经营方式过于单一和分配上的平均主义的弊病。20世纪60年代中期开始的“农业学大寨”运动进一步强化了平均主义的分配方式，加上“文化大革命”的冲击，造成了我国农业长期徘徊不前的状况。实践证明，人民公社远远超过了我国社会生产力的发展水平，给我国社会经济的发展造成了不可挽回的损失。但这一阶段的大规模农业基本建设（如平田整地、兴修水利等）的成就是前所未有的，它为我国农业进入20世纪80年代后的大发展奠定了一定的物质基础。

4. 家庭承包阶段（1979～1991年）。旧的农业经济体制对农民来说不仅没有任何吸引力，而且不能维持农民的基本生活需要。在这种情况下，农民自发地开始搞起了“包产到户”和“包干到户”，给农民生活带来了生机和希望。党和政府顺乎民意，尊重群众的创造精神，在全国普遍推行了家庭联产承包责任制。1978年12月党的十一届三中全会制定了《中共中央关于加快农业发展若干问题的决定》，提出了农村改革和发展的新政策，调整了工农关系，增加了农业投资，提高了农产品的收购价格。这一系列有利于农村经济发展的措施极大地调动了农民的生产积极性，推动了农业生产和农村经济的全面发展。1984年粮食总产达到4 073亿kg，比1977年的2 827亿kg增长了44%；农业总产值以每年6%的速度持续增长。

家庭承包制的实质是把生产资料的所有权和使用权适当分离。土地等主要生产资料的所有权不变，仍然是社会主义集体所有制，但通过承包，实行统分结合，把经营管理权分解为集体统一经营和农民家庭分散经营两个层次，一方面发挥集体经济统一经营的优越性；另一方面发挥农民家庭分散经营的积极性。国内外实践证明，农业生产适宜于家庭经营，即使在发达国家，家庭经营仍然是现代化农业的重要经营形式，社会化的服务则是不可缺少的前提条件。因此，家庭承包制是适合中国农业实际情况的、大大促进农业生产发展的、具有中国特色的社会主义农业经营体制。1986年以来，我国农业又出现了徘徊不前的情况，特别是粮食生产还有所下降，这并不是家庭承包制本身的原因造成的，而是国家农业政策（特别是农业投资减少、农用生产资料涨价等）的失误和家庭承包制的不完善引起的。

5. 社会主义市场经济阶段（1992年开始）。从1992年开始，建立社会主义市场经济已写入中国宪法。这标志着传统的计划经济体制的结束，新的具有中国特色的市场经济体制的开始。在新的体制下，农业经济将进入一个新的发展时期。政府将基本上放开各种农产品市场，农产品的生产与销售将主要按照市场信号来决定，各种要素市场将逐步形成（包括土地市场、劳动力市场、资金市场）。市场经济将为我国农业的发展提供一个更加适宜的环境条件。

建立市场经济是一项艰巨的社会工程，目前面临着三个方面的艰巨任务：首先是明晰产权关系。市场经济首先要有明确的市场主体，市场主体是市场经济的微观基础。长期以来，集体经济并没有很好地解决产权问题，因此必须通过股份制以及承认农民个体经济来明晰产权关系。其次是有效的市场经济体系。市场经济依靠市场机制和市场价格信号使资源得到最佳配置。因此必须逐步放开价格，组建各种专业市场、批发市场、期货市场，使全国形成统一市场，并逐步把全国统一市场与世界市场联结起来。一定要使产品市场与要素市场同时发育起来，逐步使我国市场体系现代化。最后是合理的政府干预。市场经济并不等于自由放任的经济，政府必须做好宏观调控，制定科学的政策目标，采取合理的政策手段，保证市场的合理竞争和高效率运行。另外，从整个国民经济结构来考虑，政府必须对农业予以保护，保证国民经济各部门协调地发展。

（三）中国农业经济发展水平和发展结构

发展水平是对现状的绝对量的描述。1997 年底，我国有乡镇 44 689 个，其中镇政府 18 402 个，村民委员会 739 447 个，乡村户数 23 406.2 万户，乡村人口 91 524.7 万人，其中劳动力人数为 45 961.7 万人。国营农场数 2 115 个，职工 473.1 万人，耕地面积 476.4 万 hm^2。

全国有耕地 9 497.09 万 hm^2（1995 年数字）。1997 年在农业中就业的劳动力 32 434.9 万人，农用机械总动力 42 015.6 万 kW·h，化肥施用量 3 980.7 万 t，农村用电量 1 980.1 亿 kW·h。农村居民家庭平均每户生产性固定资产原值 3 896.56 元。

农作物总播种面积 15 396.9 万 hm^2，其中粮食作物 11 291.2 万 hm^2，经济作物 4 105.7 万 hm^2；粮食总产 49 417 万 t，棉花总产 460.3 万 t，油料总产 2 157.4 万 t。生猪年末存栏 38 896.5 万头，猪牛羊肉产量 4 089.5 万 t，禽蛋产量 2 125.4 万 t，水产品产量 3 601.8 万 t。按 1997 年价格计算，农业总产值 24 587.68 亿元。

总的来说，我国农业生产的资源量较多，农产品总产量也排在世界前列。1997 年，我国农产品中有谷物、肉类、棉花、花生、水果产量位居世界第一，茶叶产量在世界上处于第二位，大豆和甘蔗产量位居世界第三。但平均来看，我们的水平是比较低的，人均占有量很少。从生产力质的方面来分析，我国农业现代化的水平还很低，这主要表现在农用生产资料占有额少，农业生产手段落后、农业生产规模狭小、农业单位产量较低等方面。所以，不断提高我国农业生产力的水平将是一个长期任务。

发展结构是对现状的相对量的描述，首先是描述农业在国民经济中的比重，然后是农业本身现状的结构分析。国民经济结构可以按不同的标准和指标来划分，如三次产业的划分，工农业总产值的划分，农业、工业、建筑业、运输业和商业的划分（产值或国民收入）以及农村各业的产值划分等。一般来说，农业所占比重较大是一种经济落后的表现，随着经济的发展，农业所占比重将逐步降低。1997 年，我国经济结构中一、二、三产业比重分别为 18.7%、49.2%和 32.1%，与 1978 年相比，第一产业比重下降了 9.4 个百分点，第二产业比重上升了 1 个百分点，第三产业比重上升了 8.4 个百分点。农业内部结构，首先是农、林、牧、渔四业的结构，1997 年，我国农村经济中农、林、牧、渔的产值构成为 56.4：3.3：31.0：9.3，种植业比重偏大，但种植业的比重在逐步降低；然后是农业各部门内部结构，如种植业内部结构，即粮食作物与经济作物的比重，这种比重可以用播种面积或产值来表示，1997 年粮食播种面积占总播种面积的 73.3%，经济作物占 26.7%。如果进一步分析，还可以研究粮食作物内部的结构。1997 年，稻谷播种面积占粮食作物播种面积的比重为 28.1%，小麦为 26.6%，玉米为 26.6%，豆类为 9.9%，薯类为 8.7%。另外，还可以研究农业的地区结构，农业生产要素结构（土地结构、劳动力结构、投资结构等)，农业收入分配结构，农产品消费结构等，从而全面、深入地了解农业发展的情况。

第二节 农业政策执行的含义与理论模型

一、农业政策执行的内涵及作用

（一）农业政策执行的内涵

正确地制定农业政策是一件极为复杂和困难的事情，但有时花了很大力气制定出的农业政策，却不一定能得到执行。这种不能执行的农业政策，即使从政策制定角度看无可挑剔，也只能算作是好的政策构想，并不是一项好的农业政策。在假定农业政策规定正确的条件下，农业政策执行的复杂性在观念形态上主要来自对既定政策决定的轻视，在群体关系上主要来自对既定资源或利益分配的不满和抵抗，在客观上则可能来自执行者能力不够、政策资源不足、抵抗过于强烈等与政策决定相关联的问题。

农业政策执行是农业政策方案被采纳后，把农业政策所规定的内容变成现实的过程。它是政策执行者运用各种政策资源，通过建立组织机构，采取宣传、解释、实施等各种行动将政策观念转化为现实效果，从而使既定的政策目标得以实现的过程。

（二）农业政策执行的作用

1. 任何农业政策必须经过执行才能发挥其作用。农业政策的执行决定了农业政策目标是否能够实现，以及实现的程度与范围。农业政策的制定，并不等于政策目标的实现。农业政策制定之后，到实现政策目标还有一段距离，必须经过复杂的执行过程才能保证目标的实现。如果政策制定之后不执行，或者在执行中要求不严，管理不力，乃至放任自流，即使政策制定得再科学、再合理，也只能是一纸空文。政策只有真正得到实现时，它的作用才能显示出来，它的存在才有意义，也就是说农业政策只有通过执行，才能转化为现实，才能体现它的实际价值。可以说，在达到政策目标的过程中，方案确定的功能只占一成，其余九成取决于政策执行。

2. 农业政策的执行是检验农业政策正确与否的重要标准。好的政策执行不仅可以创造性地完成政策任务，还可以弥补政策设计中的缺陷和不足，完善政策。政策执行是实践性很强的活动，尽管在制定任何政策时，我们都要求严肃认真，实事求是，从实际出发，使政策建立在科学的基础上，但是毕竟还没有通过实践检验。更何况由于人们对客观事物的认识，有一个由浅入深、由低到高的过程，制定任何政策，都不可能尽善尽美，完整无缺。因此，农业政策执行的过程，也是检验农业政策是否正确、科学的过程。通过执行，可以使农业政策进一步得到充实、完善和发展。

3. 农业政策执行是制定新政策的重要依据。一项农业政策的执行情况不论好坏，不论是否达到农业政策目标的要求，都会在社会上产生一定的现实结果。现实农村经济生活中的状况就是过去和现在的无数政策执行后产生的结果。对原有农业政策的补充、修正、完善和废除，以及新农业政策的制定出台，决策者都需要掌握农业政策在执行过程中反馈回来的各种信息，才能做到心中有数。可见，政策执行是废除旧政策，制定新政策的基本依据。

二、农业政策执行模型

早期的政策研究较少关注政策执行，当人们在对比政策的实际效果与政策方案制定的目标时,发现影响政策目标的实现因素中除了方案的正确性外，政策的执行是一个很关键的因素。作为政策系统的一个组成部分，政策执行越来越受到研究者的重视，他们从不同的角度建立了政策执行模型，以期帮助人们认知所要解决的问题。政策执行模型是关于政策执行过程中相关重要因素之间相互关系的理论描述。农业政策属于公共政策的一个组成部分，公共政策的一些基本原理适用于分析农业政策的情况，在此主要介绍公共政策执行模型的内容来反映农业政策执行模型的情况。

（一）史密斯的政策执行过程模型

在众多的研究政策执行过程的模型中，美国学者 T.B・史密斯所提出的模型具有较大影响，他于 1973 年发表了《政策执行过程》一文，首次提出影响政策执行的“四因素理论”，以后的学者关于政策执行影响因素的研究，尽管强调的角度有所不同，但仍未出其左右。

史密斯政策执行过程模型如图 4.1。

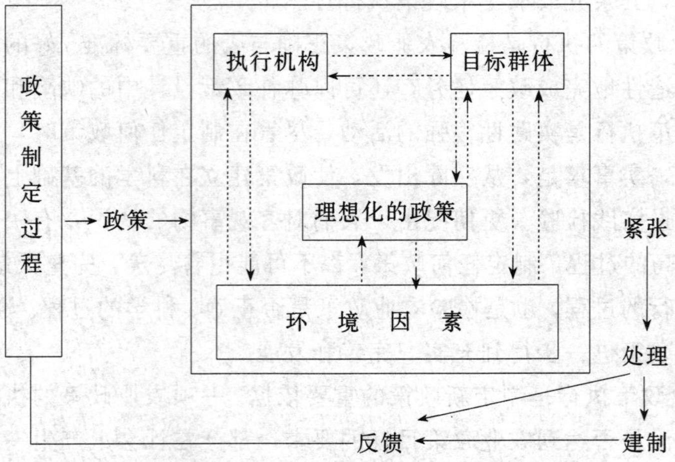

图 4.1 史密斯的政策执行过程模型

史密斯认为，理想化的政策、执行机构、目标群体、环境因素是政策执行过程中涉及到的四大因素。理想化的政策是政策制定者试图追求的相互作用形式，包括政策的形式、政策的类型、政策的范围和政策的形象等等。执行机构是政府机构中负责政策执行的组织，包括执行机构的组织结构与人员、领导方式与技巧、执行者的能力与信心等等。目标群体，亦即政策作用对象，是受政策最直接的影响，必须对政策采取适当反应的符合政策要求的群体或个体，包括组织化或制度化程度、接受领导的传统、先前的政策经验等等。环境因素是指影响政策执行的政治、经济、社会和文化因素。这些因素都会直接影响政策执行的效果。

（二）浴盆模型

事物的不断发展变化，与政策相对稳定性之间的矛盾，决定了每一项政策都有其失效的过程。要保证执行的可靠性，就要控制它的失效性。依据可靠性理论分析，在政策实施过程中，其失效可分为三阶段：早期失效、偶然失效和耗损失效。例如，一项新制定的政策，在执行过程中，刚开始就遇到失效，就是早期失效阶段，其原因一般来自传统习惯的阻力，人们对政策不甚了解，以及政策本身还可能存在某些缺陷等等。这时，尽管失效率高，却并不一定意味着政策不合理，切不可因此轻易地做出重大改变。因为任何重大的新政策的推出，一般会存在早期失效的过程，倘若因此而轻易改变，那就必然总是在早期失效阶段来回振荡，造成政策不稳定。这时，一方面要对新政策不断进行追踪检查，及时做出必要的修正；另一方面要坚持地执行下去。等到执行一定时期后，转入正常，新政策就能发挥它的有效功能，较少失效，这个阶段称之为偶然失效阶段。再等到该项政策继续执行相当时期后，失效率又会增大，这意味着主客观条件发生了变化，政策开始老化，已经进入耗损失效阶段，这时，必须及时制定新的政策，取而代之。这种政策失效率的变化，类似于图 4.2 所示的浴盆状，这种曲线也称为“浴盆模型”。

浴盆模型提醒人们不要为早期失效率一时较大的现象所迷惑，而应注重于失效质的分析，切忌轻易地改变政策，造成政策不稳定。在偶然失效时，要不断采取追踪检查，提出新措施，修正原方案，尽可能延长这一时期。在耗损失效阶段，要抓紧做好政策创新，及时制定出新政策取代原来已经失效的政策。

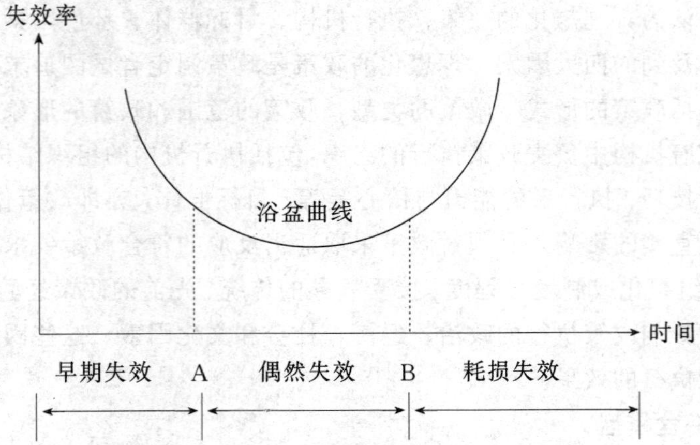

图 4.2 浴盆模型图

三、农业政策执行的特点

农业政策执行是一个完整的过程，一般来说要经历准备阶段、实际执行阶段和执行结束阶段。经过执行下来的政策最终会逐渐制度化，或者被新的政策所取代。农业政策执行活动不仅具有政策过程各个阶段所具有的共性，而且还有自身的特点。

（一）农业政策执行影响的广泛性

农业政策执行涉及到方案规划、执行机构、政策评估及其它领域的政策等众多因素，具有广泛的影响性。如政策的贯彻执行需要建立一支相应的执行队伍和健全的组织机构；政策执行过程会对政策作用对象产生直接影响；政策方案拟定过程中一些没有认识到的、隐藏着的问题，在政策执行过程中纷纷显示出来，带来一些难以预料的问题。总之，正是由于政策的执行，才使政策产生了广泛的实际影响。

（二）农业政策执行目标的具体性

农业政策方案的制定是针对普遍的情况、以整体形象出现的，是比较抽象的观念体系，是所谓的大政方针。基层执行部门要贯彻落实就农业和农村现实问题而制定的农业政策，必须对整体目标进行分解，使其具体化，具有可操作性，便于执行，所谓真抓实干。只有这样才能把农业政策总目标通过层层分解，具体落实到各个执行单位，最后落实到农业政策对象身上，通过他们的利益得失来反映农业政策的实际效果。农业政策目标明确与否，直接关系到农业政策执行的成败。没有具体执行目标的农业政策根本就无法实施。

（三）农业政策执行的灵活性

制定政策的目的是为了解决特定问题，政策内容的制定总是根据客观情况而定的。但是，客观现实情况在农业政策出台时又经常发生变化，所谓计划跟不上变化就是说的这种情况。这样，对农业政策的执行就提出了更高的要求。农业政策的执行不是在一个时点上就能完成的工作，它是一个思想、行为和利益需要不断变化的、不断调整的过程。一方面农业政策方案无论设计得怎样科学合理，它都不可能与纷繁复杂的客观实际情况完全一致；另一方面，随着时间的推移，执行活动的进展和环境条件的变化，农业政策执行还会遇到一些新情况和新问题。因此，农业政策的执行者必须因地制宜，适应各种客观情况的变化，灵活地执行农业政策。应当注意，农业政策执行的这种灵活性，是对客观现实情况做出的反映，而不应该成为曲解农业政策本意的口实。

（四）执行的阶段性和连续性

由于农业政策目标和政策方案本身就带有阶段性，因而它反映在政策执行上也必然呈现出时间上的阶段性，即农业政策方案的实施和政策目标的实现只能分阶段逐步进行。农业政策执行既要着眼于最终目标，又要立足于近期目标，要把二者有机地、科学地统一起来，特别要防止超阶段的执行行为发生。与农业政策执行的阶段性相联系的是它的连续性，这就是说，在整个农业政策执行过程的各阶段之间存在着前后相继的关系，农业政策执行过程中阶段性和连续性要统一。为此，执行者要充分注意各个执行阶段的衔接和统一，不能只顾前一阶段目标，而影响后一阶段的目标，而应该在实现前期目标的过程中就做好为后期目标顺利实现的各种准备。

第三节 农业政策执行的影响因素

一、农业政策方案的优劣对政策执行的影响

农业政策方案不仅仅反映了农业政策决策者的想法和决心，而且决定了农业政策执行过程及其最终结果。农业政策的执行活动基本上是根据方案本身规定的内容来进行的，所以农业政策方案本身的质量是制约其执行的重要因素。

（一）农业政策问题的性质

农业政策执行的顺利与曲折、简单与困难、成功与失败，和政策所要解决的农业政策问题和性质密切相关。农业政策问题的性质，是指农业政策所涉及的范围、问题的类别、程度和规模等等。那些涉及到人们经济利益分配和调整的农业政策，如农产品的价格政策和土地政策，所需采用的政策措施较多，引起的经济利益转移较为复杂，执行起来就比较困难；对于涉及问题较简单的农业政策，如农业科技政策，执行起来就比较容易一些。因此，在执行一项具体的农业政策时，需要对政策问题的性质有充分的认识和了解。

（二）农业政策目标的正确、明确与具体性

农业政策目标的正确与否是衡量政策执行好坏的标准，进而成为农业政策执行效率的标准。农业政策目标错误，农业政策执行效率越高则政策失误越大。一项农业政策要能够顺利执行，从操作上和技术上来说，它必须明确而具体，这包括：农业政策目标必须是切合实际并可以达到的；目标是可以比较和衡量的；目标应该指出所期望的结果；目标的完成必须是农业政策执行者职权范围内的事；目标要规定完成的期限。只有这样，农业政策执行者才有信心，才能获得广泛的支持。如果农业政策目标不明，方案含糊，就会造成执行者无所适从，自然就不可能顺利地得以贯彻执行。

（三）农业政策理论依据的科学性

农业政策需要有科学的理论依据。理论可以说明农业政策问题与政策方案之间的逻辑关系。一项农业政策的理论基础如果不科学或有重大缺陷，在执行过程中就可能被怀疑，甚至被抵触。农业政策的理论依据证明政策的合理性和科学性，为农业政策执行提供了认识条件。

（四）农业政策方案规划的科学性

农业政策方案的科学性，除了要求在规划时，规划者和决策者运用科学程序，尽量采用各种科学方法和手段，充分依靠专家的作用外，还要求政策制定者必须理性地而不是主观武断地凭感情办事。农业政策规划的科学性越强，执行的可行性和政策所获得的支持也就越高。

二、农业政策资源对政策执行的影响

农业政策目标明确而具体，但如果负责执行政策的机构和人员缺乏足够的用于政策执行的资源，那么政策执行的结果肯定难以达到预期的目标。农业政策资源等同于政策执行条件，是指农业政策执行主体执行既定的政策决

定所必须具备的那些客观的和主观的条件。农业政策执行主体实际获取和实际使用的国家公共资源种类和数量，既构成了有效执行政策的条件，又构成了检验农业政策执行的政策效果的价值评判标准之一。在正常情况下，农业政策执行所需要的资源主要包括资金资源、物资资源、人力资源、信息资源和权威资源。

（一）资金资源

要执行农业政策就必须有一定的资金资源。在农业政策执行的全过程中，资金自始至终都是农业政策资源的一大项，任何农业政策的执行都需要投入一定的资金，不花费资金的农业政策不可能得到执行。这是因为农业政策必然造成经济利益转移，而这种转移需要政府筹集或垫支，而且还因为农业政策的启动和运转也需要费用。就农业政策执行而言，不仅必须要有合理的经费，而且在绝大多数情况下，执行农业政策的经费是来自国库拨付，并且只能来自国库拨付。这是因为在存在利益纷争或潜在纷争的条件下，农业政策执行经费的非国库拨付，极有可能产生社会公平问题，进而诱发新的农业政策问题。在政策执行实践中要注意防止出现资金过多或过少的现象。

（二）物资资源

执行农业政策需要一定的物资资源，这是农业政策比较特殊的地方。农产品是人们的基本生活必需品，某些农业政策的落实仅仅靠资金是不能解决问题的，对农产品市场价格，特别是粮食市场价格的调控，就必须要求国家手中要掌握足够的粮食。农业政策的执行没有资金不行，但有些农业政策，只有资金，没有物资也不行。由于自然灾害或战争等原因，只有资金，没有物资，再好的农业政策也是无法执行的。

（三）人力资源

农业政策需要由人来执行，没有人就不会产生农业政策，更谈不上执行农业政策，人力是执行农业政策的源动力。农业政策执行是一项涉及广泛的行为，行为后果即政策效果与政策执行水平密切相关，而政策执行水平的高低在相当程度上是由政策执行人员的素质决定的。因此，在农业政策执行人员的选择上，也存在一个适度问题。农业政策执行人员和部门过多，容易造成办事拖拉，甚至内耗，从而增加执行农业政策的难度。另外，不能够获得足够的合格人员，经常是农业政策执行资源不足的一个问题。至于为什么不能获得足够的执行人员，原因之一在于政府无法提供足以吸引合格人员为之效力的条件。

（四）信息资源

现代社会是信息社会，信息不仅是农业政策制定的重要依据，而且也是农业政策执行所需要的资源之一。农业政策的执行者不仅应该获得足够的信息资源，而且还应该确保信息渠道的畅通无阻，否则就很难制定出正确可行的行动计划和策略，也无法对农业政策执行过程实施必要的控制。实践证明，农业政策执行过程中遇到的困难或是出现的失误，往往是由于执行者缺乏必要而准确的信息造成的。

（五）权威资源

权威资源是农业政策执行活动的一种特殊资源。负责执行农业政策的人员要使其执行活动得以顺利进行，则必须具备相应的权威。权威不是赋予的，它是通过法律授权和行政授权来取得的。权威之所以能够成为一种重要的农业政策资源，其原因就在于权威加强了执行人员的责任感，可以提高执行人员的工作热情；权威是取得协调的基础，谋求行动上协同一致的良方；权威是下属表示顺服、诚意接受某项建议而予以执行的动力；权威的享有者一般都具有某方面的专长，在决定农业政策应如何执行的步骤上可以提供丰富的经验和专业知识；权威是工作指派、工作指导以及工作控制的依据，而这三者正是有效执行的前提。这些都决定了权威是农业政策执行的根本保证，是农业政策有效执行的一项重要资源。

三、农业政策执行环境对政策执行的影响

农业政策的执行环境是指除执行机构自身之外的诸多社会因素和自然因素的总和。不仅包括政治文化、大众传播媒介、国内外政治气候以及经济环境在内的政治经济环境，也包括任何一项农业政策的执行都要受到所处社会环境的影响和制约。适宜的社会环境无疑有助于农业政策的有效执行，反之，不良的社会环境则必然有碍于农业政策的执行。影响农业政策执行的环境因素主要有政治环境、经济环境和社会心理环境。

（一）政治环境

国内政治环境的安定与否是任何农业政策顺利执行的基本前提。农业政策的顺利执行是与一个国家的政治稳定、社会稳定联系在一起的。国家政局稳定、人民安居乐业，这样一种安定和谐的政治社会环境，既能保证经济持续稳定地发展，又能培养良好的、健康的社会政治心理，当然也有利于政府各项政策的顺利推行。反之，在社会动荡、政治不稳定时期，政策的推行必

然会遇到各种阻力和障碍。同时，还应该注意国际政治环境的变动对一国国内政治环境的影响，这种影响也是在执行政策的过程中必须加以考虑的。

政治文化也是影响农业政策执行的重要因素。政治文化是一个民族在特定时期流行的一套政治态度、信仰和感情。不同的人因其所处的生活环境，所接受的文化教育以及所经历的政治社会化过程不同，而常常形成不同的政治取向。政治文化影响人们的政治取向，政治取向又影响到人们对政策的接受并进而影响到政策的执行。

舆论导向对农业政策的执行也有很大的影响。农业政策的有效执行，一方面固然需要得到目标群体对农业政策的接受；另一方面它还需要获得一般民众尤其是农民的广泛支持。而一般民众对某一农业政策是否表示支持，在很大程度上取决于公共舆论导向。因为公共舆论能够潜移默化地影响人们的政治向背。因此，政府都十分重视利用大众传播媒介进行政策宣传，使广大民众充分地了解政策，为政策的有效执行奠定广泛、坚实的群众基础，以推动农业政策的顺利执行。

（二）经济环境

经济基础决定上层建筑，政策作为一种政治现象，它的执行同样要受到经济环境的制约和影响。农业政策作为公共政策的一部分，它的制定和执行受制于国家整体经济状况和农村经济发展水平。农业政策的制定和执行必须立足于国家经济的现实状况，国家的经济状况不仅影响国家政策的基本倾向，而且也影响政策的执行效率，因为政策的执行需要以人力、物力和财力的投入为基础。不能超越国力来制定农业政策，那样将导致农业政策因缺乏足够的经济力量来支持而无法执行。

（三）社会心理环境

社会心理是人们在日常生活中形成和积累起来的对物质经济关系、对人们生存的社会条件的经验性反映。主要表现为自发的倾向和信念以及感情、风俗、习惯、成见等。社会心理是一种潜在的社会力量，它在社会生活中具有极大的影响力。一定的社会心理态势是政策能否有效地执行的重要条件。因为社会心理态势直接影响到人们的政治行为。从社会心理环境来看，对政策的有效执行具有决定作用的社会心理因素，就是广大民众特别是目标群体对所执行政策的承受力。政策能否有效地得到贯彻执行，与社会心理承受力密切相关。当民众的心理承受不了某项政策时，即使政策本身设计得再好，也是难于施行的。反之，如果某项政策符合民众心理，那么它就会得到民众的拥护和支持。例如，家庭联产承包责任制政策在我国农村的顺利推行，就是因为该政策适应了现阶段我国农村生产力发展水平，反映了农民的愿望和要求，因而得到农民的支持和拥护。

四、农业政策执行机构与人员对农业政策执行的影响

任何一项农业政策的执行都必须依赖于一定的机构和人员来承担，没有健全的组织机构和高素质的执行人员，要有效地执行农业政策方案，实现农业政策目标几乎是不可能的。

（一）农业政策的执行机构

在任何政治体系中，农业政策的执行机构都是经政府的组织机构进行的。因此，政府组织机构的功能和作用如何，是影响农业政策执行的重要因素。一般来说，国家行政机关就是政策执行机关。我国农业政策的执行机关是中华人民共和国农业部。国家行政机关掌握着执行农业政策的资源和手段，又是联系农业政策决策者和广大政策对象的纽带。因此，行政机关的情况，对农业政策的执行有很大的影响。农业政策的执行是一种典型的组织行为，组织得力与否会对农业政策执行的力度和效果产生直接影响。运转良好的组织结构要考虑以下几个方面的因素。

1. 组织机构的布局要合理。从一个国家的农业政策执行系统来看，组织机构的合理与否首先应该保证组织纵向结构和横向结构的布局合理，即通常所说的层级与幅度的关系要适度。组织机构的层级与幅度有着密不可分的关系，就政府的行政组织机构而言，层级多了，必定影响其管理幅度；幅度大了，必定影响其管辖的层级。合理的层级划分使不同层级的机构分别承担不同的工作任务，从而使整个农业政策执行过程能够顺利进行。管理层次过多会造成信息不畅、程序复杂；管理层次过少会造成分工不明、责权不清。适宜的管理幅度划分有利于农业政策执行的专业化、程序化；有利于事权一致、政令统一。管理幅度过宽，会造成穷于应付的局面；管理幅度过窄，势必增加管理层次，造成机构臃肿，人浮于事。组织的纵向结构和横向结构的结合是当代组织结构的特点之一，这就要求政策执行系统必须正确处理好层级和幅度的关系。只有适宜的层级和幅度才有利于农业政策目标的分解以及政策方案的具体化，从而有利于农业政策的执行。

2. 组织机构各部门之间要有良好的分工协作。为了有效地执行农业政策，组织机构需要进一步分化，即根据职能、地区和工作性质等因素，对组

织机构进行分解。如根据农业经济内部划分农、林、牧、渔业的特点，我国农业部设有对应的农业司、林业局、畜牧兽医司和水产司。这样的职能划分，能够保证农业政策执行的专业化，便于政府实施有效管理。但是各个职能部门不能各自为政，各行其是。为了保证政府执行系统的整体效能，各执行单位必须密切配合，协调行动。这就要求政府主管人员在划分职能部门时，不仅要做到分工明确，而且要考虑这种分工是否有利于合作。组织机构如果分工不好，农业政策的目标就难以分解；如果协作不力，农业政策的执行必然表现为松散和无力。只有在合理分工协作的基础上才能使组织机构有效地执行农业政策。

3. 组织机构中各部门的权责关系要明确。首先应该明确各执行部门的职责范围。权责关系不明确是农业政策执行过程中各部门之间产生摩擦的主要原因。因此，明确各部门的职权和职责至关重要。明确职责就是要明确规定每一个执行部门的组织规模、组织规程；明确规定其职权、职责、地位和所应该承担的任务，以避免在执行过程中产生职权不清、事权冲突、相互扯皮、争权夺利等弊病。其次应该明确各执行人员的职责权限。农业政策执行的负责人在分配下级执行机构的任务时，应该根据执行工作的需要，授予下级执行人员一定程度的管理权限和自主权，使之能够积极有效地完成执行任务。还应该明确规定各个工作岗位的职、责、权、利，使之能够积极地完成政策执行任务。

（二）农业政策的执行人员

农业政策执行人员的准确涵义是指适合既定农业政策执行、需要富有能力的专业或职业人员，主要是政府各级执行机构内的领导干部和公务人员。任何一项农业政策都是要由人去贯彻落实，政策执行人员的素质、行为意向、政策水平及其对农业政策的态度等构成了影响和制约农业政策执行的重要因素。

1. 农业政策执行人员要具备较高的政策水平。合格的执行人员首先要有较高的政策水平，这一点对于负责政策执行的领导者而言更重要。政策执行人员的政策水平主要体现在对于政策的理解力上。一定的农业政策需要执行者在对它的性质、精神、含义、内容等充分了解的基础上，才会得到认真推行。由于农业政策执行不是一个简单的照章办事的过程，政策执行者对每一个执行事项，都要根据不同的时间、地点和事件，权衡其轻重，然后再做出各种不同的调适。在这种情况下，政策执行人员对政策标准的认知和理解就非常重要，如果执行人员没有完全理解，或者曲解了政策，那么政策的执行肯定会受到影响。

政策执行人员的政策水平主要与三种素质有关：一是专业技术水平，表现为准确地理解和把握政策规定的能力，以及进一步制定执行计划的能力；二是实际工作的经验尤其是处理公众关系的经验，表现为正确地预测“危机”的能力和正确地选择解决方式的能力；三是效忠国家的信念和自律精神，表现为遵从法律规定、维护社会正义的坚定性。

2. 农业政策执行人员要有积极的意向和工作态度。农业政策的执行实际上是对利益的分配和对行为的调整。政策执行人员往往身兼目标群体和执行者的双重角色。当作为目标群体的政策执行者的利益被他们执行的政策所调整时，他们便处在整体利益与局部利益的二难选择中。某一项农业政策有可能给执行者自身带来某种损失，那么执行者对此是出于公心还是出于私心，执行者的意向就决定了这一政策是否能够顺利执行。有些农业政策执行不力，不是作为普通百姓的一般政策对象造成的，而是首先由作为农业政策执行者的那部分特殊对象因缺乏应有的思想觉悟造成的。这样看来，农业政策执行者的工作积极性和责任感如何，对于是否能够顺利地推行农业政策有着重大关系。为使农业政策得到有效执行，政策执行者必须具备高度的工作积极性和责任感。如果马马虎虎、阳奉阴违，那么政策的有效执行就会成为一句空话。为此，一方面在选派执行人员时应尽量选用那些理解和支持农业政策的人；另一方面，要采取多种方式组织广大政策执行人员认真学习农业政策，提高政策执行人员的政治素质，培养其对农业政策目标的认同感和执行农业政策的使命感。

3. 农业政策的执行人员要具备合理的知识结构和较强的组织能力。农业政策执行人员应该熟练地掌握政策科学的基本理论和所从事的农业政策领域的专业知识，广泛地了解政治学、社会学、管理学、社会心理学及法学等其它领域的相关知识，只有这样才能在农业政策执行过程中取得较大的主动权。农业政策执行者不仅要有胆识，能够正确地估计形势，做好农业政策的宣传和鼓动工作，动员各方面的支持，争取农业政策执行所需要的各种资源，健全和完善执行系统的组织机构，维持组织的内聚力等，而且还要从实际出发，采取机动灵活、随机应变的策略，协调好各个方面的关系，分清轻重缓急，有次序、有步骤地推行农业政策。

五、农业政策对象对政策执行的影响

农业政策对象是农业政策直接作用影响的对象，是农业政策的接受者。农业政策能否达到目的，能否顺利执行，不仅取决于政策制定者和政策执行者，而且在很大程度上取决于政策能否被农业政策对象所接受。政策对象顺从、接受农业政策，政策执行就会成功，政策对象不顺从、不接受农业政策，政策执行就会失败。可见政策对象对农业政策顺从和接受的程度是对农业政策能否有效执行影响极大的关键因素之一。

（一）农业政策对象的接受程度

农业政策对象能否接受某项农业政策和接受程度如何，主要取决于农业政策执行与人们切身经济利益的关系和农业政策与人们行为方式的关系。政策的执行实际上是利益调整的过程，在这过程中，那些获得较多利益的人们对政策持积极支持的态度，农业政策执行就比较顺利，而那些获益较少的人们，特别是相对利益减少的人们对政策持消极态度，甚至产生抵触情绪，农业政策执行就会产生困难。

从政策与人们行为方式的关系看，人们的行为方式是受人们的价值观念和习俗影响的。如果农业政策的要求与农业政策对象的思想习惯和行为差距较大，农业政策执行就不会顺利。在这种情况下，要采取渐进的方式，通过宣传教育，逐步使农业政策对象接受政策规定的内容，最终实现农业政策目标。

（二）农业政策对象的数量多少

农业政策所涉及到的人员数量多少，在一定程度上决定了农业政策执行活动的复杂程度。一般来说，农业政策涉及到的政策对象人数越少，农业政策就越明确，越容易执行。农业政策对象及其行为的类型越多，政策方案中也就越难有清楚而明确的规定，从而容易引起矛盾，也就难以保证政策的执行及其效果。

第四节　农业政策的具体执行

一、农业政策执行的主要原则

农业政策的执行过程，就是把政策与具体实际相结合的过程。在这过程

中，应该遵循下列原则。

（一）原则性与灵活性相结合的原则

政策作为指导人们行动的依据和准则，它本身体现着事物的本质和规律，在其执行过程中，具有高度的原则性。农业政策的原则性是政策的本质决定的，原则遭到破坏，就改变了政策的性质，就会引起思想混乱，导致政策失误。在执行农业政策的过程中，一定要严格按照农业政策本身所规定的特定对象和作用范围去贯彻落实政策。只有坚持政策的原则性，才能维护政策的严肃性和权威性。执行农业政策不仅要讲原则性，而且还要讲灵活性，也就是在原则允许的限度内采取灵活的做法。因为政策规定一般比较原则，它不可能把所有的问题都规定得很具体。因此，要求政策执行者在执行较难的政策过程中必须根据实际情况灵活地运用、并有创造性地执行政策。

（二）整体性原则

从系统论观点来看，农业政策执行是由若干执行机构和执行人员等要素构成的一个整体系统。在这个系统中，各要素即各执行机构和执行人员之间存在相互依存、相互制约的关系，其中每一要素功能的发挥都有赖于其它要素之间适应和配合，任何一要素的不合理、不协调都会引起矛盾，影响执行系统整体功能的发挥。因此，农业政策执行过程中，每一个执行机构、每一个执行人员都要相互配合，协同作战，保证整个执行系统的协调运转。

（三）反馈性原则

农业政策执行人员特别是领导者应该高度重视政策执行过程中的信息反馈工作，对有关政策执行的各方面情况都要了如指掌，如果发现问题，要及时采取相应措施，以保证整个执行活动的顺利进行。农业政策执行过程中强调反馈性原则的意义在于：①及时发现政策执行过程中出现的偏差，以便采取针对性措施，确保政策目标的实现；②通过实践对农业政策的检验，为政策的修正、完善和追踪决策提供客观依据。

二、农业政策执行的基本程序

农业政策执行是一种行为过程，具有一定的逻辑顺序。一般按照以下步骤开展政策执行工作。

（一）明确指导思想

农业政策执行是整个农业政策运行过程中的关键性环节，关系到政策的成败，也直接影响到党和人民的根本利益。为此，在农业政策执行展开之初，必须制定出实施农业政策的指导思想，用以指导农业政策的执行活动，保证执行活动的顺利进行。农业政策执行活动的指导思想必须以实现政策目标为中心，反映客观规律和现实情况，创造性地贯彻落实政策方案。

（二）制定执行计划

农业政策内容本身只是一种原则性规定，不包括具体行动细节。执行农业政策必须结合不同的实际情况，把这些原则具体化，对怎样达到政策目标要制定出详细计划，作为农业政策执行活动的依据，以便执行工作有条不紊地进行。制定农业政策的执行计划，一方面要留有余地，否则，一旦某个局部出现问题，就可能影响全局；另一方面，要考虑时间问题，根据农业政策方案要求和政策执行的客观条件，将计划分成短期、中期、长期计划，以利于分阶段执行。

（三）进行政策试验

在政策研究中，政策试验不仅是验证政策方案、评价和选择政策方案的重要方法，而且也是研究和探讨政策执行的方法、步骤，从而推进政策实施的重要手段。通过政策试验，可以避免不必要的损失，能够起到一定的示范作用，取得执行政策的实际经验。一般通过选择试验对象，设计试验方案，评价分析试验结果的步骤来进行政策试验。政策试验是典型引路，目的是为解决推广问题，但任何典型都有局限性。因此，推广政策试验的成功经验要按不同情况，一步步来，一批批搞，使范围越来越大，不断总结经验。这样，经过试验—总结—推广—再试验—再总结—再推广，由少到多，由小到大，反复试验，逐步扩展。

（四）组织实施

农业政策的具体执行需要组织机构对政策的贯彻与推行。执行农业政策要做大量的具体工作，如起草文件，拟定措施，筹备会议，了解情况等，没有相应的部门和机构主管，没有一定的工作人员具体负责，是不可能做好的。因此，必须认真落实建立政策执行机构。一般农业政策的执行，如果属于原有执行机构的任务，则应该由原有执行机构及其工作人员去完成；如果是涉及到多部门的重要政策，而非原有执行机构所能够承担的，则可抽调有关人员组建新的政策执行机构，包括临时性机构，以确保政策的有效执行。如关于帮助贫困地区尽快改变面貌的政策，是一项涉及范围很大的重大政策，所以，从国务院到有关的各部门、各级政府都成立“扶贫办公室”，以促进这一工作的开展。应该强调的是执行农业政策时，一般不要增加新的机构；设立的临时机构，待工作任务完成以后，应随即撤销。实践证明，贯彻落实好农业政策，要求农业政策的执行机构做到工作目标与政策目标保持一致；各部门之间的工作要相互协调；机构的设置要精干，有利于提高工作效率。

建立各级政策执行机构后，培训政策执行人员的工作就摆上议事日程。政策执行人员素质的高低很大程度上决定了政策执行效果的好坏，必须按照各种农业政策的特殊要求，拟定培训计划，对政策执行人员进行专门培训，以提高其执行政策的水平，从而更好地实现政策目标。

（五）开展农业政策宣传

所谓农业政策宣传，就是通过各种有影响力的渠道，向农业政策的执行者、对象和社会各方面说明、解释农业政策的合法性、合理性、必要性和效益性，以获得他们对农业政策的理解、支持和接受，并形成有利于农业政策执行的社会舆论环境，把某种农业政策意图灌输到人们的意识中去，促使和引导人们的行为向宣传者所希望的方向发展。农业政策的宣传不仅包括对农业政策的宣布或公布，还包括政策制定者对政策执行者和政策对象的教育、说服和鼓励。政策执行离不开政策宣传，政策宣传不仅是政策执行的一个主要方法和手段，也是政策执行活动不可缺少的有机组成部分。

农业政策宣传的目的是为了让所有有关的人都了解农业政策，加深人们对农业政策的理解和认同，只有这样才能相互配合，共同实施。同时，农业政策的宣传还能促使人们改变观念，提高认识，正确对待和适应社会利益关系的调整和社会观念的新变化。所以，政策机关要充分利用各种宣传媒介，采用多种宣传形式，对农业政策进行广为人知的宣传，为农业政策的顺利执行创造良好的氛围。

（六）农业政策执行的督查

农业政策执行的督查是指政党、国家和社会团体及其工作人员、人民群众等对农业政策执行者进行检查、控制和矫正，以便发现和纠正违反农业政策目标的行为。农业政策执行的监督、检查是政策执行过程中的一个重要环节和终结环节，也是提高政策水平的一项重要措施。由于农业政策执行过程的复杂性，常常出现政策执行活动偏离政策目标的不良现象，因而必须对整个执行过程加强监督、检查，以保证农业政策的全面贯彻和落实。通过对政策执行情况的监督、检查，有利于我们总结成功的经验和失败的教训，找出规律性的东西，更好地掌握执行农业政策的主动权。

农业政策执行的监督形式有多种，主要包括专门机构的监督、上下级机

关的监督、同级机关的监督、群众监督和社会舆论监督等。每一种监督形式都有其独特作用，但根本的目的都是为了发现和纠正政策执行过程中的偏差和失误，保证政策目标的顺利实现。应该指出的是，为了保证监督的客观性和公正性，监督机构对于政策制定者而言应该有一定的独立性。只有这样，监督系统才能为政策的有效执行提供可靠的保证。

对农业政策执行进行经常性检查，也是非常必要的。实际上检查也是一种督促。我国关于政策执行情况的检查方式主要包括：专门机构的检查、上级领导机关的检查、业务主管部门的检查等。检查的目的同样是为了保证农业政策执行活动的顺利开展，对于执行过程中产生的新情况、新问题及时进行处理，防止执行过程出现偏离政策目标的情况发生和蔓延。

三、农业政策执行的方法和要求

（一）农业政策执行的方法

1. 领导和群众相结合的方法。领导和群众相结合是执行农业政策的基本方法。它包括两层涵义：一是既要有领导骨干的积极性，又要有广大群众的积极性，要实现这两个积极性的密切结合；二是从群众中集中起来又到群众中坚持下去。领导是农业政策执行活动的组织者，没有领导的组织工作，也就没有农业政策执行活动；同时，农业政策执行活动的主体又是人民群众，政策如果不为人民群众所接受，并由他们采取行动付诸实践，也无农业政策执行活动可言。

2. 一般和个别相结合的方法。所谓一般和个别相结合，就是既要有一般的普遍的号召，又要有个别的具体的指导，从个别指导中取得新经验，充实一般号召，再去进行普遍的指导面上的工作。在农业政策执行过程中坚持一般号召和个别指导相结合的方法，一是检验、修正、完善农业政策的需要；二是使农业政策真正落实到实处的需要。在农业政策执行过程中采用这种方法，要注意搞好农业政策的学习宣传活动，搞好农业政策试验工作，加强对面上农业政策执行的指导工作。

（二）农业政策执行的要求

1. 明确农业政策执行的对象和范围。任何农业政策都有自己的执行对象和范围，这是农业政策制定时就规定了的。离开农业政策本身规定的执行对象和范围去执行农业政策，不但不能收到预期的效果，而且往往会适得其反，甚至破坏农业政策的严肃性。因此，在执行农业政策时，一定要考虑其适用对象和范围。

2．执行农业政策要有科学的态度。农业政策来源于生产实践活动，又对实践活动发挥着指导作用。在执行过程中应该按照农业政策的内容不打折扣地执行，自觉维护政策的权威性和严肃性。同时，经济实践活动的内容经常在变，使得农业政策的执行环境也相应地发生了变化，必须加强督查工作，及时发现问题，以科学的态度来采取应对措施，保证农业政策得到顺利执行。

思 考 题

1．如何看待了解政策背景与正确执行政策之间的关系？
2．农业政策执行的作用如何？
3．怎样正确处理多种因素对政策执行的影响？
4．农业政策执行如何进行？
5．怎样看待政策执行过程中出现的“上有政策，下有对策”现象？

第五章　农业政策的评估及调整

第一节　农业政策评估的原则、内容和指标体系

一、农业政策评估的作用与原则

（一）农业政策评估的作用

一个完整的政策过程，除了科学合理的规划和有效的执行外，还需要对政策执行后的效果进行评判，以确定政策的价值，从而对政策是否延续、革新或终结做出决定。

农业政策评估是根据某些公认的标准，运用合适的方法，对农业政策的实施过程和成果进行检查、衡量、评价，以判断具体的农业政策是否有价值或有什么价值。农业政策评估可分为事前评估和事后评估。事前评估是针对某项和某几项备选的农业政策措施在其实施之前对其实施后可能产生的作用效果进行预测、分析和评价。事后评估是针对某项政策在实施之后对其所产生的效果进行评价、总结。它以现行的农业政策为研究对象，意在判断一项既定的农业政策经过政策执行的实际实施之后是否产生预期的政策效果，产生了哪些效果，还存在哪些问题，问题是如何产生的，以及如何解决这些问题、修正现行农业政策。

首先，农业政策的评估是进行政策调整和变更的依据。农业政策的实施是一个动态的过程，在执行一段时间后，需要根据实际情况对其做出调整和修订，而进行这项工作所依据的就是由政策评估提供的结论。农业政策实施后存在三种可能：一是农业政策尚未达到预期目标，需要按原计划继续执行；二是农业政策在执行过程中出现了偏差，在总结经验和深化认识的基础上，对原政策进行修订和调整后再执行；三是农业政策的执行因为预期目标已经实现或实践证明根本无法实现预期目标而终结。上述种种情况都需要通过政策评估来做出回答，因此，政策评估就成为决定农业政策去向的依据。

其次，农业政策评估是确定新的农业政策问题，制定新的农业政策的必

要前提。农业政策所要解决的任何问题，都是以原来的农业政策实施的结果作为背景的。不管是需要继续执行的农业政策、进行修改和调整后执行的农业政策，还是因什么原因需要终止的农业政策，都要求对原有政策进行全面系统的评估，以便认清政策问题产生的渊源，为下一步制定新政策和修改原有政策提供必要的信息。

最后，农业政策评估可以为政策宣传服务。政策宣传是政策实施的重要环节，通过政策评估能够做到用事实说话，能较好地起到教育和动员作用。

（二）农业政策评估的原则

1. 整体性原则。不仅农业政策可能由许多单项政策组成，而且每一项农业政策也是由许多政策要素组成的。因此，在农业政策评估过程中必须以整体目标为标准。农业政策和农业政策的各要素，由于其性质不同、地位不同、作用方式不同，从而对农业经济生活形成不同的影响；但是，各项农业政策，各种政策要素的作用必须符合农业政策总目标的要求，有利于整体效能的提高。

2. 时效性原则。农业政策评估的时效性原则是由农业政策效力递减决定的。政策往往开始时比较有效，但过了一段时间，效力就可能逐渐下降。其原因是政策具有老化的过程；或者由于政策本身具有副作用，而且副作用逐渐增加；或者政策对象对政策有了适应性，甚至采取各种对付政策的措施；或者由于条件发生了变化。因此，农业政策评估要根据农业政策的时效期限，分析确定该项农业政策的优劣程度。

3. 动态性原则。农业政策评估的动态性涉及农业政策发展变化的方向、速度和规律。环境因素对农业政策的影响有时在短期内并不引人注目，但从较长时间来看，这些暂不引人注目的因素积累起来的影响将是非常巨大的。这可称为农业政策的动态累积效应。农业政策评估方法和标准不仅要有静态的，而且要有动态的，以便从各个不同角度来分析农业政策，使农业政策的制定和实施得以优化。

4. 区域性原则。不同地区的自然、社会、经济条件差异很大，同一政策问题的严重程度及采取的政策手段也不一样，从而同一政策的实施结果会有较大差别。因此，不能忽视地区差异对政策的影响，不能用绝对相同的标准来评估不同地区的政策实施结果。

5. 定性分析与定量分析相统一的原则。由于影响农业政策效率的自然因素和社会经济因素复杂多变，在进行农业政策评估时，首先要进行定性分析，主要是用演绎归纳的原理进行分析，以明确政策的性质、特点，及其与其它因素的关系等。在此基础上，还要深入进行定量分析，注意从政策的数量特征、数量关系及政策执行过程中的数量变化来分析政策，以准确把握政策效益优劣及其程度。定性分析和定量分析不可偏废。只做定性分析不做定量分析，定性分析会成为空洞的说教，不能准确地把握政策效益的大小或程度；只有定量分析而不做定性分析，定量分析就没有前提和基础，从而不能得出正确的评估结果。

二、农业政策评估的基本内容

农业政策评估的内容包括政策方案评估、政策执行评估和政策效果评估三方面的内容。

（一）农业政策方案评估

农业政策方案评估是针对不同的农业政策方案做出评价，从中挑选较好的方案，或对某一农业政策方案进行可行性分析评价。其任务是为农业政策的选择、修正及决策提供科学依据。农业政策方案的评估既是政策制定的内容，也是政策评估的内容。

（二）农业政策执行评估

农业政策执行评估是对政策的执行过程进行检查、分析与评价。农业政策执行评估一方面要搞清楚农业政策是否确已落实到实处；另一方面要分析政策执行过程中的行为与措施是否符合政策设计的要求。其核心问题在于确定农业政策执行是否按照农业政策规定采取了适当的政策行为，农业政策执行行为又是如何影响政策的成败。

通过农业政策执行评估要达到以下目的：了解农业政策参与者的行为特征；农业政策所提供的服务及其质量以及参与者对此做出的反应；对不同地区政策实施情况进行比较分析，了解政策实施的地域性差异以便加快政策执行的规范化过程，分析政策制定与政策执行之间的差异以便做出合理调整。

农业政策执行评估的分析范围主要集中在表 5-1 所列的各个方面，其具体内容包括：①农业政策执行过程行为评估。主要是对执行过程中依次发生的事件、所采取的行动及新投入的政策资源及时进行检查、反思；②农业政策运行的信息收集和处理；③农业政策执行前景与问题的预测。

（三）农业政策影响评估

农业政策影响是指执行一项农业政策后个人、团体组织、国家、社会、自然环境等方面所产生的变化。政策就是要通过政策手段措施，对政策对象发生作用，产生影响，达到政策所规定的目标。通过农业政策影响评估，一方面可以帮助决策者确定农业政策的内容如何安排才最有可能影响农业政策对象并形成所需的变化，根据农业政策影响评估提供的资料考虑长期性的政策资源的获取与分配，从而有利于政策资源的合理利用；另一方面，可以帮助农业政策执行人员在执行政策过程中考虑如何决定各种政策资源的利用和分配问题，以寻找最佳的实施措施。此外，农业政策在普遍推广之前，结合政策试点进行的小规模影响评价，有利于更好地设计政策的实施计划和策略。

表 5-1 农业政策执行与农业政策评估对比

完美的农业政策执行	农业政策评估的主要事项
1. 环境因素不会阻挠或牵制执行组织	环境因素会阻挠或牵制执行组织吗？
2. 有充分的资源和时间可资运用	有充分的资源和时间可资运用吗？
3. 政策执行阶段上组合资源供应及时	政策执行阶段上组合资源供应及时吗？
4. 政策在因果理论指导下执行	政策是在因果理论指导下执行的吗？
5. 因果关系是直接和清晰的	因果关系是直接和清晰的吗？
6. 单一机构执行并或协作机构最少	是单一机构执行并或协作机构最少吗？
7. 政策目标自始至终稳定和一致	政策目标自始至终稳定和一致吗？
8. 执行机构和个人职责明确	执行机构和个人职责明确吗？
9. 相关部门可以进行充分沟通和协调	相关部门能够进行充分沟通和协调吗？
10. 主管人和机构的权威受到充分尊重	主管人和机构的权威受到充分尊重吗？

资料来源：转引自张国庆，1997，《现代公共政策导论》，北京大学出版社，第 192 页。

农业政策执行影响范围广泛，层次复杂，有长期影响和短期影响，直接影响和间接影响，具体影响和象征影响。评价的具体内容涉及以下几方面：①政策对象感受到的初步影响，即他们的行为、思想、生活环境因政策措施的执行而发生的初步变化；②政策对象以外的团体受到的影响和副作用，即政策的溢出效应，也可以看做政策的继发影响。如粮食价格调整后，不仅要影响到粮食生产者，而且还要影响到畜牧业等其它产业以及引起整个物价的连锁反应；③政策措施形成的初步影响与继发影响对整个社会系统所产生影响。如农村非农就业政策最终对城乡关系及整个社会系统在结构及运行等方面发生影响；④政策本身反馈作用所造成的影响，即前项政策对后项政策的影响。对上述影响评估的目的在于确定一项政策是否形成了预期的影响以及影响的大小。

更确切地讲，农业政策影响评估主要是估计一项农业政策的净影响，也就是仅仅估计由于农业政策本身引起的那部分影响。进行这种农业政策影响评估必须具备一定的先决条件：一是必须确定衡量政策目标的标准；二是农业政策已经充分实施，农业政策的对象充分地经受了政策的作用；三是必须预测政策对象在未接受政策作用情况下的相关情况。离开了这三个条件，农业政策影响评估是不可能的。估计农业政策影响可以用下面的几种公式：

$$I=E_2-E_1 \tag{5-1}$$

式中：I 为农业政策影响；

E_1 为农业政策对象在接受政策之前可以衡量的值；

E_2 为农业政策对象在接受政策之后可以衡量的值（即政策使政策对象发生变化后的状况）。

(5-1)式中所确定的数值为政策的粗影响，即政策对象在接受政策之后的变化。所以，这种估计只是大致和粗略的，它仅仅反映政策影响的基本趋势。

$$I=E_2-C_2 \tag{5-2}$$

式中：C_2 为同期未接受政策控制的团体可以衡量出的值。

$$I=[E_2-E_1-(C_2-C_1)] \tag{5-3}$$

式中：C_1 为未接受政策控制的团体在政策实施之前可以衡量的值。

从（5-2）式和（5-3）式的含义可以看出，这两个公式所估计的政策影响在不同程度上考虑了外来因素的作用。并通过两种方式加以扣除。(5-3) 式计算出的政策影响最为精确，它是测定农业政策净影响的主要公式。

从上述公式可以看出，准确评估农业政策影响须剔除农业政策以外的因素所造成的影响。一般说来，这种影响有下面几种情况：

首先，农业政策对象在没有政策影响的情况下也会由于本身内部所具有的运动规律而发生变化。例如，即使没有一项具体政策的出台，农村经济也会按一定的速度向前发展。所以评估一项农业经济政策的影响，应扣除农业经济发展惯性的作用。

其次，剧烈的社会变动而带来的影响。剧烈的政治运动和经济危机，往往会使原有农业政策的实施受到影响，甚至根本无法实施。

再次，偶发事件，尤其是不可抗拒的自然现象的干扰，如恶劣的气候和洪灾会导致一定的农业生产政策的失败。

另外，诸如实施活动的不协调、不统一，农业政策实施中信息不灵等所引起的农业政策偏差，以及收集资料中的测量、计算误差，都会影响到农业政策净影响的估计。

（四）农业政策效率评估

农业政策效率评估是指通过对农业政策投入与农业政策产出之间比例关系的分析，确定政策的合理程度。它主要分析政策在支出了各项成本之后是否获得了充分的效益；与其它政策相比，政策资源的使用是否更加经济有效，通常需要估价政策的全部支出成本和全部的利益收益，包括直接的和间接的，具体的和抽象的。农业政策效率评估需要明确成本和利益的主体，它关注的是农业政策的净利益。农业政策效率评估的结论很大程度上标志着农业政策的成败，从而影响政策的继续或终止，影响政策资源投入的增加或减少。一般从成本收益和成本效能两个方面来进行。

1. 成本收益分析适用于农业政策效益可以用货币来计价的评估方法。这种分析以货币为计量单位，既要确定政策收益，又要确定政策成本，对那些非货币形式的支出和收益，也要转换成统一的货币单位然后加以计算分析。如何确定农业政策的成本和收益是采用这种方法进行政策评估最关键的一步。在农业政策运行过程中，所消耗的成本包括直接的实际消耗和间接的财富损失，大致有五种形式：①政策制定费用；②衔接成本；③摩擦损失；④操作费用；⑤“对策”行为的损耗。农业政策的收益则表现在多方面，通常包括社会政治效益、经济效益和生态效益。怎样判断和量化这些成本和收益项目是整个评估工作至关重要的组成部分。

其计算式如下：

$$I=\sum_{i=1}^{n}B_i/C_i \tag{5-4}$$

式中：Bi 为第 i 年该农业政策实施所获得的收益；

Ci 为第 i 年该农业政策实施所花费的成本；

n 为农业政策年限。

当然，只有 I 大于 1 时，农业政策才有意义，I 值越大表明农业政策效率越高。如果考虑到时间价值，估计公式可为：

$$I=\sum_{i=1}^{n}\frac{B_i/\ (1+r)^{i-1}}{C_i/\ (1+r)^{i-1}} \tag{5-5}$$

其中 r 为社会所选择的政策运行所用资源的机会成本，一般称为社会贴现率。

一般按照如下步骤进行成本利益分析：①选择和确定衡量成本与利益的

边界，通常是从国家、集体和个人三个角度来衡量政策的成本与收益；②确定农业政策所获得的收益数量和所花费的成本数量；③将确定的成本与收益的计量单位统一成货币；④将统一量化的成本和收益进行比较分析，得出农业政策效率评估结论。

2. 成本效能评估是分析、评估一项政策在实现既定目标上产生的功效，以及由此需要投入的成本，多数情况应用于政府非经济性的社会政策的评估。由于政策成本可以用货币、价值来表示，但政策效能往往难以通过货币价值来表现，因此，成本效能分析不要求通过货币形式表现政策的价值，它关注的是通过可计算的政策成本与可比较的政策效果来考察政策的合理程度。如果要具体判断一项农业政策的优劣，需要把该政策的成本效能分析结果与具有相似目标的农业政策的成本效能进行比较，从比较中鉴别优劣。

成本收益分析和成本效能分析的差异总结列于表 5-2。

表 5-2　成本收益分析与成本效能分析的差异比较

成本收益分析	成本效能分析
政策效果的所有成本和收益均可以货币化，操作方法复杂	避免用货币来衡量政策收益问题，操作较为简单
强调政策的净收益，显示出经济理性的特征	强调政策的功效，显示出技术理性特征
由于强调政策净收益的货币计价，因此依赖成本的考察	极少依赖市场价格，不大依赖利润最大化的逻辑
不重视具有外部性和无形结果的政策	适合于外部性和无形结果的政策
适合处理成本变动与效能变动的问题	适合处理固定成本与固定效能的问题

资料来源：同表 5-1。

三、农业政策评估的标准体系

任何评估必须有标准，有一定的价值尺度。同一事物用不同标准进行评估，就会得出不同甚至相反的结论。因而，如何确定评估标准，确定何种标准，直接决定着评估的科学性和客观性。这样，政策评估就不能只被理解是价值判断，而是要坚持价值与事实有机结合，坚持客观、公正、全面的评价标准。

（一）制定农业政策评估标准的原则

1. 科学性。评价标准应该真实而科学地反映事物的客观规律，既考虑到被测系统的整体性，又考虑到系统的特殊性，注意评价标准规范化。

2. 客观性。对被测系统性能的判断应该有客观的标准，注意标准的可测性，尽量采用量化标准。对那些不能量化的标准，在符合一定政治原则的条件下，公开让公众去评判。

3. 可比性。只有在相似的条件或基础之上才能进行事物间的相互比较，评价标准必须考虑到这一因素。

4. 方向性。评价的重要目的是为决定政策的去向提供根据，以便更好地利用政策去促进社会进步和经济发展。评价标准应体现社会改革与发展方向。

5. 准确性。选定标准要切合实际，不能过低也不能太高，坚持定量分析与定性分析相结合。

（二）农业政策评估标准的基本内容

选择什么样的评估标准，不仅取决于评价目的和评估主体，而且取决于评估的技术和方法。根据上述制定农业政策评估标准的原则，综合国内外学者的看法，农业政策评估的标准有三个：一是生产力标准；二是政策效率标准；三是社会福利标准。

1. 生产力标准。农业政策作为国家和政党为农业发展制定的行动指南，其主要目标是发展特定历史时期的农业生产力。因此，实践中往往把农业政策是否以及多大程度上对社会生产力的发展起到促进作用作为农业政策评估的依据。工作中一般用农业劳动生产率、农业国民生产总值、农业国民收入以及相应的人均指标等来衡量农业生产力水平。

2. 农业政策效率标准。农业政策效率指农业政策效益与其运行费用之间的关系和比例。政策效率标准追求的是如何以更快、更好、更省的方法来实施政策。对农业政策效率评估一般从两个层面上来展开：第一层次是对农业政策实施机构及其工作人员的工作效率进行评价，搞清楚如何用最少的实施成本来解决具体的政策问题；第二层次是评价一项政策的全部成本（包括间接成本与直接成本）与总体效益之间的关系。两个层次既有联系，又有区别。第二层次效率的高低很大程度上取决于第一层次效率的高低。政策效率较高，不一定就能获得较高的政策效益，反过来，高效益的政策未必是高效率的政策。

3. 社会福利标准。社会生产的最终目的是最大限度地满足劳动人民群众日益增长的物质文化生活需要，因此，在评价一项农业政策的优劣时，很重要的一点就是看它能否改善劳动人民群众的生活，能否提高社会福利水平。对社会福利不能用效用之类的主观价值标准加以衡量，而只能用客观的标准来测定。实践中通常采用人均收入、基尼系数等经济指标和营养状况、健康、文化程度等社会指标来反映社会福利水平。

第二节　农业政策评估的方法与程序

一、农业政策评估的方法

（一）农业政策方案评估方法

农业政策方案评估属于事前评估，一般采用试算分析法来进行。试算分析法，又称标准比较法，是根据有关定额和政策参数或历史资料，按事前确定的评估标准及具体指标测算政策方案的影响和效果，并从方案中选取最优方案。在运用试算分析法进行政策评估时，首先要明确政策问题的目标，试算的范围及试算所包括的期间等；其次，对采用的数据力求准确，并根据生产、经济条件的变化做适当的调整。只有这样才能保证农业政策评估的正确性。

（二）农业政策执行评估方法

农业政策执行评估的对象一是政策执行过程本身；二是政策对象的受影响程度。通常采取三种方法来进行政策执行评估：

1. 直接观察法。政策评估人员以多种形式直接参与执行过程，进行实地考察，调查记录实施过程中的情况及重要事件的发生，记录实施活动的进展情况。

2. 资料分析法。对已有的有关农业政策执行的各种资料进行整理分析，对政策执行做出评估。

3. 访问调查法。主要是对政策执行机关及工作人员、政策的各种参与者进行调查。这种方法不仅能够评估已有的政策实施过程，而且通过分析政策执行人员对政策实施的各种看法和倾向，可把握今后政策实施的方向，并确定政策执行的调整措施。

当然，这三种方法是从不同方面对实施情况做出判断。全面地进行政策评估，应把这三种方法加以综合运用，相互比较，互相补充，以期得出客观、全面的评估结论。

（三）农业政策效果评估方法

农业政策效果评估涉及到政策影响和政策效率的评估，由于评估内容复杂，所用的方法要求较为全面，包括定性评价法和定量评价法。

1. 农业政策效果的定性评估方法。农业政策效果的定性评估方法主要是通过不同的评估主体对政策所带来的影响和取得的效果进行政策的评判。

（1）政策对象评定法。政策对象评定法就是由政策对象通过亲身感受对农业政策进行评定和分析。这种方法比较直接实际，政策作用对象的现身说法增强了评估结论的说服力，但由于政策对象所处的地位，决定了他们不能对政策效果进行全面、准确和客观公正的评估。

（2）政策执行者评定法。这是在农业政策实施过程中，由政策执行者自行评估政策效果的方法。这种方法能够充分利用政策执行过程中的实际情况和材料，对政策效果进行及时地、充分地评估。但是，由于政策执行和政策评估为同一主体，因此对政策产生的影响和效果难以做出客观全面的评价。

（3）德尔菲法。德尔菲法运用匿名和反复通信的方式，充分地利用专家的知识、经验和智慧，就农业政策效果的好坏和大小，做出独自的研判，并进行信息交换，最后经过汇总整理得出对某项农业政策的评估结果。

2. 农业政策效果的定量评估方法。

（1）成本收益法。是将农业政策实施所获得效益与实施农业政策所花费的成本进行比较，从而研判某一农业政策优劣的方法。实践中进行政策评估时把握三条原则：一是效益相等时，成本越小的方案越优；二是成本相等时，效益越大的方案越好；三是效益与成本的比率越大越好。具体方法在本章第一节做了介绍，在此不再赘述。

（2）模糊评价法。在农业政策效果评估过程中，经常会遇到不少问题因不宜精确地描述而具有模糊性，如“实现农业经济增长方式的根本性转变”、“实现农业产业化经营”、“努力提高农民的生活水平”等等。这些目标在方向上是明确的，但在具体规定性上都是模糊的。作为政策的评估，就产生了一个如何对这类模糊性目标进行定量评价的问题。在这种问题上，模糊理论为政策评估提供了解决办法。对于决策目标的模糊性既可以采取忽略的方法，也可以采取简化的方法，即对模糊目标进行“主观划界”的办法简化成“确定”的、“明晰”的目标。譬如，建立盈利与亏损的平衡点，并相应建立“好”与“不好”的价值判断标准。至于好与不好的程度则是模糊的，而“程度”的判断在农业政策评估中常常具有重要的意义。这就需要应用模糊理论和方法加以确定。

在农业政策评估的实际工作中广泛应用的定量分析方法还有统计抽样

法、回归分析法、投入产出法等等，在此不一一叙述。

二、农业政策评估的基本程序

农业政策评估是有计划，按步骤进行的活动，一般要经历三个相互关联的阶段，即政策评估的组织准备、政策评估的实施和政策评估的总结。

（一）农业政策评估的组织准备

组织准备阶段的工作任务包括以下几个方面。

1. 确定政策评估对象。评估对象就是被评估的农业政策。确定评估对象才能把评估目的、标准与方法等因素随之定下来。在确定评估对象时，必须坚持有效性和可行性结合的原则。一般选择评估条件成熟的农业政策，选择政策效果与实际情况的改变具有明显因果关系的农业政策，选择评估结论具有推广价值的农业政策来作为政策评估对象。

2. 制定政策评估方案。农业政策评估方案的制定是整个评价工作过程中的重要环节。评估方案质量的高低和方案是否合理直接关系着政策评估活动的成败。农业政策评估方案的主要内容包括：①确定评估对象；②明确评估目的；③选择评估标准；④规定评估方法。

3. 培训评估人员。任何一项工作的开展都需要高素质的人才，农业政策评估工作亦不例外。由于农业政策评估的复杂性，加上每一项待估农业政策的特殊性，对农业政策评估人员的素质提出了较高要求，除了具备必要的专业知识和较高的政治素养，评估人员还必须熟练掌握政策评估的基本技能和具体要求，这只有通过培训工作才能实现。

（二）政策评估实施

政策评估实施阶段的工作主要包括：

1. 搜集评价信息。其任务是利用各种调查方法和手段，全面搜集有关政策制定、执行的第一手资料，务求所获得的信息具有广泛性、系统性和准确性。

2. 综合分析政策信息。对搜集来的原始数据要进行加工处理，通常采用多变量统计分析等方法，对各类数据进行系统研究，为得出评估结论提供依据。

3. 进行具体评估。根据实际资料的完整性和分析的科学性原则，综合应用相应的评估方法，对农业政策的实际效果做出客观、公正的评估结论。

（三）政策评估总结

这一阶段的工作包括两方面：一是就农业政策评估内容写出书面评价报告。评估报告的内容，要以农业政策本身的价值判断为基础，对评估过程、评估方法和评估中的一些重要问题做出说明，并提出政策建议。二是总结。评估工作的总结，要对本次评估工作进行全面系统的分析，评价工作的优缺点，总结经验，吸取教训，为以后政策评估工作打下基础。

三、农业政策评估面临的困难

农业政策的评估具有重要作用，但在实践中要对农业政策进行客观、公正的评估却是一件十分困难的事情。造成农业政策评估困难有下列原因。

1. 农业政策目标的不确定性。农业政策评估本身要求有具体而明确的目标，但是由于农业问题的复杂性以及政策制定者的一些主观因素，农业政策的目标常常难以确定。主要表现在：①农业政策的目标难以量化；②大多数农业政策都具有多重目标，有些目标之间存在着矛盾；③农业政策制定者和执行者有意用含糊的不太明确的形式来表达和说明政策目标，以此增加某种应变力。所有这些情况，都给农业政策评估造成了困难。

2. 农业政策因果关系的不确定性。在农业政策评估实践中，由于农业政策影响涉及到社会生活的许多方面，具有相当的广泛性，这其中既有正面影响，又有负面影响；既有农业政策系统内的各种变化，又有农业政策系统外的环境变化。这些影响常常使得人们难以充分证明，某种客观情形的改变是不是直接起因于某一项农业政策。由于在如何界定和区分影响农业政策因果关系上存在困难，使得农业政策的评估就变得不那么容易。

3. 农业政策效果的不确定性。一项农业政策的实施所产生的后果，有些是我们能够预计到的，有些则是不可能估计到的。任何对农业政策实施效果的低估和高估，都不符合评估政策的科学原则。而在实践中，我们所面临的最大困难就是如何才能把待估农业政策的全部直接和间接影响进行科学的量化和货币化。

4. 农业政策评估涉及现存利益关系。农业政策评估本身包含了对政策制定过程和执行过程的优劣功过的评判。评估虽然是对具体农业政策做出的价值判断，但由于政策是由人来制定并执行的，因此，农业政策评估同时又是对政党、政府和有关人员行为的一种价值判断。评估结果肯定会影响到这些人的利益，他们或者担心评估会产生不利于自身的结论；或者认为评估干扰其正常工作，打乱工作计划；或者就是安于现状，讨厌任何变化。所以，他们可能设法影响评估结论，给政策评估工作的正常开展带来困难。

5. 评估资料不完整和经费欠缺。资料欠缺会造成农业政策评估工作无法开展。由于有些政策机关不重视资料的管理，造成资料统计上存在遗漏和错误，资料管理混乱，使农业政策评估很难获得精确的资料。那些与政策评估结果有利害关系的人员，可能会拒绝提供关键性资料，或只提供对其有利的资料。这样就增加了农业政策评估的难度。农业政策评估需要投入相当多的运行经费，花费一定的人力、物力。没有必要的评估经费或经费不足，农业政策评估工作也是很难开展的。

第三节 农业政策的调整

一、农业政策调整的含义

所谓农业政策调整，是依据农业政策评估结论，对实施中的现行农业政策做某些必要的补充、修正和终止的动态过程。农业政策的调整是政策执行过程的有机组成部分，是完善农业政策的重要环节。农业政策调整实际上是执行过程的暂时中断，是农业政策过程回复到农业政策制定阶段的延续，因而农业政策制定的规律性同样适用于农业政策调整。但相对于农业政策制定而言，农业政策调整本身又具有特殊的内涵和特性。农业政策的调整更强调政策与政策之间的协调和协同，这与农业政策制定所强调的政策对象与其周围环境的协调是不同的；再就是农业政策调整强调农业政策自身的完善，而农业政策制定强调的是政策方案的全面、完整。

二、农业政策调整的依据、原则及步骤

（一）农业政策调整的依据

农业政策的稳定是相对的，而调整则是永恒的。农业政策不变，是它的大方向、原则和精神不变；但是体现这些方向、原则和精神的政策内容、实施范围和任务则是经常变化和更新的。进行农业政策调整的原因在于：

1. 决策者价值取向的变化导致农业政策调整。在农业政策全过程中，政府部门决策者的价值观对农业政策调整起着关键性作用，一旦他们的价值取向发生变化，农业政策中的相关内容必然也要变化。

2. 政策环境的改变导致农业政策调整。农业政策在其运行过程中，必然处在一定的时间、空间等客观环境之中，受多种因素的影响和制约。政策环境在受到政策影响的同时又反作用于农业政策。互动式的作用结果，决定了

彼此之间的适应性。一旦环境发生变化，必然会引起农业政策的变化和调整。

3. 人们认识的深化导致农业政策调整。随着实践的发展和认识的深化，人们会发现原定的农业政策在某些方面、某个环节、某段过程，对政策对象的反映在广度和深度上不够全面和深入，某些关系调节得不够理想，需要改进和完善。因此，需要在坚持原来农业政策的基本方向的前提下，做某些必要的修改，使政策的内容和形式更加实际，更为科学。

（二）农业政策调整的步骤

农业政策调整步骤是否科学恰当，将直接影响调整的实际效果。由于调整的风险性，一般要求农业政策调整有一个从局部到整体的调整步骤，理想的农业政策调整步骤是：个别调整—局部调整—整体调整。农业政策调整能否按此程序进行，意味着农业政策调整的内容能否得到逐步扩大的检验，同时也意味着新的农业政策在全面推广前能否有一定基础的社会认同。

三、农业政策调整的内容及形式

（一）农业政策调整的内容

农业政策调整的内容涉及到农业政策内部各要素、各环节、各方面的调整，主要包括以下几个方面。

1. 目标调整。当农业政策目标出现过高或过低，或者脱离实际的情况时，必须通过降低目标值，减少目标个数，或改变目标时限等方式来对农业政策目标进行调整。

2. 方案调整。农业政策方案在执行过程中发生偏差，或者出现失误时，需要对政策方案做一定的补充、修改或更新。

3. 措施调整。这是对农业政策的具体细节的调整，如某个步骤、某种方法、某项对策的调整，是政策调整中常见的调整。

4. 功能调整。这是农业政策效力的调整，如发生范围、效力程度、时效、生效和失效的调整。

（二）农业政策调整的形式

1. 农业政策的修正。对原有农业政策中被认为不十分科学、合理的部分内容，根据新的需要进行修改和订正，涉及农业政策内容、具体适用范围、具体要求以及技术问题的改动与变动。

2. 农业政策的增删。对原有农业政策的具体条文做某些必要的补充和删减，或者扩大（缩小）其内容、适用范围和延长（或缩短）其适用期限。

3. 农业政策的更新。在原有农业政策基础上所做出的革新，包括部分内容或全部内容的更新。

4. 农业政策的取消。由于原有农业政策失去科学性与合理性而加以撤消，并进而颁发新的农业政策，是对原有规范的整体性调整。

思 考 题

1. 开展农业政策评估有何重要意义？
2. 如何看待农业政策评估在农业政策所处的地位？
3. 农业政策评估工作怎样组织开展？
4. 农业政策调整与农业政策失效之间的关系如何处理？

第六章　农业结构政策

第一节　农业区域结构政策

结构是指组成事物的各种要素及其相互之间的关系。任何一个事物都有其内部结构，同时又在更大的范围内是其所从属的事物的组成部分。事物的结构在很大程度上决定事物的属性。随着事物结构的变化，事物的属性也发生变化。自然物质是这样，社会经济现象也是如此。当人们需要理想中的物质或事物时，改变其组成要素及其相互关系是非常重要的方法。

农业本身有其特殊的结构，并且随着农业和国民经济的发展而变化。同时，农业在整个国民经济结构体系中处于特殊位置，一方面受国民经济结构变化的影响；另一方面又影响着国民经济结构的发展变化。

农业生产总是在一定的空间范围内进行的，一国的农业是世界农业的组成部分，它自身受世界农业结构体系的影响，同时又影响世界农业结构的变化，特别是像中国、美国这样的大国。一国农业本身也具有一定地域分布性，区域之间的差异性形成了一国农业的空间结构。各个区域之间的农业发展具有相互的促进或制约作用。除空间结构之外，还有农林牧渔的生产结构和农业经营规模结构等。政府总是试图追求一种合理的农业结构。合理的农业结构是多层次的，一般主要考虑以下三方面，即农业区域结构、农业部门结构、农业经营规模结构。政府可以采取一系列措施，促使这些结构不断地完善和合理化。

一、区域及区域经济理论

（一）区域的概念

区域最早是地理上的一个概念，后来逐步引用到了政治学、行政学、社会学和经济学中。《简明不列颠百科全书》中区域的定义是："区域是指内聚力的地区。根据一定标准，区域本身具有同质性，并以同样标准而与相邻诸地区诸区域相区别，区域是一种学术概念，是通过选择与特定问题相关的特征并排除不相关特征而划定的。”可以看出，区域具有一系列的特征：①区域具有空间性。不论从哪一学科的角度出发，区域总是表现为一定的地理单元；②区域具有同质性。区域在自然、社会、经济、文化等方面都具有均质性；③区域具有相似性。任何区域都不是绝对的，都不可能找到具体边界（除非人为地规定其边界）。区域的范围不是固定不变的，而是根据社会经济的发展变化而变化的。

区域与地区、地带是有区别的。区域是一个界限比较模糊的具有自然经济含义的概念，而地区则是一个界限比较清楚的具有行政定义的概念。当然，地区的划分在很大程度上要考虑到自然经济区域的状况，但地区的划分还要考虑行政管理的方便以及历史习惯等方面的因素。地带是一个特殊的技术名词，更多的是以某一社会经济现象为标准从边缘区分割出来的线状空间，它具有很强的具体性、单一性，不像区域那样具有很强的复合性或交叉性。

现实生活中有各种各样的区域，一般常见的有自然区域、行政区域和经济区域三大类型。经济区域是根据经济状况在空间上的分布的差异性而划分出来的。一般可根据经济特征划分为各种不同类型的经济区域，如发达经济区域，落后经济区域；东北经济区域，西南经济区域；东部、中部、西部经济区域等。就农业领域来说，人们可以根据农业的自然条件、生产特征、经济水平等划分为各种不同的农业区域。农业区域是经济区域的子系统。对区域的划分是为了更好地在空间上认识经济或农业，从而为政府制定经济或农业在空间上的发展政策服务。

（二）区域经济理论

长期以来，人们对区域经济进行了深入的研究，逐步形成了一系列区域经济理论。概括起来讲，主要有区位理论、地域分工理论和区域发展理论。

1. 区位理论是关于人类社会经济活动的空间及其空间中的相互关系的学说。德国著名学者屠能（Johann Heinrich Von Thüen）的《孤立国对于农业及国民经济的关系》（1826 年）的问世标志着区位理论的产生；德国科学家韦伯（Alfred Weber）的《工业区位论》（1909 年）的发表标志着经典区位理论的建立；后经克里斯塔勒（W. Christaller）、寥什（A. Lsch）以及第二次世界大战后的伊萨德（W. Isard）等人的努力，现已形成了比较完整的理论体系。区位理论为区域发展以及国土开发与整修、城乡建设的研究与规划提供了科学的方法论基础。区位理论的主要内容包括农业区位论、工业区位论、中心地理论（城市区位论）和市场区位论几个方面。

农业区位论是一种研究农业生产类型随着农业区位而变化的特点和规律的理论。德国农业经济学家屠能是该理论的创始人，他的“孤立国”原理，即“屠能圈”理论（见图 6.1）是最具代表性的。这一理论对农业集约经营及农业布局的实践都有重大的指导作用。

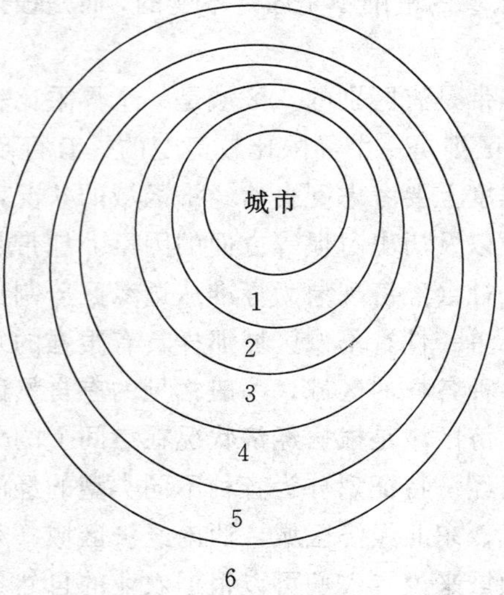

图 6.1 屠能的农业土地利用圈

1. 蔬菜 2. 薪炭林 3. 乳牛 4. 谷类

5. 放牧牲畜 6. 灌木林—未开垦的地区

工业区位论是研究工业企业区位选择原理和方法的理论。德国科学家韦伯是此理论的奠基人。韦伯认为，工业的地区分布应遵循“生产费用最小，节约费用最大”的原则。区位因子（指对工业定点和生产起到有利作用的因素）决定生产场所。区位因子可以分为一般区位因子和特殊区位因子。一般区位因子主要指运费、劳动力费用和聚集力；特殊区位因子则根据特定工业部门来确定。韦伯的理论和方法对工业布局是非常具有指导意义的。

中心地理论是关于一定区域（国家）内城市等级、规模、职能及其空间结构的学说，亦简称城市的“等级—规模”学说。德国地理学家克里斯特勒是该学说的创始人。他 1933 年发表了著名的《德国南部的中心地》一书，首次从城市或中心居民点的供应、行政、管理、交通等主要职能的角度，论述了城市居民点与地域体系，后人概括为“中心地理论”或“城市区位论”。该理论较为深刻地揭示了城市、中心居民点发展的区域基础及等级规模的空间关系，为区域规划和城市规划提供了重要的方法理论依据。

市场区位论是关于市场区位的一种理论。德国学者寥什 1940 年发表了他的名作《区位经济学》，成为市场区位理论的创始人。

2. 地域分工理论是区域经济理论的重要组成部分。人类社会生产力发展的历史进程清楚地表明，随着生产力的发展，社会分工越来越细，分工的加深又反过来进一步促进生产力的发展。劳动地域分工是社会分工在地域空间上的反映，它的发展必然形成区域生产的专业化，而区域生产的专业化是劳动地域分工的集中体现。劳动地域分工是以区域间大规模商品交换为前提的，而它反过来又促进区域间商品生产和商品交换的进一步发展。劳动地域分工的实现要求区域间组成一个开放的系统，加强协作和横向经济联系。区域分工理论首先应是亚当·斯密（Adam Smith）的“绝对利益论”；其次是大卫·李嘉图（David Ricardo）的“比较利益论”；再次是俄林（Bertil Ohlin）的“价格差异说”；最后是前苏联著名的经济地理学家巴郎斯基的“地理分工论”。这些经典的理论解释了区域分工及贸易的根本原因，对指导区域分工协作以及国际分工和贸易具有理论和实践意义。

3. 区域发展理论是内容广泛的区域经济理论的分支。一般认为现代区域发展理论的主要创始人是缪尔达尔（Gunnar K. Myrdal）和赫尔希曼（Albert O. Hirschman）。他们的代表作分别是《经济理论和不发达地区》（1957 年）、《经济发展战略》（1958 年）。现代区域发展理论的主要内容有：区域经济增长模型，不平衡区域发展理论，内源式乡村发展理论，区域发展阶段理论等。

区域经济增长模型中首推“哈罗德—多马模型”，其模型表达为 $G=S/K$，其中 G 为经济增长率，S 为积累率，K 为资本边际产出率；其次是“出口基地模型”，该模型认为“出口基地的成功是影响区域经济增长的决定因素”；再次是“要素输出模型”。

不平衡区域发展理论是针对早期发展理论中的平衡发展理论提出来的。这一理论被各国政府用来作为区域经济发展的主要政策工具。该理论主要包括：区域差异理论、增长极理论和梯度推移理论。

内源式乡村发展理论认为必须使外围区域（农村或发展中国家等）与核心区域（城市或发达国家等）脱离联系，建立自力更生的经济体系，选择自下而上的发展战略，避免穷者越穷，富者越富的“马太效应”现象。

区域发展理论是对区域发展动态过程中产业结构和空间结构演变规律的

总结。主要内容有：胡佛（Edgar M. Hoover）等人的区域发展阶段论，他们在1949年发表的《区域经济增长研究》中指出一个区域发展一般要经过自给自足阶段、乡村工业崛起阶段、农业生产结构变迁阶段、工业化阶段、服务业输出阶段五个阶段；罗斯托（Walt W. Rostow）的经济成长阶段理论，他认为一个社会的成长一般要经历传统社会阶段、为起飞创造前提阶段、起飞阶段、向成熟推进阶段、高额群众消费阶段、追求生活质量阶段六个阶段；弗里德曼（M. Friedman）的空间演化阶段模型，他认为空间经济发展过程可分为相对稳定阶段、工业化阶段、中心点阶段、一体化阶段四个阶段。

二、中国的农业区域划分

（一）行政区域

从大区来看，习惯上把全国划分为东北、华北、西北、西南、华中、华东、华南7个大区域，并且曾经有大区的行政建制。

我国目前有33个省市区（包括台湾省和香港特别行政区），1997年底全国有332个地级建制，其中222个地级市（不包括台湾、香港，下同）；有2 135个县级单位，其中442个县级市；在农村中有乡镇44 689个，其中镇18 402个，有村民委员会739 447个；在城市中有727个市区。

（二）经济区域

我国的经济区域有多种划分方法。

首先，是两分法，即把全国以600 mm等降雨线为标准分为东南和西北两大块。

其次，是三分法，即综合考虑发展的基本条件与潜力、现有生产力发展水平、地理位置特点，适当考虑现行行政区划的完整性，把全国划分为东、中、西三大经济地带（见表6-1）。

再次，是六分法，即东北经济区、黄河流域经济区、长江流域经济区、南方经济区、新疆区、西藏区。

另外，还有七分法，即东南黄金海岸区、长江大流域、陇海兰新大铁路经济带、环渤海经济区、东北区、西南区。

（三）农业区域

根据区域划分的理论和方法，中国曾三次进行全国性的农业区划。20世纪50年代中期曾把我国农业区域划分为16个农业区和8个农业经济区；20世纪80年代初划分为10个农业区及38个二级区。

表 6-1　1997 年中国三大经济地带基本情况

省（市、区）		面积		人口		国内生产总值	
		万 km^2	占总体比例（%）	亿人	占总体比例（%）	万亿元	占总体比例（%）
东部	辽宁、北京、天津、河北、山东、江苏、上海、浙江、福建、广东、海南、（香港、台湾不计入内）	107.93	11.2	4.70	38.0	4.04	54.0
中部	黑龙江、吉林、内蒙古、山西、河南、安徽、湖北、湖南、江西、广西、四川、重庆	265.87	27.7	5.98	48.4	2.83	37.9
西部	陕西、甘肃、宁夏、青海、西藏、云南、贵州、新疆	586.00	61.1	1.68	13.6	0.61	8.1

资料来源：《中国统计年鉴》（1998），第 63 页，第 107 页。

三、农业区域结构政策目标

政府的农业区域结构政策目标是多样的。

首先要保证本国农业处在世界农业结构体系中的合理位置，或者说在本国农业参与世界农业贸易过程中处于有利地位。世界经济逐步走向区域化、集中化以及一体化。每一个国家的农业都不同程度地加入了世界农业体系之中，并且这种世界农业一体化的趋势正在进一步地加强。政府首先要把本国的食品安全放在首要地位。因为食品问题不仅是一个国家的农业问题和经济问题，更重要的是政治问题和社会问题。然后要根据世界农产品需求状况、本国农业生产的条件以及自身的农业生产优势进行组织生产。每一个国家的生产优势都是相对的，并且不可能永远不变。中国是一个人多地少的国家，我国在保证粮食等重要食品基本自给的前提下，将积极参与世界农业的分工协作。对中国来说，集中生产集约水平较高的劳动密集型的农产品是有利的。特别是当中国恢复世界贸易组织（WTO）成员国地位后，这种结构的调整将是必然的。总之，发挥本国优势，参与世界农业分工协作，获取尽可能多的农业利益是政府宏观农业结构政策的基本目标。

其次要充分发挥国内各区域的优势，促进农业生产的区域专业化。自由贸易的理论同样适用于国内各区域之间的关系。每个地区都有自己特定的农业生产条件和优势，如果能使每个区域都充分发挥自己的优势，进行区域专业化生产，那么社会将大大提高整个农业生产水平和农业经济效益。

第三要追求区域之间的相互促进与协作，促进国内统一市场的形成和不断完善。区域的专业化生产必然要求各区域之间相互协作，因此建立和完善统一的国内市场至关重要。如果各区域之间的关系协调了，就表明全部农业生产处于充分合理的状态；如果有一个统一高效的国内市场，就表明农业生产要素、产品等在交易费用最低的条件下达到空间上、时间上的最佳配置。

第四要促进落后区域农业经济的增长和发展，缩小地区之间的经济差别。农业经济及国民经济的发展在各地区之间明显地表现出差距，对那些竞争力较低和自然条件较差的地区，政府必须给予扶持，促进其经济结构的调整，提高其经济增长的质量和速度，以保证落后地区的居民收入水平不至过分低于其他地区。否则，落后地区的人口将大规模迁移到发达地区，有可能影响整个国民经济的发展和社会稳定。因此，促进落后地区经济的发展，减弱各地区收入水平的差别是政府的一个重要职能或目标。

最后要不断促进各区域结构的调整，以适应整个社会、经济、技术的发展变化。前面几点都是静态地考虑问题，实践中必须动态地、发展地考虑问题。每个区域内的结构及各区域之间的结构关系都是处在变化之中，政府的职责是保证其合理的演变和发展。

四、农业区域结构政策手段

从一般意义上来讲，政府政策手段有三种选择：一是自由发展政策，即政府不进行任何干预，任凭市场力量来创造一种和谐的农业及社会经济空间分布。这是一种自由主义的发展政策，相信市场的力量，相信自然的选择；二是政府完全干预政策，即政府利用经济、行政、法律等手段不断调整农业的空间分布。这是一种计划经济的发展战略，相信计划的作用，相信人定胜天；三是混合政策手段，即政府同时利用市场与计划两种手段，有目的地使区域结构朝着政府认为合理的方向发展。这是一种混合的发展战略措施。现实中，没有一个国家采取前两种极端的战略措施，几乎所有的国家都是采取混合的发展战略，实践中的区别仅在于混合的比例不同而已。

具体来讲，农业区域结构政策主要手段如下。

（一）农业区域发展规划

政府首要的任务是做好整个国家的农业区域发展规划。按一定的目标和标准把整个农业分布划分成若干区域，以便政府采取不同的具体政策措施。第二次世界大战后，西方发达国家都先后进行了大规模的区域规划。在区域发展规划的基础上有目的地采取措施。中国也做过多种发展规划，比如粮食发展规划，在全国范围内选择若干个商品粮基地，从而为政府支持这些区域发展粮食生产，解决中国的粮食问题打下良好的基础。规划是政策的起点，没有规划，其它政策就难以启动。

（二）扶持农业商品基地

在一个国家中总是存在一些特定的区域，它们的生产条件及技术、经济环境都比较优越，政府可以确定这种区域为重点扶持基地，从而较大规模地增加农产品商品量。这样做可以达到规模经济的效益，也可以获得投资报酬的较高效益。商品基地可以是粮食商品基地、棉花商品基地、生猪商品基地，也可以是出口创汇基地，还可以是育种制种基地、新技术推广基地等。政府一方面可以获得商品经济效益，同时也可以起到经济技术的扩散效应。

（三）扶贫措施

由于历史及自然的原因，总是有一些地区处于严重的贫困状态。一般国家都制定一些标准，来划出一些贫困地区。中国就有国家级贫困县的划分标准。这些地区的农业及其它方面都严重地处于落后状态。如果政府不予支持和干预，这些地区的人们很难维持文明社会的基本生活，资源环境会不断恶化。因此，政府一般都在财政、税收、投资、科技引进等方面采取倾斜政策，对他们给予扶持，以便能消除贫困，逐步走向可持续发展的道路。

（四）政府直接投资

政府可以直接对某一地区进行大规模的投资，以改变该地区的农业生产状况。政府一般投资于农业基础设施，如土壤改良、水利设施、交通条件等。明显盈利的直接性投资应由民间来具体进行，除非是在政府预测到很有发展潜力，而民间又不具备投资能力的情况下，政府可以给予补贴投资，以期启动该地区的农业发展。政府的投资一般以项目的形式出现，这样可以加强管理，提高效益。为了鼓励地方和民间投资，政府可以按比例投资，但是如果地方投资不到位，政府将不予投资。政府的投资可以是财政直接拨款，也可以是国外机构的发展赠款。

（五）其它政策手段

为了调整区域结构，还有其它许多手段可供政府使用。例如，税收手段，对需要扶持的区域给予税收优惠；信贷手段，对需要支持的地区给予优惠贷款，包括一些国际金融机构的优惠贷款；行政手段，调整不同区域的行政区划，建立“特区”，制定禁止区域之间的人为封锁的规则，协调区域之间经济合作的关系等。

第二节 农业部门结构政策

一、农业部门结构的概念

农业部门结构是指农业内部各部门之间的关系，可以用农业生产结构来表示，具体可用各部门的产值、各部门产品的比例结构等来表示。植物产品生产与动物产品生产是农业的两大基本部门。农业部门结构是一个大的系统。系统是多层次的，为了使问题分析能够具体化，往往需要把子系统的结构也表示出来。各个国家的情况及条件不同，农业部门结构的差异性很大。即使同一国家由于条件的变化，农业部门的结构也会发生变化，农业部门结构是一个运动的系统。

表 6-2 中国农、林、牧、渔总产值结构

年份	农业		林业		牧业		渔业	
	亿元	占总产值比例（%）	亿元	占总产值比例（%）	亿元	占总产值比例（%）	亿元	占总产值比例（%）
1978	1 118	80.0	48	3.4	209	15.0	22	1.6
1988	3 667	62.5	275	4.7	1 601	27.3	322	5.5
1995	11 885	58.4	710	3.5	6 045	29.7	1 701	8.4
1996	13 547	57.8	778	3.3	7 083	30.2	2 020	8.6
1997	13 867	56.4	818	3.3	7 620	31.0	2 283	9.3

资料来源：《中国统计年鉴》(1998)，中国统计出版社 1998 年版。

中国曾长期采用“农林牧副渔”五业结构的划分方法，自 1993 年起改用“农林牧渔”四业划分方法。表 6-2 是根据农、林、牧、渔四业产值表述的中国农业部门结构。从表中可以看出，农业（种植业）所占比重较大，但逐步在下降，这主要是由于动物产品的生产水平不断提高造成的。林业的比重几乎没有多大变化，其绝对份额是较低的。牧业和渔业的比重都在急剧增加。种植业减少的份额，正是牧业和渔业增长的份额。养殖业比重增加与近年来人们收入水平的提高对动物性食品需求量急剧增加密切相关。中国农业部门结构这种变化的趋势还将继续进行。

为了进一步分析农业部门结构，还可以在更低的层次上分析农业部门子系统的结构情况。图 6.2 是中国的粮食产量结构，表 6-3 是中国肉类产品结构情况。它们可以清楚地表明中国粮食的产量结构和畜产品的产量结构，这种结构是农业部门结构的重要组成部分，是农业部门结构政策手段作用的客观对象。

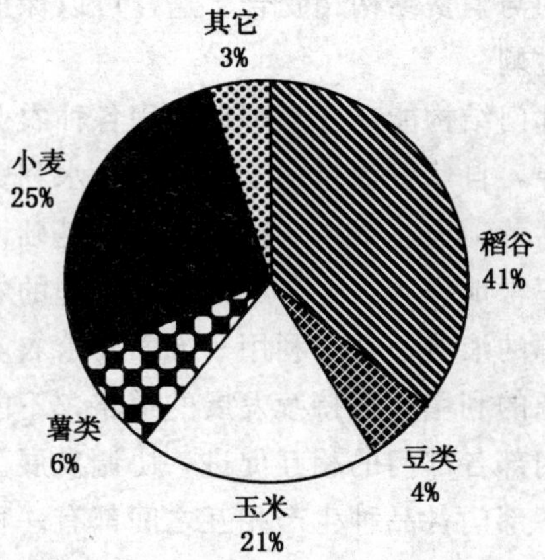

图 6.2　1997 年中国粮食产量结构图

表 6-3　中国肉类产品结构状况

品　种	1990		1992		1994		1995		1997	
	万 t	占总体比例（%）	万 t	占总体比例（%）	万 t	占总体比例（%）	万 t	占总体比例（%）	万 t	占总体比例（%）
肉类总量	2 857	100	3 431	100	4 499	100	5 260	100	5 152	100
其中：猪肉	2 281	80	2 635	76.8	3 205	71.2	3 648	69.4	3 464	67.2
牛肉	126	4.4	180.3	5.3	328	7.3	415.4	7.9	415	8.1
羊肉	107	3.7	125	3.6	161	3.6	201.5	3.8	210	4.1
禽肉	323	11	454.2	13.2	755	16.8	934.5	17.8	n.a.	n.a.
兔肉	10	0.3	18.5	0.5	23	0.5	26.8	0.5	n.a.	n.a.
其它	11	0.4	17.4	0.5	29	0.6	33.4	0.6	n.a.	n.a.

资料来源：《中国统计年鉴》(1996)，中国统计出版社，1997 年版。1997 年数据系国家统计局按新口径调整数据，来自农业部《’98 中国农业发展报告》，第 113 页。

二、农业部门结构政策的目标

农业部门结构政策的目标主要包括以下几方面。

首先，根据农产品的消费需求提供充足优质的各种农产品。合理的农业部门结构应该是与消费需求结构相一致的。消费需求结构是一个广义的概念，它包括食用消费需求、非食用消费需求以及出口需求等。政府的目标是要经常地保持产品生产结构与消费结构相吻合。这样可以保证市场上各种农产品趋于既不短缺，也不过剩。

其次，保证农业部门结构能充分合理地利用各种农业资源。农业资源包括自然资源和经济资源，自然资源包括土地资源、水利资源、气候资源和生物资源；经济资源包括劳动力、资本、技术、各种基础设施等。充分利用是指各种农业资源都能正常地投入农业生产活动，合理的农业生产部门结构不应造成大量的农业资源的浪费。合理利用一方面要求农业资源利用的经济效益要高；另一方面资源的利用要走持续发展的道路，不能破坏资源。

最后，保证农业内部各部门的相互促进，协调发展。植物生产部门内部和动物生产部门内部各部门各品种生产相互之间都有一种竞争关系。多种植了粮食作物，经济作物的播种面积就会下降；多饲养了生猪，其它饲养业也许会减少。在这种关系条件下，保证各部门之间的最佳配置是非常重要的。生产经济学中的部门配置理论与方法在实践中是非常有用的。种植业和畜牧业之间有着传统的协调关系，植物产品多了，动物生产就有了保证，动植物生产之间总是可以相互促进的。但现代化的动物生产已经打破了传统的农牧业结合型的生产配置模式。在实践中要把握变化了的情况，保证它们之间的协调。

三、农业部门结构政策手段

首先是价格手段。总体上来说要有一个合理的价格体系，包括工农产品的价格比、农产品内部价格比。保证合理的价格比例关系，就可以保证产品结构及部门结构的基本合理。在部门结构处于不合理的情况下，政府可以把过剩产品价格给予降低，短缺产品价格给予提高。价格是非常重要的指挥棒，它可以在很大程度上调整农业部门生产结构。

其次是税收手段。对生产过热的品种课以重税，如烟草等；对生产经济效益较差、新型的生产品种或政府拟扶持的品种给予减税或免税，以刺激发展，如饲料工业等。

再次是信贷手段。对重点扶持发展的生产部门给予信贷优惠，如近年来我国对养牛业的贷款；对拟限制的生产部门给予限制贷款等。

第四是政府直接投资或补贴投资。对一些新型的发展速度较慢或民间难以承担的项目，政府可以给予直接投资或补贴投资。

最后是行政措施。主要是对一些过剩产品的生产部门，还有严重影响环境的生产部门予以行政限制。

第三节　农业经营规模结构政策

一、农业经营规模结构的概念

农业经营规模结构是指一国所有农业经营单位在各种不同规模下的比例关系。世界大多数国家称为农场规模结构。表 6-4 是前联邦德国农场规模结构的变化。一般来说，随着经济的发展，农业相对和绝对人口都在减少，农业经营单位的规模必然扩大；随着技术的进步和农业生产现代化水平的不断提高，从经济效益的角度来讲，也要求农场规模扩大，以获得规模经济效益。

实行家庭经营体制以来，中国的耕地基本上是按人口平均分配各户。因此，各地区内农户经营规模基本相同，实质的差异就是家庭人口数量的多少不同。但是，中国地域辽阔，各地的人地比例关系有很大的不同，因此，各地农户经营规模区别还是较大的（见表 6-5）。

表 6-4　前联邦德国农场个数及规模

分　组	1949	1960	1970	1980	1990	1991	1992	1993
1～5（hm^2）	859	618	406	258	190	175	171	166
5～20（hm^2）	660	630	501	331	236	221	211	204
20～30（hm^2）	72	79	104	103	80	76	72	69
30～50（hm^2）	40	43	53	75	76	75	73	71
50～100（hm^2）	13	14	16	27	41	43	45	47
100（hm^2）	3	3	3	4	7	8	9	10
总计个数（个）	1 647	1 387	1 083	798	630	599	582	567
平均规模（hm^2）	8.1	9.3	11.7	15.3	18.7	19.6	20.1	20.7

注：小于 1 hm^2 的农场不计在内。

资料来源：德国农林食品部有关资料。

表 6-5 1995 年中国各地区农民人均耕地经营数量

省、市、区	面积（hm^2）	省、市、区	面积（hm^2）	省、市、区	面积（hm^2）
全国	0.144 7	浙江	0.060 7	四川	0.083 0
北京	0.062 0	安徽	0.097 3	贵州	0.078 0
天津	0.124 7	福建	0.056 7	云南	0.117 3
河北	0.134 7	江西	0.132 0	西藏	0.158 0
山西	0.208 0	山东	0.092 6	陕西	0.187 3
内蒙古	0.487 3	河南	0.103 3	甘肃	0.214 0
辽宁	0.182 7	湖北	0.102 7	青海	0.166 0
吉林	0.372 7	湖南	0.083 3	宁夏	0.274 0
黑龙江	0.539 3	广东	0.077 3	新疆	0.304 7
上海	0.069 3	广西	0.080 0		
江苏	0.087 3	海南	0.087 3		

注：可以看出，人均耕地小于 0.066 7 hm^2（1 亩）的有 3 个省、市；0.066 7～0.133 3 hm^2（1～2 亩）的有 15 个省、市、区；0.133 3～0.2 hm^2（2～3 亩）的有 5 个省、区；0.2～0.333 3 hm^2（3～5 亩）的有 2 个省、区。假如按每户 3.7 人计算，最大的黑龙江也仅有每户 2 hm^2，最小的福建只有 0.2 hm^2，全国平均 0.533 3 hm^2。

资料来源：《中国统计年鉴》(1996)，中国统计出版社，1996 年版。

二、农业经营规模结构政策的目标

农业经营规模结构政策的目标是在技术既定的条件下，使农业经营规模达到经济效益最大化。根据投入产出的经济原理，总是从规模最小到规模最大的过渡规模中找到一个规模点，即在此规模条件下，农场的经济效益最高。政府的目的在于采取各种措施，使各种规模条件的农场尽可能地使其规模靠近政府认为经济效益最大的规模水平。

另外，政府在考虑经营规模结构时，必须考虑生产力的水平、本国农业的基本环境、人口、耕地、自然条件、经济结构。一方面使规模达到最优；另一方面也要考虑其它社会经济的各个方面，如社会稳定等，也就是说在追求经济发展目标的同时，不能超过社会的承受力，不能造成较大的社会或环境问题。

从总的情况来说，各国农场的规模不断扩大。但确实也有例外，如前民主德国的农场规模比较大，但过大的农场规模造成了一系列的社会经济问题。因此，在德国统一后，政府对前民主德国的农场进行了改造，其中一个重要的内容就是把原来的大农场分解成若干小农场，以提高经济效益。中国广大的农村地区经营规模结构政策的目标应该是不断扩大规模，但对一些国营农场的改革也许正好相反。

三、农业经营规模结构政策手段

首先是土地制度的改革。土地制度包括土地所有权和使用权两个方面。世界上的土地所有权基本上分为两大类：一类私有，一类公有（或国家所有）。实际上土地基本私有的国家，也存在土地公有；另一方面，在土地所有权不变的情况下，其使用权可以改变和转让。合理的土地制度可以促进土地的合理使用。土地使用方式直接影响着土地的利用效果。由于土地是一种自然资源，特别是一些丘陵、山区的土地，地块零碎是一个很普遍的现象，因此政府必须采取各种措施，使土地经营规模逐步扩大。主要措施是允许土地流转，鼓励农户之间进行土地交换。政府也可以利用各种大的工程项目活动，对周围的土地进行统一规划，然后再出售或转让给农户，以便使农户经营的规模能够扩大。欧共体各国从 20 世纪 50 年代就采取了类似的所谓“土地重划与合并”的措施，鼓励农户交换零散的地块。但由于土地问题的复杂性，交换过程的补差比较难确定以及涉及到一系列社会习惯等问题，这项措施的效果并不明显。日本、中国台湾省等也试图扩大其经营规模，但由于各种原因，他们的经营规模不但没有扩大，甚至有缩小的现象。中国大陆也存在着严重的规模偏小问题，政府试图通过建立土地流转机制来扩大经营规模，但尚未收到明显效果。

其次是投资补贴。政府可以设立一项基金，对一些大的农业经营规模给予投资补贴。需要强调的是，不是对所有的项目都补贴，而是对政府认为项目规模合理且在其它方面符合政府农业发展的目标项目予以投资补贴。投资补贴的方式可以是直接投资（财政拨款），也可以由发展银行给予优惠贷款。

最后是价格补贴。大多数发达国家都对主要农产品有价格支持政策。但具体操作时，不是对所有的农场都给予价格支持，实际是只对达到一定规模的农场给予价格支持，能得到支持价格的农场必须一次能提供一定量的农产品。小农场很难达到标准，因此就享受不到支持价格，这样就可以刺激农户扩大生产规模。欧共体的兼业农户很难享受到政府的各项优惠政策，当然超大型的农户也不属政府优惠的范围。

思 考 题

1. 农业区域经济发展理论的内容是什么？
2. 农业区域结构政策的目标和手段有哪些？
3. 农业部门结构政策的目标和手段有哪些？
4. 农业经营规模结构政策的目标和手段有哪些？

第七章　农业组织政策

第一节　农业组织政策及其目标

一、农业组织政策的内涵

农业组织政策是政府为了实现一定的经济与社会政治目的，而对农业产业及其组织形式进行干预、调节或控制的行为准则与手段措施。它包括两个基本方面，一方面是政府对不同形式的农业组织所采取的不同政策；另一方面，则是政府对农业产业的生产过程进行调节或控制的政策。上述两个基本方面既各有侧重，又相互交织，从而构成了农业组织政策的体系。

二、农业组织政策的目标

农业组织政策的目标，包括社会政治目标与经济目标两个基本方面，它们既相互统一，又相互制约。由于农业组织形式的选择以及政府对农业产业的调节或控制与一个国家的社会政治制度、经济体制、经济发展水平紧密相关，因此在不同社会制度，不同经济体制下以及在经济发展不同阶段，农业组织政策的目标会有较大差异甚至质的区别。

（一）提高农民的组织化程度

农业的组织化程度，包括微观组织化程度和宏观组织化程度两个基本方面。因此，提高农民的组织化程度目标，实际上包括了三项具体的目标，即提高农民的微观组织化程度，提高农民的宏观组织化程度，以及实现农民的微观组织化程度与宏观组织化程度的协调。

1. 提高农民的微观组织化程度。提高农民的微观组织化程度，也就是保持农业产业组织内部成员之间在目标上不相互冲突，这是保持农业劳动者具有较高的劳动热情与劳动积极性的基础。由于农业与其它产业的生产特点不同，生产经营中的自组织性具有特别重要的意义，因此，家庭经营这种生产组织形式有着特定的功能和特殊的地位，并未随农业生产的机械化、科学化和社会化而被挤出历史舞台。这既是生产关系一定要适合生产力性质的规律在农业领域里的具体实现，也是政府有关农业生产组织政策所期望的一种结果状态。总之，保持农业生产者的劳动热情，使得农业生产组织内部成员之间在目标上协调一致，充分发挥家庭经营的自主性在农业生产过程中的组织优势，是提高农民的微观组织化程度这一政策目标的基本要求和基本内容。

2. 提高农民的宏观组织化程度。适度地将农业生产置于政府的宏观调控之下。由于农业自然风险和经济不确定性，使得政府干预农业成为必要。通过政府的有效干预，可以减轻自然风险的危害程度和价格波动的幅度。在政治上，这些分散的小农还不能形成一支力量，以致于不能在国家政治生活中占有显要地位并利用它来有效地保护自己的利益。在生产上，农民还不能充分利用先进的科学技术和生产工具。在并不健全的市场体系中，他们也很难实现较大范围内生产要素的流动和组合。在流通方面，由于农民是处于涣散的无组织状态，他们在市场上讨价还价的能力还很弱，难以取得平等的贸易资格。因此，政府的政策目标之一是要在政府的宏观调控下，致力于提高农民的组织化程度。

（二）实现农业的微观组织化程度与宏观组织化程度的协调

实现此目标的基本要求是：①农业的社会宏观组织机能发育健全；②农业生产的综合发展能形成合力；③政府对农业生产的调节或控制富于效能等。

三、完善农业生产关系

完善农业生产关系这一改革政策的选择，在不同社会制度的国家有着不同的客观依据与不同要求。

在资本主义国家，一般是通过促进土地买卖或出租来建立完备的资本主义农业生产关系。由于租赁关系同土地私有制比较起来，虽然处于次要的位置，但它对资本主义农业生产关系的完善，加速农业生产集中却具有十分特殊的意义，从而往往成为政府所鼓励并追求的一种基本形式。原因在于：一方面，科技革命和农业现代化进程推动着各类农户扩大生产，但是由于地价高昂却限制了通过购进新地块来扩大土地面积的可能性；另一方面，尽管破产农户不再以农业活动作为主要的收入来源，而是到城市去工作，但是他们宁愿出租自己的土地，却不肯出卖，保留着对土地的所有权，继续利用园地作为住所等。这样从农业中排挤小生产和加强生产集中于大农场手里的过程在某种程度上具有隐蔽的性质，这有助于抑制社会冲突，因而得到政府的鼓励与支持。总之，高昂的地价对农业生产集中的限制，是政府鼓励并支持租赁关系发展的经济原因；而在实现农业生产集中的同时也抑制社会冲突的发生，则是政府鼓励并支持租赁关系发展的社会政治动机。

在社会主义国家，完善农业生产关系的核心是发展社会主义公有制关系，即发展农业生产资料集体所有制关系。其客观依据在于：在社会主义国家，发展农业生产资料集体所有制关系总是与改造小农的私有属性联系在一起的。社会主义国家的执政党要推行自己的主张，实现自己的抱负，在经济上首先需要建立一个与自己的政治主张相吻合的经济基础。这一经济基础的建立，一方面是经济发展规律的客观要求；另一方面也是执政党推行自己的主张，实行一定的经济政策的结果。具体来说，在农村要建立一套社会主义的经济关系和社会主义的经济秩序，最基本的而且也最重要的必然是公有制关系的建立和发展。没有公有制关系的建立和发展，农村中的社会主义经济关系和社会主义经济秩序的形成，共产党的主张和抱负的推行及实现，就会自然缺乏现实经济基础。

在社会主义初级阶段，完善农业生产关系的基本政策是：以公有制为主体、多种所有制经济共同发展的基本经济制度，以家庭经营为基础，统分结合的经营制度，以劳动所得为主和生产要素分配相结合的分配制度。

由于农业生产的社会经济特点，公有制的建立和发展一般需要通过合作制的形式来实现，因此，发展合作社这种组织形式，首先是社会主义国家在农业生产组织形式选择上的政治需要。其次，发展农业生产资料集体所有制关系，建立多种形式的合作经济组织，是推进农业生产社会化发展的一种组织保障。农户分散的自给半自给生产向大规模的商品生产过渡，既需要经历自身规模扩大、投资能力增强的漫长过程，又需要分工分业的发展，产生出市场中介的经营者。虽然家庭经营形式在农业生产过程中顽强地存在下来并将继续存在下去，但它却不具备承担社会化服务职能的天性，因此需要通过合作社在农业商品生产方面的组织功能和整合作用，把农户的生产连接起来，形成商品性生产，建立商品性的经营主体，从而使生产纳入社会化轨道，并节约交易费用。所以，通过发展合作社，不仅可以在农村建立起小生产与大市场的联系，形成市场经济在农村社会中的微观组织载体，而且也可以借以形成国家对农业进行宏观控制的组织载体。总之，在社会主义国家，完善社会主义的农业生产关系，不仅是一种政治需要，而且更重要的是有其经济依据。

第二节 中国农业组织政策的演变

建国以来，中国农业组织政策的演变与农村合作政策直接相关，特别是在实行家庭承包经营以前，农户经营的存在和发展与农村合作经济的发展和形态两者之间存在着一种消长起伏的关系。

一、建国后中国农业组织政策演变

（一）土地改革后，农民家庭经济体制的建立

中华人民共和国成立后，在全国范围内进行了土地改革。根据《中华人民共和国土地改革法》的规定，土地按人口统一分配，使农户成为耕种自己所拥有土地的农业生产基本单位。1950年开始进行的土地改革，在三年时间内取代了延续二千多年的封建土地所有制，取而代之的是农民的个体土地所有制，即自耕农制度，实现了“耕者有其田”。这一制度变迁废除了地主所有的租佃农业制度，保护佃农免除剥削，形成了在土地分配上有利于佃农的更为平等的社会，强制性改革更有效地分配和利用了资源，这极大地解放了中国农村长期被束缚的生产力。1952年与1949年相比，中国农业总产值增加了48.5％；粮食产量增加了42.8％，年均递增13.14％；棉花年均递增43.15％。这些成就使中国获得了胜利完成国民经济恢复期各项任务的最基本条件，并为国家工业化的起步奠定了基础。

（二）农业社会主义改造，家庭经济转变为合作经济和集体经济

土地改革完成之后，广大农民成为土地的主人，实现了生产资料与劳动者的直接结合，小农经济成了主要经济形式。但是，地主与佣农的矛盾解决后又出现了新的矛盾，这些矛盾突出地表现在以下几个方面：①小农经营方式的局限和生产技术的落后，与迅速实现工业化战略和国民经济的全面恢复发展的要求相距甚远；②平均分配土地所造成的小农分散经营与生产社会化要求之间不相适应；③小农经济自由发展必然出现的两极分化与实现农民共同富裕的社会发展目标互相冲突。解决这些矛盾，出路在于对小农经济进行社会主义改造。同时，合作化也来源于马克思主义建设社会主义理论的直接指导。马克思、恩格斯认为：合作社是改造小农的主要形式，是作为向完全共产主义过渡的中间环节。小农经济无法适应国家工业化的新要求，诸如农业增长、商品率提高、生产条件改善的速度都比较慢；而且发展不平衡，稳

定性差，受自然条件的影响太大。解决这些问题的主要途径是从根本上改变农业发展的条件，然而这在小农经济的基础上是不可能办到的。

依据马克思主义的理论，基于当时中国社会主义革命和建设的实践，为了使土地所有制的性质与建立社会主义经济制度和实现国家工业化的总体进程相适应，政府首先做出了引导和扶持农民走合作化道路的抉择。初级社建立在私有制基础上，土地仍归社员所有，只是做价入股，统一经营；耕畜和大中农具也是社员私有，归合作社有偿使用；社员参加社内劳动。初级社的分配模式是总收入在扣除当年生产费用、税金、公积金、公益金后，全部分给社员作为劳动报酬和土地等生产资料的报酬。劳动报酬采取劳动工分的形式。显然，初级社与互助组的不同在于实行统一经营，因而，具有半社会主义性质。

1956 年，全国掀起了一场办高级社的热潮。这是在发展初级农业合作化的基础上组织起来（有些则是由互助组直接组织）的社区集体经济组织。它实现了土地等生产资料的公有制，土地无代价转为集体所有；耕畜、大中型农具则按合理价格由社收买，集体所有，统一经营；高级社在有计划分工和协作的基础上，组织社员参加社内劳动，实行按劳分配。

（三）人民公社化，建立一大二公的集体经济组织

人民公社既是社会主义经济在农村中的基层单位，也是政权组织的基层单位，即所谓的政社合一体制。从产权特征上看，人民公社与先前的互助组、初级社和高级社最基本的区别是，它废除了最后一块私有财产，公社成了全部财产的主人。

人民公社经营管理体制与统购、统销政策相配套，由政府直接介入农业经济活动，形成了农村产业组织和运行的基本特征：

1. 在生产资料方面单一的公有形式，基本耕地和大牲畜变农民所有为集体所有，限制农民对土地的所有权力，严禁土地流转，控制地租上涨对农产品价格上升的推动作用，进而保障工业原料的低成本和居民的低工资收入。

2. 在经营组织方面，变农民个体经营为集体统一经营，将所有农民都纳入人民公社组织内，限制农业劳动力流动，通过严格的户籍管理而将农民拒之于城市之外，降低农民的就业机会，以维持农产品的低成本。

3. 在利益分配方面，忽视农业生产的特点和劳动者智能、体能上的差异，以工分制体现平均原则，而且，以财产平调方式保障利益分配的绝对平均化。

4. 在产品流通方面，实行对一、二类产品统购，严禁国营商业及供销社以外的任何单位、个人长途贩运农副产品，有时甚至关闭集市贸易，完全排斥了市场的作用。

可见，人民公社体制不仅剥夺了农民生产资料的所有权，而且剥夺了农民对生产经营的支配权。土地由农民所有和农户经营演变为集体所有和集体经营，农户已不再是一个独立的产权主体和经济主体。这样，产权愈模糊，劳动组织方式愈集中，按劳分配就愈困难；而分配愈不合理，就愈缺乏资源配置的效率机制与劳动的激励机制。在没有财产约束的集体经营组织制度之下，产权明晰产生的激励机制丧失贻尽。

（四）农村改革，建立家庭联产承包经营制度

针对人民公社土地制度及体制的种种弊端，在20世纪70年代末开始了一场自下而上的农村改革，其基本走向是由不联产到联产，由集体联产到家庭联产承包，由包产到户演变为包干到户。1978年，尽管中央政府并未明确规定可以将土地承包到户，但在当年年底公布的《关于加快农业发展若干问题的决议》中指出："人民公社的基本核算单位有权因地制宜进行种植，有权决定增产措施，有权决定经营管理方法，有权分配自己的产品和现金，有权抵制任何领导机关和领导人的瞎指挥"。正由于"五权"的松动，才使土地制度变革的实践真正从幕后走向前台，包产到户实践再次兴起，党和政府也及时总结农民所取得的成功经验，颁布了政策、法规，并向农村派遣了大批工作人员，支持引导农民对人民公社的土地制度进行改革。

1982年，中央政府明确可以将土地直接承包到户，包产到户演变成包干到户，它与包产到户的区别是取消了统一分配。生产队的耕地按每户的人口、劳力承包到户，同时把农户应完成的农业税和出售给国家的农产品品种、数量，以及每户应上交给集体的公积金、公益金和管理费等落实到户，农户除完成上述国家任务和集体提留外，其收益全部归农户所得，也就是"保证国家的，留够集体的，剩余都是自己的"。这样，便形成了有统有分，统分结合的双层经营体制，即以家庭经营为基础，同时在必要的环节和方面，形成一个集体经营的层次。所谓"统"，有两方面的涵义：①土地、大型水利设施等主要生产资料仍然归集体所有，并由集体行使一定的管理权；②集体根据国家计划、政策和不同时期的要求，确定承包任务，同时积极发展和完善社会化服务体系。所谓"分"，主要是指分散经营，其实质是农民对土地有了直接经营权，有了劳动过程的自主权，也有了对超额产品的支配权，从而有了充分表现和施展自己才能的权利。这种形式比包产到户，利益更直接，方法更简便，因而受到广大农民的欢迎。1980年实行包干到户责任制的村占全部村队的比重权为0.4%，到1982年大约是67%，1983年达到97.8%，1984年达到98.9%。至此，中国农村的人民公社土地制度就基本上被包干到户责任制取代了。

中国农村土地承包制是中国农民的伟大创造，以它为基础和突破口，中国农村经济体制改革全面展开：

(1) 突破了高度集中的人民公社体制，实行以家庭联产承包为基础，统分结合的双层经营体制，从根本上改造了农村微观经济组织结构；突破了“以粮为纲”的单一结构，发展多种经营和乡镇企业，全面发展农村经济。

(2) 突破了统购统销制度，面向市场，搞活农产品流通。

(3) 突破了单一集体经济的所有制结构，形成了以公有制为主体、多种所有制经济共同发展的格局。

改革至今，初步构筑起适应社会主义市场经济要求的新体制框架，极大地解放和发展了生产力，给农村带来了翻天覆地的历史性巨变：

(1) 农业综合生产能力大幅度提高，结束了主要农产品长期短缺的历史，粮食年总产量20年间增加2 000亿kg，12亿中国人的吃饭问题已经基本解决，农产品日益丰富。改革开放20年来，中国农业生产年均发展速度达6.7%，远远超出同期世界农业的平均发展水平。

(2) 农村产业结构和劳动力就业结构进行了重大调整，乡镇企业异军突起，转移了1.3亿农业富余劳动力，农村开始了史无前例的工业化进程。农村经济突破了几十年“以粮为纲”的单一结构，多种经营和乡镇企业获得很大发展，在农村产业结构中，第一产业比重显著降低，二、三产业比重上升。到1997年，第一产业的产值占24.4%，比1978年下降了近44.2个百分点。与此同时，二、三产业的比重逐年上升，特别是第二产业已在农村产业结构中占据了绝对优势；第三产业也一直保持较快发展的势头，在农村经济中的比重从1978年的5.3%上升到1997年的12.7%。1997年，牧业和渔业产值分别增长了5倍和8.2倍，在第一产业总产值中的比重分别为31.5%和9.1%，所占份额相当于20年前的2倍和5.5倍多。目前，全国从事乡镇企业的劳动力占农村劳动力总数的30%。中国国内生产总值的1/3、全国税收的1/5都来自乡镇企业。

市场经济意识日益觉醒的中国农民把目光投向了附加值更高的经济作

物。在种植业内部，经济作物增速明显快于粮食作物。中国粮食作物播种面积从1978年起呈现下降趋势，1997年占总播种面积的73.2%；油料面积的比重比同期上升了1倍。此外，除棉花以外的其它经济作物的比重也大幅度上升。

农村市场的流通搞活了，广大农民真正成为市场的主体。20世纪80年代中期，以变革农产品流通体制为主要内容的改革，推动了农村经济的稳定增长。国家首先改农产品统购统销为合同定购与市场收购的“双轨制”；除棉花等4种产品外，其它各类农产品价格全部放开，形成了以市场调节为主的农产品流通体制，广大农民成为自主经营、自负盈亏的市场主体。目前，中国农产品综合商品率已由20世纪80年代的40%左右提高到60%以上，全国性、区域性的农产品市场体系初步形成，4 500多家批发市场成为大流通的主渠道。

（3）农民生活显著改善，全国农村从总体上进入了由温饱向小康迈进的阶段。与城镇居民一样，农民的膳食构成和质量也得到了明显的改善和提高。农民不只满足于吃饱，也开始讲究营养。

（4）在农村经济快速发展的基础上，农村各项社会事业也取得了明显的进步，农民的思想观念和精神面貌发生了积极的变化。

二、对家庭承包经营制度的评析

改革开放以来的实践证明，实行家庭承包经营，符合生产关系要适应生产力发展要求的规律，使农户获得充分的经营自主权，极大地调动农民的积极性，解放和发展农村生产力；符合农业生产自身的特点，使农户可以根据市场、气候、环境和农作物生长情况及时做出决策，保证生产顺利进行，也有利于农户自主安排剩余劳动力和剩余劳动时间，增加收入。这种经营方式，不仅适应以手工劳动为主的传统农业，也能适应采用先进科学技术和生产手段的现代农业，具有广泛的适应性和旺盛的生命力。

第一，家庭承包制突破了高度集中的经营体制，符合生产关系要适应生产力发展要求的规律，重新确立了家庭经营的主体地位，重塑农村微观经济基础，形成了集体经营与家庭分散经营相结合的新体制。充分发挥了家庭和集体两层次的积极性，一方面保证农民的自主经营，将责权利统一起来；另一方面，社区集体能够在较大范围内统筹组织人财物，合理配置当地资源，解决小规模分散经营的局限性。

第二，家庭承包制实现了土地所有权与经营权的分离，使农户获得充分的经营自主权，极大地调动了农民的积极性，解放和发展了农村生产力。

第三，家庭承包制有利于确立按劳动者创造的最终社会效益来进行分配的真正意义上的按劳分配原则、使农民的劳动和报酬直接挂钩，更充分地调动了农民积极性。

第四，家庭承包制使农民收入和积累大幅度增加，有利于增加对农业的投入，形成良性的投入-产出机制，有利于农民发展个体、私营经济和股份合作制经济，实现以公有制为主体，多种所有制经济共同发展的局面。“交足集体的，剩下是自己的”，这标志着农民获得了剩余产品所有权和支配权，使农民具备了独立积累家庭私有财产的能力，引起农村财产关系的变化。实行家庭承包制之前，农民的私人财产被视为社会主义的异己力量，农民私人财产的生成来源几乎全被切断，农户基本上不能构成独立的财产主体。实行家庭承包制之后，除土地以外生产队集体生产资料大部分平分或出卖给农户；而且，随着剩余的积累，家庭承包制使农户逐渐成为一部分生产资料的财产主体，促进了农村财产主体多元化格局的形式。农村财产关系的变化，激发了广大劳动者的劳动热情和不断增加积累的积极性，加速了生产力的发展。

第五，家庭承包制使统分结合的双层经营体制确立，理顺了农村最基本的生产关系，探索到了能够极大促进生产力发展的农村集体所有制的有效实现形式。农村改革之后，我们坚持土地公有，家庭经营，使两权分离，建立了以家庭承包经营为基础，统一经营和分散经营相结合的双层经营体制。同时，鼓励和引导农民发展个体、私营经济和股份合作制经济，实行以公有制经济为主体，多种所有制经济共同发展。农村改革 20 年的实践证明，改革中形成的农村基本经济制度和经营制度，理顺了农村最基本的生产关系，符合中国社会主义初级阶段农村的实际，能够极大地促进农村生产力的发展。

第六，家庭承包经营有利于建立市场。1978 年开始推行的以家庭承包制为主要内容的农村经济体制改革，确立了农户自主经营、自负盈亏的市场主体地位，推动了农村管理体制的一系列市场化改革，如购销体制的改革和产业结构的调整，商品经济和市场机制逐步成长和发育起来。农产品市场和要素市场的活跃，社会分工分业的不断深入，使农村经济摆脱了自然经济的局限和计划经济的束缚，逐步走上了社会主义市场经济的轨道。坚持市场取向的改革，对于社会主义市场经济体制的建立和加快农业现代化具有长远的和根本性的意义。

第三节 农业组织政策的创新

一、农业组织政策创新的必要性

农村改革已经取得了巨大的成就，但还远没有完成，必须针对推行土地承包责任制过程中所暴露出的深层次矛盾，深入研究和解决存在的问题。有中国特色的社会主义农业实行的是土地集体所有制基础上的家庭承包经营，即一不搞土地私有，二不改变家庭承包经营。这就充分体现了中国土地制度的时代特征，与建立社会主义市场经济体制的改革目标相一致。显然，稳定、完善和发展农村土地承包制便构成了中国农村体制进一步改革的核心内容和首要选择。

（一）社会主义市场经济发展的需要

社会主义市场经济的发展，要求作为市场主体结构的主要组成部分的家庭承包经营组织（农户），进一步完善它的主体功能。农户承包集体的土地，理论上应该包括实际占有权、经营使用权和在承包期间的收益权与处置权。但事实上，对土地占有权与经营使用权的确立，还受到诸多因素的干扰或困扰；土地的流转机制尚未建立；农户对土地的投入难以收到预期的效果等等。使得农户尚难成为真正的自主经营、自负盈亏、自我约束、自我发展的市场主体。市场主体所应具备的产权的界区功能（即界定产权主体之间、产权主体与非产权主体之间权利和义务区间上的功能）、激励功能（即因产权的确立而使产权主体积极努力行为的功能）、约束功能（即产权确立之后，对产权主体行为所产生的约束力）和交易功能（即产权的确立既为产权主体成为商品生产者奠定基础，也使产权本身可以作为商品交换的对象）也就难以充分发挥。因此，随着社会主义市场经济的发展，对农户这一经营组织需要完善，需要创新。

社会主义市场经济的发展，要求提高土地产出率、劳动生产率和产品商品率，以便提供更多、更好的农副产品满足社会日益增长的需要。但作为农副产品生产主力军的家庭的经营组织（农户）和职工农场，尤其是前者，在推行联产承包时，形成了“土地人人有份，家家种田”的小规模生产的局面；并且承包时土地按远近、肥瘦搭配，造成土地细碎化、经营的分散化。这种情况，很难提高土地的产出率、劳动生产率和产品商品率，从而产生了大市场与小规模生产的矛盾。主要表现在：

1. 由于自给性与商品性生产并存，导致了生产“小而全”的格局和兼业化的趋势，专业化生产程度低，产品批量小，使农户无力参与市场竞争。

2. 千家万户以分散、孤立的方式进入市场，不仅大大增加了交易磨擦和交易费用，而且农副产品以无组织的分散的方式成交，使农户在交易中也处于不利地位，分散的、势单力薄的、无组织的农户在市场经济交易中不可能取得平等的贸易资格。

3. 农户难以掌握瞬息万变和纷纭繁杂的市场信息，因而在生产和经营上都存在着较大的盲目性，致使农户不但要独自承担自然风险，而且要独自承担市场风险，不利于农户大力生产适销对路的农副产品。

4. 由于生产规模小，农户生产难以提高农业劳动生产率；加上农业生产受自然因素的约束，在一般情况下，农业劳动生产率的提高速率又低于以机械技术为主的工业部门的劳动生产率的提高速率，因而，在进行工农业产品交换时，价格上处于不利的地位。这也是造成从事农业生产的比较利益下滑的重要原因之一。

此外，不少农户的商品观念比较薄弱，契约意识不强，农产品购销合同的签约和履约率都比较低。农户这种较差的自身素质，也难以适应市场经济发展的要求。

因此，随着社会主义市场经济的发展，逐步地进行农业产业组织的创新，建立与社会主义市场经济发展相适应的、新型的农业产业组织势在必行。

（二）实现农业现代化的需要

实现农业现代化是中国农业发展所要达到的重要目标之一。农业现代化，包括生产手段的现代化、生产的专业化、社会化和管理的现代化等，其核心是要大大提高土地产出率和农业劳动生产率。为了实现这一战略目标，小规模的家庭联产承包经济（包括职工农场）根本无法做到。因此，需要逐步推行适度规模经营，发展农业规模经济，进行农业产业组织的创新。

（三）进一步深化农业改革的需要

邓小平同志在 1990 年 3 月指出：“中国社会主义农业的改革和发展，从长远的观点看，要有两个飞跃。第一个飞跃，是废除人民公社，实行家庭联产承包为主的责任制。这是一个很大的前进，要长期坚持不变。第二个飞跃，是适应科学种田和生产社会化的需要，发展适度规模经营，发展集体经济。这是又一个很大的前进，当然这是很长的过程。”这里所说的“集体经济”，不是过去集体经济简单的复归，而是建立在商品化、规模化和现代化基础上的集体经济形式，是农业深化改革的产物。因此，农业产业组织的创新也是进一步深化农业改革的需要。

二、农业组织政策创新的可能性

（一）乡镇企业的“异军突起”，为农业产业组织的创新奠定了坚实的经济基础

党的十一届三中全会以来，中国农村经济获得了很大的发展，特别是乡镇企业的发展更为迅速。1997年，乡镇企业实现增加值20 740亿元，占国内生产总值的比重达27.7%；乡镇企业的职工总数达到了1.3亿人。20多年来，乡镇企业累计用于“以工补农”、“以工建农”的资金达2 000亿元左右。乡镇企业为农村劳动力找到了一个稳定可靠的出路和提供了一个可靠的收入来源，目前农民收入的增加有1/3是通过乡镇企业职工工资收入增加而实现的。这就为促进土地向种田能手集中，或实现集体经济组织“反租承包”，搞土地规模经营，发展农业规模经济，从而为农业产业组织的创新奠定了坚实的经济基础。

（二）中国现代工业的发展，为农业产业组织创新提供了可靠的物质与知识基础

建国几十年来，特别是党的十一届三中全会推行改革、开放的方针以来，中国已初步建成了现代工业化体系，可以为农业产业组织的创新提供种类较为齐全、数量较为充足的农机具（包括拖拉机、耕作机械、播种机、运输机等）、化肥、农药、塑料薄膜等现代物质装备，以提供现代的科学技术知识和现代管理知识等，从而为农业产业组织的创新提供了可靠的物质与知识基础。

（三）中国农业市场体系的建立与不断完善，为农业产业组织的创新提供了良好的外部条件

随着中国农业市场体系的建立与不断完善，土地市场、劳动力市场、金融市场和农用生产资料供应市场、农副产品销售市场等相继出现和不断完善，为农村土地使用权的流转、农村劳动力的转移、资金的融通、农副产品的销售等等，提供了广阔的场所，为在农业中推行适度规模经营，发展农业规模经济，从而为农业产业组织的创新提供了良好的外部条件。

由此可见，在社会主义市场经济条件下，随着市场经济的发展，农业产业组织的创新是必然的。

第四节　农业组织创新的政策思路

在农业中产业组织的创新，无疑是对农业和农民的又一次改造。在这一改造过程中，应该以社会主义市场经济为导向，以家庭承包经营为基础，以深化农村经济体制和经营机制改革为动力，以提高农业经济效益为中心，尊重群众的意愿和首创精神，依靠群众、因地制宜、分步实施、分层推进。

一、长期稳定家庭承包经营体制

深化农村改革，首先必须长期稳定以家庭承包经营为基础的双层经营体制，这是党的农村政策的基石。家庭经营再加上社会化服务，能够容纳不同水平的农业生产力，既适应传统农业，也适应现代农业，具有广泛的适应性和旺盛的生命力，不存在生产力水平提高以后就要改变家庭承包经营的问题。稳定家庭承包经营，核心是要稳定土地承包关系。土地是农业最基本的生产资料，也是农民最可靠的社会保障。长期稳定农村土地承包关系，既是发展农业生产的客观要求，也是稳定农村社会的一项最根本性的措施。中央的土地承包政策是非常明确的，就是承包期再延长 30 年不变。而且 30 年后也没有必要再变。

二、加快农业市场体系的建设和完善

农业市场体系的形成是农业中产业组织创新的重要条件。现代农业企业，必须是真正的市场主体。而市场主体的本质特征就是其市场性。离开了农业市场体系的建设，农业中产业组织的创新就失去了存在的基础。为此，一要积极培育发展土地市场、农村劳动力市场、金融市场、农产品市场、农业生产资料市场、农业信息市场，特别是要加快农产品期货市场建设；二要继续发展多种形式的初级市场，重点在农产品集散地发展区域性或全国性的批发市场，积极探索产销直挂、连锁经营、配送中心等新的流通方式。培育农民自己的流通组织，提高农民进入市场的组织化程度。加强市场设施建设，完善信息收集和发布制度，向农民提供及时准确的市场信息；三要加快农业市场制度和法规建设，促进和保护公开、公平竞争；四要稳妥地进行农产品价格改革，理顺价格关系，建立以市场形成价格为主的价格机制。同时，还要根据我国农业发展水平，确定农产品保护价格和农业生产资料最高限价，以

切实保护农民的积极性，进一步强化农业的基础地位。

三、积极引导农业生产经营主体进行农业组织的创新

各级党委和政府要深入实际，充分发挥农民和职工的积极性和创造性，围绕提高农业生产经营效果，因地制宜、分类指导，建立起形式多样的农业产业的创新组织。支持农民发展各类专业服务组织，在稳定、完善双层经营体制的基础上，促进农村土地、资金、技术、劳动力等生产要素合理流动和优化组合，发展多种形式的联合与合作。同时转变政府农业经济、技术部门的职能，建立国家、集体和农民及其合作组织相结合的农业社会化服务体系。此外，还要加强规范化管理，积极探索各种农业企业管理经验；制定农业企业法规，确保农业企业健康稳步发展，加速农业中产业组织的创新。

四、加大农业的科技投入和资金投入，为农业组织创新提供物质技术条件

当代科学技术已全面进入农业生产的产前、产中、产后各个领域。在农业产业组织的创新过程中，在用足、用好、用活现行农业政策的同时，要加大农业的科技和资金投入，加强“硬件”建设。一方面，要进一步强化依靠科技进步振兴农业的战略思想，大力推广普及运用农业新技术、新品种、新方法，发展技术资金密集型农业企业，提高农业生产发展水平；另一方面，要加强农业基础设施建设和物质技术装备建设，为农业科学技术运用创造良好的物质条件。

五、继续完善所有制结构

在积极探索完善公有制经济有效实现形式的同时，要采取灵活有效的政策措施，鼓励和引导农村个体、私营等非公有制经济有更大的发展。为适应生产和市场需要，发展跨所有制、跨地区的多种形式的联合和合作。供销合作社、信用合作社要继续深化改革，更好地为农业、农民服务。农民采用多种多样的股份合作制形式兴办经济实体，是改革中的新事物，要积极扶持，正确引导，逐步完善以农民的劳动联合和农民的资本联合为主的集体经济。

六、积极探索实现农业现代化的具体途径

在家庭承包经营基础上，积极探索实现农业现代化的具体途径，是农村

改革和发展的重大课题。农村出现的产业化经营，不受部门、地区和所有制的限制，把农产品的生产、加工、销售等环节连成一体，形成有机结合、相互促进的组织形式和经营机制。这样做，不改变家庭经营的基础，不侵犯农民的财产权益，能够有效地解决千家万户的农民进入市场、运用现代科技和扩大经营规模等方式，提高农业经济效益和市场化程度，是中国农业逐步走向现代化的实现途径之一。发展农业产业化经营，关键是培育具有市场开拓能力、能进行农产品深度加工、为农民提供服务和带动农户发展商品生产的“龙头企业”。要引导“龙头企业”同农民形成合理的利益关系，让农民得到实惠，实现共同发展。要充分利用现有的农产品加工、销售企业，不要盲目上新项目，避免重复建设。

此外，股份合作制、有限责任公司和股份有限公司等作为农业产业组织中典型的、先进的组织形式，农业企业在筹建或改组、改造、改制时也可大胆引入，但一定要注意先进性和适应性的统一，并要防止一哄而起，搞形式主义，切忌在条件不具备的情况下盲目追求这种组织形式。

七、鼓励、引导农民开展多种形式、多种内容的合作

为适应社会主义市场经济建设的需要，在长期坚持稳定以家庭承包经营、统分结合的双层经营体制的基础上，尊重群众的意愿与首创精神，鼓励、引导农民开展多种形式、多种内容的合作。重新培育、引导、组建各种形式的合作经济组织和股份合作经济组织，以解决一家一户办不了，办不好，办了也不划算的产前、产中、产后的社会化服务问题；以解决户营规模狭小，劳动生产率低，市场信息封闭，千家万户的小生产与大市场社会化大生产的矛盾。

1. 健全地域合作经济组织，重点抓好村一级合作经济组织的建设，完善和发展统分结合的“双层经营”新体制，坚持家庭经营为基础，充分发挥地域性合作经济组织在土地承包、协调管理、产品销售、综合服务等方面的职能作用。

2. 对供销社信用社继续进行深入改革，切实恢复其为群众性合作经济组织的本来面貌，建立与农户的新型合作关系。

3. 积极引导和建立各种新型专业性合作经济组织。从目前各地的经验来看，可从以下几个方面加快农户合作组织的创新。第一，以现有的龙头企业（或专业大户）为依托，吸收农民入股、入社，组成企业与农户连心共利的合

作经济组织（或股份合作经济组织）。第二，以专业协会为依托组建合作组织。第三，将现有的松散的初级的联合体加以引导规划，使其成为新型的合作经济组织。第四，在坚持自愿的基础上，引导农户在一家一户办而又办不好的某些生产经营环节中组织建立服务型的合作社。

思考题

1. 农业生产经营组织政策在农业政策体系中的作用如何？
2. 如何看待家庭承包经营体制在我国农业生产经营中的历史贡献及其局限性？
3. 如何从政策角度来实现农业组织的创新？
4. 为实现我国农业丰收、农村稳定和农民富裕的目标，从生产经营制度上要作哪些政策调整？

第八章　农业土地政策

第一节　土地问题及农业土地政策目标

一、土地的概念及特征

土地是天赋的自然物，也是农业生产的必需要素之一。狭义的土地概念是指地球表面的陆地；广义的土地系指地球表面陆地部分和上下空间中的自然物及人类活动的种种结果组成的自然经济综合体。这里的陆地包括内陆水域和海涂，上下空间包括地壳和大气层，自然物包括空气、水、土壤、生物、岩石及矿物等等。

（一）土地面积的有限性

土地是天赋的自然资源，其数量无法通过人类的劳动来增加，所以它是不能再生产的产物。人类可以改良已有的土地，如把荒山、荒地、沼泽地变成良田，或者以人力填海造田、开辟运河等，但也只能改变土地的形态，而无法增加土地的总数量。由于土地资源不可再生，因此土地是有限的。

（二）土地位置的固定性

任何国家或地区的土地，都在地球上占据着一定的空间范围，并具有一定的疆界与形态，因而它的位置不能移动也不能交换。这种特点造成人类集中于气候好、生产力高、交通便利以及景观好的地方，从而引起各地区人口密度不同，以及土地价格差异悬殊。

（三）土地价值的长期性

土地不论做什么利用或利用多久，都不会变旧或发生损耗。虽然长期耕耘利用，地力可能降低，但只要合理利用，维护得当，或者给予改良，也可以提高其生产力，不像其它生产资料，如机器设备，有耐用年数，无论怎样爱护，都会逐渐磨损、变旧，一直到不能使用为止。土地永远没有新旧之分，不必折旧。土地的这种永远用不坏的特性，使其具有长期保值的特性。

（四）土地质量的差异性

土地因为位置的不可移动性，造成地球上每一块土地的品质具有差异性，包括地势、土壤、雨量、日照及适生生物等。其中有些因素可以由人类力量来改变，如土壤肥力的改变，可以通过灌溉、排水和改良表土等方式予以提高；但属于天然条件的因素则人力往往无法克服，如高山或地势陡峭的土地，不适合种植作物，则只能造林或保持原貌。当然，土地质量的差异，会随着自然条件的变化而有所改变，也会随着人类生产力水平的提高、科学技术的发展而有所改变，使土地质量差异的变化可能扩大，也可能缩小，但土地质量的差异性却始终存在。

二、中国土地利用概况

土地是最重要的稀缺资源之一。在中国这样一个人多地少的国家，保护和合理利用土地资源是十分重要的工作。由于自然地理条件和土地自然供给总量的制约，中国土地资源的基本特点是：土地总量大，而可利用面积并不大。在全国总土地面积上，湿润、半湿润地区和干旱、半干旱地区各占50%，前者有利于农作物生长，后者只能用于放牧或无法利用。特别是国土总面积中，山区、高原占59%，沙漠、石质地占20%，目前还难以利用，这就形成了现在的全国土地资源及其利用的格局。

耕地约1.39亿hm^2，约占土地面积的14.6%；林地（含有林地、疏林地、灌木林地及竹林地）1.7亿hm^2，加上宜林荒山荒坡地0.78亿hm^2，合计2.48亿hm^2，约占国土总面积的25.5%；草地（含已经利用和可利用面积）约2.87亿hm^2，约占国土总面积的29.86%；内陆水域（含河、湖、水库、水塘）0.26亿hm^2，约占国土总面积的2.78%；沿海滩涂0.02亿hm^2，约占国土总面积的0.21%；城市、工矿、交通用地，约0.67亿多hm^2，约占国土总面积的7%以上。

总体上看，中国土地利用结构中，已利用土地占国土面积的3/4，难利用土地约占1/4，在已利用土地中，耕地、林地所占比重甚小，耕地、林地资源十分紧缺，人均耕地、人均林地更少，分别只及世界人均占有量的1/3和1/5。加之由于人口压力和城市、工矿、交通及能源等建设用地和居民点用地的不断扩大，又因不按规划办事，违法占用耕地、绿地现象严重，耕地、林地面积趋减，造成水土流失，土地沙化、退化，环境质量下降。

三、中国农业土地经营中存在的问题

中国农业土地经营中存在的突出问题是随着人口增加，土地不断细分；土地承包期长亦难，短亦难；当土地使用权需要转移时缺乏流转机制；开始分包时留下的地块零碎问题，长期解决不了。这些问题的存在，在实际工作中产生了一些无法解决的矛盾。

（一）公平和效率的矛盾

中国人多地少，土地资源极端稀缺。就资源的合理利用来讲，无疑应该把效益放在第一位，从资源分配、经营方式、经营规模到管理制度，都应该以最合理、最有效地利用土地为出发点。但是，现阶段农村土地既承担着发展经济的职能，又承担着社会福利和保障职能，为了保证经济发展，必须强调效率原则；为了分配的基本合理和社会安定，又不能忽视公平原则。这不仅因为受到资源和生产力水平的约束，而且是我国的社会制度决定的。忽视或否定任何一面，都会带来不良后果。

（二）稳定和流动的矛盾

土地分户承包，家庭经营，是十一届三中全会以来农村政策的精髓。农民怕政策变，第一就是怕分户承包的土地变，这一直是农村一个十分敏感的问题。但如果把这理解为什么都不动，就会使目前土地经营中出现的各种问题无法解决。其中一个突出问题是，在现有分户承包的基础上，随着劳动力转移能否通过不同方式土地的有效流动，在微观层次上实现要素合理配置，提高土地产出，发挥当地资源优势。这说明稳定和流动都是需要的。如何处理这一对矛盾是土地政策制定时必须考虑的问题。

（三）微观和宏观的矛盾

如果把农户家庭经营作为微观经济行为看待，它同国家对土地的宏观利用目标是有一定矛盾的。国家既要考虑土地的经济效益，又要考虑社会效益，既要考虑个别地块的利用效益，又要考虑土地的整体利用效益，考虑国民经济发展对土地利用的需要。作为承包者农户，更多地则考虑眼前利益和比较利益；另一方面由于考虑今后的退路，加上对政策的误解，一些农民即使从事了非农业生产，经营土地收入很少，甚至抛荒，也不愿转让或放弃承包田，出现微观和宏观效益都不好的情况。两种利益如何协调，也是土地政策制定过程中一个难以处理的问题。

可以说，协调眼前利益和长远利益，经济目标和社会目标，农户的个别利益和国家的整体利益，是改善土地经营、完善土地政策至关重要的问题，也是无法回避的难题。这种矛盾的存在使土地问题变得十分复杂、敏感。制定农业土地政策的目的，就在于制定取得土地与利用土地的人之间的有关规范，以维护社会秩序，促进经济发展。

四、中国农业土地政策的目标

农业土地政策的目标是指农业土地政策所要实现的一种理想结果，这种理想结果最终是要提高土地利用中农民与全社会的福利。由于各个国家、一个国家不同时期的自然环境、经济环境和政治环境的不同，土地政策制定者的理论基础、价值取向及政策手段形式的差异，土地政策目标选择存在明显的差别，这种差别主要体现在土地所有、流转、使用中的公平与效率目标的具体安排上。

主要资本主义发达国家的土地政策目标是追求提高土地利用效率，普遍实行土地私有政策，并通过土地租赁抵押和市场交易等流转方式实现土地的优化配置。而社会主义国家的土地政策的目标是强调社会公平，主张土地的国家和集体所有或平均分配，不准土地进入市场进行流转，保持土地利用效益的均等。

中国土地政策的目标是实现效率与公平的统一。社会主义的土地关系在中国早已确立，尤其在1979年土地使用制度改革之后，农民真正成为土地的主人，最大意义上的公平已经实现，农业土地政策面临的最大问题是如何实现效率目标。具体而言，中国土地政策的效率目标如下：

（一）提高土地利用率

土地政策的效率目标首先表现为能够充分利用可利用的土地资源，避免土地的浪费。中国现有耕地约1.39亿hm^2，农业发展受到严峻的土地资源约束。土地资源的充分利用，是中国土地政策一贯的目标。

（二）提高土地生产率

任何一个国家的农业生产，都希望地尽其力，从每单位投入中获得最大的产出，以提高生产者的收入，满足经济发展对农业提出的要求。在中国人多地少，耕地尤为短缺的情况下，提高土地产出率在土地政策的效率目标中占有重要地位。通过土地资源的有效配置，鼓励农户对土地进行投入，采用先进的生产技术和管理方式，来提高单位土地面积上的产量，这是我国土地政策的重要目标。

（三）提高土地利用中劳动生产率

土地利用过程中，劳动生产率水平的高低，很大程度上反映了土地经营规模的大小以及农业劳动力转移的状况。尽管土地产出率的提高具有重要意义，但劳动生产率的提高又是农业劳动力向非农产业转移、人地关系的改善、土地经营规模扩大的前提条件。因此，这一目标在土地政策中具有重要意义。

第二节　农业土地所有政策

一、土地所有政策的涵义及土地所有制的形式

（一）土地所有政策的涵义

土地所有政策是在一定的社会条件下，国家或政府就土地归谁所有、归谁支配的原则及规范，其实质是土地所有权在不同社会主体（国家、集体、个人）之间的分配原则及其形式。土地所有权是指土地所有者在法律规定的范围内对其土地所享有的占有、使用、收益和处分的权利。它包括土地所有者对其土地的占有、使用、收益和处分的权力。土地占有权是指土地所有者对土地的实际占领和控制权利，是根据法律规定所产生的权能。国家法律保护土地所有人对自己土地的占有，禁止他人侵害。土地使用权是指依法对土地进行实际利用的权利，土地使用权与土地所有权既可结合又可分离，它与土地占有权的关系也是如此。土地收益权是指土地所有者依法收取土地利用时所产生的自然或法定孳息和利益的权利，包括收获土地上生长的农作物，收取出租土地的地租等。土地收益权中收取农作物的权利归土地使用者行使，收取地租的权利则一般归土地所有者行使。土地处分权是指土地所有者在法律许可的范围内，根据自己的意志按出卖、馈送、出租、抵押及遗赠等方式处置自己的土地的权利，它是所有权最核心、最基本的一项权能。土地处分权通常由土地所有者行使，但在法律规定的特别情况下，非土地所有者也可依法处分。

（二）土地所有制的形式

人类存在两类土地所有制，即土地公有和土地私有，其具体形式先后经历了五种，即氏族土地所有制、奴隶主土地所有制、封建土地所有制、资本主义土地所有制和社会主义土地所有制。

1. 土地公有制。迄今为止，人类有两个社会形式实行了土地公有制，即

原始社会氏族土地公有制和社会主义公有制。在生产力水平极为低下的原始社会，每一个氏族或村社范围内的土地，均为该村社所有，归全体氏族或村社成员共同所有，并共同享用其产品。当人类社会发展到社会主义社会，消灭剥削阶级，建立社会主义政治经济制度，实行土地的国家所有和农民集体所有，使劳动人民尤其是农民成为土地的真正主人，从而极大地激发劳动者的生产积极性。

2. 土地私有制。土地的第一种私有形式是奴隶主土地所有制，其基本特征是奴隶主占有土地并占有奴隶及其绝大部分产品；奴隶社会崩溃后，随即建立起了封建土地私有制，主要特征是土地归封建土地主所有，主要租给或分给农民耕种，地主利用土地对农民进行经济或超经济剥削；第三种私有制形式则是资本主义土地所有制，是一种土地所有者凭借土地所有权从雇佣工人所创造的剩余价值中提取超额利润（地租）的土地占有形式，是土地所有最完整、最典型的形式。

二、中国农业土地所有政策

（一）农业土地的国家所有制

新中国建立后，土地政策的目标服从于整个国家建设的总目标，即恢复农业生产、发展农业生产；建立社会主义经济制度，为社会主义工业化奠定基础。因而经过土地改革，农业土地实行了国家所有与农民所有，后者进而过渡到农民集体所有的政策。建国后，在国家范围内实行彻底的土地政策，通过立法手段，把大荒地、大森林、大草原和部分其它土地收归国有，从而建立起土地国家所有制。1954 年 9 月颁布的第一部中华人民共和国宪法就明确规定：“矿藏、水流、森林、山岭、草原、滩涂等自然资源，都属于国家所有，即全民所有，由法律规定的属于集体所有的森林和山岭、草原、荒地、滩涂除外。”

中国土地国有制主要是通过法律的形式加以确立和发展的。根据宪法及有关法律，农村国有土地包括以下内容：①除由法律规定由集体所有的森林和山岭、草原、荒地、滩涂之外的全部矿藏、水流、森林、山岭、草原、荒地、滩涂等土地资源；②名胜古迹、自然保护区等特殊土地（不包括区内集体所有土地）；③国家拨给国营的农、林、牧、渔（站）等农业企业和事业单位使用的土地；④国家拨给国家机关、部队、学校和非农业企业、事业单位使用的土地；⑤国家拨给农村集体和个人使用的土地；⑥法律规定属于农村集体所有以外的一切农村土地。

国家土地属于全民所有，由国务院代表国家依法行使土地所有权，国家是国有土地惟一的、统一的所有者。国家土地所有权主体的惟一性决定了除国家以外的任何单位和个人，包括人民政府和其它国有单位以及社会团体等组织，在任何情况下都不能成为国有土地的所有者。国家土地所有权主体的统一性，要求只有国家才能行使国有土地的所有权，其它任何单位非经国家授权或者批准，不能享受国家土地所有权的占有权、使用权、收益权和处分权中的任何一项权能。

（二）农业土地集体所有制

建国以来，中国农业集体所有制的建立和演变大致经历了两个时期。

1. 废除封建土地所有制，建立土地的农民私有制（1949～1956 年）。旧中国实行的封建土地所有制，使当时占农村人口不到 10％的封建地主和富农占有农村 70％～80％的土地，而占农村人口 90％以上的贫农和中农却只占有 20％～30％的土地。建国后，根据 1950 年 6 月 28 日中央人民政府委员会第八次会议上通过的《中华人民共和国土地改革法》，在全国范围内开展了土地改革运动，通过对封建地主土地的无偿没收和旧式富农土地的有偿征收集中了 0.47 亿 hm^2 的土地，并分给了无地或少地的农民。从而确立了农民土地私有制。

随后在 1952～1956 年通过农业合作化运动，把土地的农民私有制转变为土地的集体所有制。合作化的第一步是建立互助组，即在土地和其它生产资料私有制和分散经营的基础上实行劳动互助。农业合作化的第二步是建立初级农业生产合作社，即在土地和其它生产资料私有制条件下，实行土地入股、统一经营、集中劳动、统一分配的制度。私有的土地和其它生产资料由合作社统一使用，合作社给予一定的报酬。土地的使用权和所有权发生了分离。

2. 建立土地集体所有制（1956 年至今）。高级农业合作社的成立是农民土地私有制向集体所有制过渡的质变阶段。在高级农业合作社里，农民个人私有的土地（连同土地上附属的塘、井等水利设施）无偿地转归农业生产合作社集体所有（仍保留原有的坟地、宅基地不入社），并在此基础上实行统一经营、统一分配，从此农业土地集体所有制就建立起来了。

1958 年 8 月 29 日，中共中央政治局扩大会议通过了《关于在农村建立人民公社的意见》后，人民公社化运动在全国农村广泛展开，对土地等生产资料实行公社所有制。由于这种形式的生产关系脱离了当时的生产力发展水平，结果对农业生产造成了很大破坏。1960年11月3日《中共中央关于农村人民公社当前政策问题的紧急指示信》提出了“三级所有、队为基础”的制度，即土地等主要农业生产资料，由公社所有制变为公社、生产大队、生产队三级所有，主要归生产队所有。1962年9月27日，中共中央通过的《农村人民公社条例（修正草案）》中规定：“生产队范围内的土地，都归生产队所有。生产队所有的土地，包括社员的自留地、自留山、宅基地等等，一律不准出租和买卖。生产队所有的土地，不经过县级以上人民委员会的审查和批准，任何单位和个人都不得占用。”同时还规定：“山林资源从保护、培养和合理利用角度出发可分为公社、生产大队或生产队所有经营。”这样，在我国农村又相对地稳定了土地集体所有和集体使用的土地关系。

1979年以来，在农村进行经济体制改革后，实行了土地联产承包责任制。在改革中，土地的集体所有权不变，但是，土地的经营者不是集体，而是承包土地的个体农民。通过实行土地联产承包责任制，改变了过去“吃大锅饭”的现象，极大地调动了农民的积极性。

土地的农民集体所有制，表现在土地所有权上就是农民集体的土地所有权。集体所有权的主体只能是农民集体。所谓农民集体应该具备三个条件：一是必须有一定的组织形式、组织机构。如集体经济组织或村民委员会和村民小组；二是应当具有民事主体资格，能够依照法律享受权利和承担义务；三是集体成员应为长期生活于该集体内的农业户口村民。农民集体所有的土地，依照土地管理法分别属于村农民集体、乡（镇）农民集体和村内两个以上农村集体经济组织经营、管理。

第三节　农业土地使用政策

一、农业土地使用政策

农业土地使用政策，即土地使用权政策，是对土地使用的程序、条件和形式的规定。土地所有权的产生和存在，对于非所有者来说，是不能自由和任意地取得土地使用权，而只能通过一定的法规、程序和条件才能取得土地使用权。中国民法通则第80条第1款就规定：“国家所有的土地，可以依法由全民所有制单位依法使用，也可以依法规定由集体所有制单位使用，国家保护它的使用、收益的权利；使用单位有管理、保护、合理利用的义务”。国家土地管理法第七条规定:“国有土地可以依法确定给全民所有制单位或者集体所有制单位使用，国有土地和集体所有土地可以依法确定给个人使用。使用土地的单位和个人，有保护、管理和合理利用土地的义务。”由此可见，土地使用权是在一定条件下,由土地所有者让渡其土地利用权而派生出来的。土地使用权不仅是土地所有制的体现和反映，而且是巩固、实现土地所有制的措施。

从土地所有权与使用权的关系看，土地使用政策有两种类型：一是土地所有权与使用权相结合，即土地所有者又是土地的使用者；二是土地所有权与使用权相分离，即土地所有者依据法律、契约或合同让渡给非土地所有者使用或经营，非土地所有者享有使用权和收益权。前者包括旧社会的自耕农、经营地主、社会主义条件下实行集体经营的集体经济等等；后者则包括旧社会的佃农、社会主义承包责任制下的农民等等。

土地所有权与使用权分离状况下的土地使用政策又可分为两种类型，即土地的无偿使用和有偿使用。无偿和有偿的区别在于土地的使用者是否由于获得土地使用权而向土地所有者缴纳费用。一般来说，在土地私有条件下，土地不可能无偿使用。只有在土地公有制条件下，土地无偿使用才有可能。然而，社会主义的土地无偿使用已经被实践否定，即在现阶段无偿使用不利于生产力的发展，必须进行使用政策的改革，变无偿使用为有偿使用。

农户的土地使用权至少应该包含以下内容：

1. 排它性占有权。即农户在规定的租用期内，其使用土地的权力不应受到侵犯。

2. 开发权。即农户在租用期限内有权优化土地配置，提高土地的产出价值，但无权自行将农用地转化为非农用地。

3. 农户应该得到其应得的经济收益。这包括两方面的内容：一方面，农户必须从出售土地产品中得到其应得到的利益；另一方面，农户应得到其使用土地后因投入资本和劳动而增加了的土地改良价值。

4. 买卖权。农户可以出售土地使用权，获得一定的报酬。也就是说，可以通过建立土地使用权市场，通过使用权的商品化，来构造土地流转的内在机制。

5. 租赁权。农户可以将使用权出租，或向土地所有者承租，以获取一定的收益。土地租赁是土地使用权的一定期间的买卖，是土地产权商品化的部分内容，土地租赁使土地这个生产要素资本化，成为真正的经济要素。

6. 抵押权。农户可以以使用权作抵押，向土地银行或专门机构申请获得农业经营贷款。土地一经抵押，土地所有权就会有所动摇，有所转移。

7. 继承权。农户的土地使用权可以继承。但是在人口增加，家庭不断分化的情况下，继承权往往会使土地更细碎化，不利于农业的合理经营。这一点已长期受到人们的关注。由于中国土地经营规模太小，对土地继承权必须施加一定的限制。

二、中国农业土地使用政策的演变

（一）旧中国的土地使用政策

旧中国，多数封建地主和富农都是把土地分割成小块，租佃给无地或少地的农民耕种，收取封建地租，只有极少数地主、富农直接雇工经营。因此，当时绝大多数土地的使用权和所有权是分离的。近代农业租佃形式有两种：分成制和定额租制。分成制是指佃农必须将他当年的收获物按一固定比例作为地租交纳给地主。定额租制，又称实物定额租制，即农业生产成本由佃农负担，定额由主佃双方预先议定每亩交粮若干。

（二）社会主义农业土地使用制度与政策的形成和演变

新中国成立后，实行了土地改革，使封建土地私有制变为农民私有制，农民耕种自己的土地。在这种制度下，土地的使用权和所有权是统一的。后来，经过农业合作化运动，农民私有土地逐渐变为农业生产合作社集体所有，土地使用政策也逐渐演变。合作社初期的农业生产互助组，不改变土地的所有权和使用权，对土地不实行统一经营，只是在互助组内部实行换工或共同使用役畜和家具。从1953年开始，初级合作社逐渐代替互助组。初级社的土地仍归农户私有，实行土地入股，统一经营，收益按劳分配和按股分红结合。土地所有权和使用权一度发生分离。

1955年夏季以后，全国掀起的高级社运动，实现了土地的社会主义集体所有制，土地使用制度也发生了相应的变化，即实行统一经营，按劳分配，取消了土地报酬。1958年以后，实行了人民公社。到此为止，农民在自己共同所有的土地上进行集体劳动，土地的使用权和土地所有权又一次统一起来。这种两权合一式的集体共同使用的土地使用政策一直延续到1978年。在这个阶段，农业土地所有权和使用权统一在劳动群众这个集体中，而只有少部分的土地作为自留地和宅基地分给农民个人经营使用，同时还禁止任何形式的出租和买卖。

十一届三中全会以后，中国农村经济体制逐步改革，同时也对农村土地使用制度进行了改革,实行了把土地所有权和使用权分开的土地承包责任制，即把集体所有的土地承包给社员以户为单位独立经营，自负盈亏。在这种制度下，除向集体上交提留和向国家交纳农业税以外，其余全部收入均归农户个人。这种土地使用制度，在消除平均主义、体现按劳分配原则、调度农民生产积极性方面，发挥了巨大作用。

（三）农业土地使用政策的改革和创新

土地家庭承包制是在不改变土地集体所有的基础上，将集体统一经营改变为农户家庭经营，将集体分配收益改变为农民自己支配收益。土地家庭承包制提高了农民生产的积极性,极大地促进了我国农业发展。1978～1984 年，中国农业产出的年均增长率达 8%,而此前 30 多年的年均增长率不到 5%。粮食、棉花和油料的年均增长率在 1952～1978 年分别为 2.4%、1.0%和 0.8%，而在 1978～1984 年分别达到 4.8%、7.7%和 13.8%。当然，这一时期的农业增长并不能完全归结为土地制度的变革，其它因素如农产品价格提高、市场开放及农业投入增加等等都对农业产出的增长做出了贡献。

但是，土地家庭承包制也存在缺陷，主要表现在以下几个方面。

1. 土地频繁调整，使用期限短，农民缺乏对土地的稳定感，缺少对土地的长期投入。均分土地的办法使得不少地方在面临由于新增人口和婚丧嫁娶等原因造成压力时，不得不采取“3 年小调整”、“5 年大调整”的办法重新分配承包地。据农业部 312 个固定观察点调查，自实行家庭联产承包责任制到 1993 年，农户承包耕地进行过调整的占 63.9%，其中调整 1 次的占 37%，调整过 2 次的占 32%，调整过 3 次的占 23%，调整过 4 次的占 5%，调整过5 次以上的占 3%。重新分配的结果不仅使土地更加细碎化而且使农民失去了对承包地的稳定预期，造成农户的短期行为，不愿进行长期投资，造成地力下降（表 8-1）。

2. 土地不能流转，土地资源的配置不合理，利用率低下。由于农业土地的所有权和使用权不能流转，造成土地不能向种田能手集中，导致有些农户由于进厂进城因无法转让土地而只有弃耕或抛荒，而有些擅长经营农业的大户和种田能手则因无法通过合法转让方式获得更大规模的经营土地而望田兴叹。这种状况会在农村工业化和城市化进程中表现得越来越明显，宝贵的土地资源难以得到高效的配置利用。

表 8-1 中国农村土地流转情况

年份	户数（万）	占农户总数（%）	面积（万 hm^2）	占承包地总面积（%）
1990	208.9	0.9	42.5	0.4
1992	473.3	2.3	76.9	0.9
1994	238.4	1.2	63.7	0.7

注：土地流转包括承包地的转包、转让。

资料来源：中国农村土地承包经营制度及合作经济组织运行考察，《农业经济问题》，1991 年第 4 期，1993 年第 11 期，1996 年第 2 期。

转引自傅晨，1997，农地制度变革的线索与基本经验，《经济体制改革》，第 2 期。

3. 狭小的家庭分散经营，难以取得土地的规模经济效益，阻碍了农业现代化生产的进一步发展。依照公平原则按人口劳力平均分配承包地，造成耕地分得过碎和家庭经营规模过小，阻碍了劳动生产率和土地产出率的进一步提高，不利于系统地发挥农业机械、农田水利设施等农业生产手段的作用（表 8-2）。

表 8-2 农户承包耕地的细碎化状况

项　目	1986 年	1988 年	1990 年	1992 年
平均承包耕地规模（hm^2）	0.466	0.446	0.420	0.466
平均承包耕地块数（块）	5.850	5.670	5.520	3.160
平均每块耕地规模（hm^2）	0.080	0.078	0.076	0.148

资料来源：同表 8-1。

土地使用问题的产生，粮食产量的下降，直接影响到国民经济的发展和整个经济体制改革的过程。因而在新形势下，土地使用制度和政策的创新成为历史的必然。为完善家庭承包制，克服其存在缺陷，各地农民和政府进行了积极探索。尝试在以下几个方面取得突破。第一，延长土地使用年限，以增强农民对土地的稳定感，加强对土地的长期投入；第二，由农民无偿使用土地变为有偿使用土地，有偿获得土地使用权，以促进土地的有偿转让；第三，由集体根据人口的变化调整土地，改变为由市场调整土地，以市场机制来代替集体配置土地资源，以土地的流转和转让促进土地的相对集中；第四，实现土地规模经营，提高土地产出率和劳动生产率。

从土地政策的效率目标出发，土地使用政策改革与创新的中心是实现土地的有效配置，提高土地的利用率。根据这一要求，土地使用政策的改革任务可以明确为两点，一是建立土地使用权按效益原则进行流动的流转机制，把土地配置到效率最高的经营者手中，发挥土地的最佳效用；二是鼓励土地经营者尽可能地采用先进的生产技术和管理方法，增加农业投入，实现土地经营的适度规模效益。因此，新的土地使用政策需要在以下几个方面进行改革和创新。

首先，明确农户土地承包中的土地使用、经营权，承认土地使用经营权的独立意义。我国农民既是土地的使用者，又是集体土地的主人，因而，对其承包的责任田和口粮田，在合同期内享有占有权、使用权、收益权和部分处分权。承包土地可以由子女继承经营，或有偿、无偿转给其它经营者。也可以实行土地入股、抵押等形式转让。对土地承包使用经营权独立性的承认是建立土地使用权流转集中机制的前提。

其次，建立多种形式的土地使用权流转市场。在土地集体所有的前提下，搞活土地使用权建立多种形式的流转机制，是土地使用制度政策创新的主要内容。除了稳定和完善家庭承包制以外，还应该实行多种形式的承包和转包，把竞争机制引进土地经营，完善土地使用制度，实现土地使用权的有偿转让。

各地在实践中结合当地的情况，创造了多种形式的使用权制度改革办法。有代表性的几种做法具体介绍如下。

1. 两田制。两田制始于1984年山东平度市。它是将家庭承包制中土地的社会保障功能和经济功能进行分离，将按人均分配土地，改变为按人口平分口粮田，按劳承包或招标承包责任田，口粮田承担口粮，提供社会保障，责任田相对集中，实行具有一定规模的专业化、企业化经营。但这种办法在实践中遇到了一些具体问题，影响了其正常效果的发挥。

2. “四荒”使用权拍卖。1983年始于山西吕梁地区。“四荒”（荒山、荒坡、荒沟、荒滩）使用权拍卖是在户包小流域治理基础上演进而来。由于治理四荒投资大、资金回笼慢，承包制没有使农民增加对四荒使用权、收益权的稳定感，四荒治理效果甚微，遂改为拍卖四荒的使用权。将土地的使用权长期（期限长达50～100年）拍卖给农民，实行谁购买，谁治理，谁受益。购得的使用权可继承、转让、入股，有公正的契约保障购荒者的义务和权益，并给予免提留、免征购、免税等优惠。四荒使用权拍卖因有完整而稳定的产权界定、预期收益有保障，激发了农民购荒、治荒的积极性，同时打破了封闭的社区限制，在更大范围进行资源重组，大大加快了四荒地的开发治理和规模经营。

3. 规模经营。规模经营是政府推动的制度创新形式。其实行的区域是大中城市的郊区和沿海发达地区。规模经营的具体形式有多种，如大户承包、专业队集体经营、股份合作经营、合作农场、农户自愿结合的联合经营等等。两种主要的类型是以北京顺义为代表的建立在集体农场基础上的土地规模经营和以江苏的苏南及广东的南海为代表的建立在种粮大户（家庭农场）基础之上的土地规模经营。

4. 股份合作制。农户不经营土地，将承包权入股，年终分红，集体成立农业股份有限公司，公司与集体形成土地承包租佃关系，土地实行企业化的规模经营。土地入股、股份合作是在土地所有权、承包权、使用权三权分离的基础上，将所有权、承包权价值化，通过认股明晰了产权关系，调动了农民的积极性。

5. 租赁制。土地承包者向土地所有者交租金；土地承包经营权进一步分离为“承包权”和“使用权”。稳定承包权，耕地 30 年不变，果园、林地等 50～70 年不变；搞活使用权，承包期间农户可将有偿获得的土地使用权进行转让、转租、抵押。交换或入股；建立集体土地使用权的二级市场，实现土地使用权的跨所有制跨社区流转。租赁制可以随经济发展和农村分工分业的变化，灵活地、适时地调整土地，在利益驱动原则下，使土地向生产能手集中，向高效益作物转移。这种方式在温州、漳州等地比较普遍，北京、上海、广东等经济发达地区均有存在。

6. 永包制。农户对集体土地有永久承包权，承包数量和承包地块一旦经过认定，就不再作统一变更，经营内容在规定的范围内由承包者自主决定，扩大作为经营者主体的农民土地使用权。土地使用权可转让，可转租，可抵押。

第四节　土地赋税政策

一、土地税及其形式

（一）土地税及土地税政策

土地税是国家以土地为征税对象，凭借政治权力，运用法律手段，按照预先确定的标准，强制而无偿地从土地使用者手中取得一定土地收益的一种税种。

土地税政策是国家制定的土地税法令法规及征收土地税原则、方针、办法的总称，它是一个国家对纳税单位和个人征收土地税的行为准则与工作规范，反映了国家和纳税人之间的一种分配关系。具体的土地税制通常主要由征税对象、纳税人、税率、税收减免、纳税期限、征税形式、违章处理等要素构成。

（二）土地税的意义和作用

土地税政策的特征，主要取决于一定的历史时期国家的制度和土地所有制性质及基本的土地政策，并明显服从于国家或社会所面临的政治和经济任务。土地税的意义及作用如下。

1. 合理配置土地资源。土地税的资源配置作用主要是根据效率原则，通过对不同用途的土地征收不同的税额，根据土地利用的不同情况，征收不同形式的土地税，参与地租分配，调节土地所有者之间、土地所有者和使用者之间以及使用者之间土地使用关系，使微观土地利用目标与宏观土地利用目标协调起来，实现土地作用的最佳配置。土地税体现了国家的土地利用政策。

2. 增加国家财政收入。土地税是国家调节经济的重要杠杆之一，可以体现一定时期国家的政治、经济政策，为实现国家一定的政治、经济目的服务。在工业革命前，农业的地位决定了土地税收是国家集中财政收入的主要税种。到商品经济日益发展的今天，尽管所得税已经代替土地税而成为国家财政收入的主要来源，但通过征收土地税增加国家财政收入的意义仍然很大。

3. 有利于国家掌握一部分粮食等农产品。许多国家历史上都存在粮食等农产品供不应求的现象，影响了国家的经济发展。而大部分国家都通过土地税的利用用以稳定粮食生产。并通过税收的强制性和无偿性征收一部分粮食实物，保证国家特定历史时期农产品供应。

另外，通过土地税的征收，尤其是征收土地财产税，对于巩固土地所有关系和完善土地制度有非常重要的作用。

（三）土地税形式

土地税形式取决于不同的社会制度和土地制度。在中国奴隶社会，实行土地井田制，由于奴隶没有自己的经济，土地税征收的对象则是自由民和奴隶主阶级的臣属，采取“贡与助”的土地税形式。中国封建社会，占统治地位的是封建地主所有制，同时存在农民土地所有制，土地纳税对象是土地所有者，即地主和自耕农，其土地税的主要税项是田赋、徭役和调①。封建制度下土地赋税采取的形式，主要是实物、劳役和货币三种形式。

① 田赋是直接按亩征收谷物，徭役称为“庸”，是封建政府强迫劳动人民提供无偿劳动，按人丁、户征收。“调”是按人或户征收丝帛、绢麻等织品。

资本主义社会，土地是私有财产，绝大部分田地归大土地所有者所有，另外，存在一部分自耕农土地所有制，土地归自耕农所有。土地私有，意味着其买卖或转让完全自由，因而土地税制比较完善，包括土地的财产税、增值税、特别税、单一税和空地税。

社会主义的土地税，有的采取与资本主义国家相似的土地税形式，有的则没有明确的土地税形式，如我国在一个相当长的时期内没有明确的土地税，而是包括在农业税中。

二、中国的土地税政策

土地税政策对于农业生产的发展起着不可低估的作用，但由于历史的原因，中国一直没有形成完善的土地税体系，税种设置简单，功能不全。农业中只征收农业税、农林特产税、耕地占用税和契税。中国虽未单独征收土地税，但由于农业税的征收是以土地的常年产量为标准的，因而带有土地税的性质。从中国农业长期稳定协调发展出发，必须建立完善的农业土地税体系。

（一）土地产权税

也称土地财产税，是国家凭借政权向土地产权持有者征收的一种土地税。中国尽管消除了土地私有制，但农村土地实行集体所有制，是独立于国家产权之外的，国家有必要、有理由向土地产权所有者——农民和集体征收土地财产税。土地产权税的征收，也是保护土地农民集体产权，维护农户经济利益的重要手段。

产权税的标准应是对土地进行分等定级基础上的估计价值。税率的确定可参考目前农业税率。对于粮食等主要农产品生产用地主要以实物形式征收土地税。

（二）土地产品税

土地产品税是依据土地产品种类及数量向产品所有者征收的一种税目。土地产品税的设置是为了有效调节农用地的不同利用方式之间的征收差别，进而有效地按社会效益、经济效益、生态效益合理配置土地资源。土地产品税的纳税人是利用土地生产农林牧产品的生产者，征税的标准则是产品的种类及单位面积的产品产量（或价值量）。而对不同的土地产品，根据其单位面积价值量或收入的特点制订不同的固定税率，以达到通过调节不同作物或其它土地产品生产者的收入来使土地利用方向和结构服务于宏观经济的需要，限制或激励某些土地产品的生产，控制其产量的消长。这是国家通过税收杠杆调节土地利用、农产品供应的重要手段。

（三）空地税

空地税是针对土地利用不充分,出现荒地或空地现象而设置的一种税目，其目的是为了充分利用土地资源，避免土地的荒芜浪费。空地税的纳税人是空旷、荒芜地的所有者或使用者，即土地未租出或未被利用，拥有土地产权的农户应缴纳空地税;租赁的土地未被利用,土地使用者也要缴纳空地税。征税的对象是可以利用而未被利用的土地，征税的标准是空地的面积大小，税率可视土地利用与其它产业的比较利益而定。空地税的设置对于开发后备土地资源，避免土地浪费有重要意义。

（四）耕地占用税

耕地占用税是国家对占用耕地建设房或者从事其它非农业建设单位和个人征收的一种税。耕地占用税的设置主要目的在于控制农业用地向非农用地转化。耕地占用税的纳税人是占用耕地用作非农项目的土地使用者或所有者。征税的对象则是耕地转化的非农用地，征税的标准是土地征用费用或原耕地的估价，或者是土地买卖的价格。税率可根据人地关系状况以及土地利用类型的性质等加以确定。

（五）土地特别税

课征土地特别税的理由是，国家为改善土地利用、促进农业生产修建了许多特定的设施，如道路、灌溉设施、堤坝、水电站等，这些公共设施，提高了周围土地的价值，从而带来的一定利益，这是应该按比例以税的形式上交国家的。在我国，农业发展缺乏后劲，农田基本建设长期徘徊不前，通过课征土地特别税，可以为诸如扩大灌溉设施，修筑农村道路等农田基本建设项目筹集资金，这对当前中国农业发展具有特殊意义。土地特别税的纳税人是公共设施的受益者，征税对象是受益的土地，其标准是受益的大小。

（六）土地增值税

土地增值税是为了调控土地的买卖市场,以土地增值为征收对象的课税。土地增值税的课征方式，一种是规定以某一基本年度起，如果土地价值超过上一年的价值，即按年征收土地增值税；另一种是，在土地每次出售前，如果它的卖价超过上一次的实价或原有的估价，才征收一次增值税。

根据中国农村土地利用的实际情况，土地增值税的课征宜采取第二种方法，即在土地转让时征收。这样有利于农户对土地进行大量的投资，改良土壤和改善土地利用条件，提高土地资本。在中国，土地利用受比较利益的影响，投入不高，增值幅度不大，在这种情况下，增设土地增值税要特别小心。

土地增值税的纳税人是土地产权的出让者，征收标准是土地增值额。税率的确定应该视土地资本的增减状况以及土地市场发育程度而定，一般采取累进制税率。

思 考 题

1. 土地政策如何影响农业生产经营？
2. 试述中国土地政策的目标及其实现途径。
3. 试述中国土地所有政策的变革及其对农业生产的贡献。
4. 试述中国土地使用政策存在的问题及其可能解决的途径。
5. 如何健全我国的土地赋税政策？

第九章　农村劳动力政策

第一节　农村劳动力政策目标

一、中国农村劳动力的基本概况

（一）中国农村劳动力的数量

1. 农村劳动力总量持续增长。20 世纪 90 年代是中国劳动年龄人口增长的高峰。中国农村劳动力伴随人口增长的惯性，继续保持增长势头。1997 年全国乡村人口 9.15 亿人，农村劳动力为 4.60 亿人，较 1990 年增加了 3 592.2 万人，年均增长 1.5%（表 9-1）。

表 9-1　农村不同产业人员占社会从业人员的比重变化（%）

项　　目	年份										
	1981	1982	1984	1986	1988	1990	1992	1994	1995	1996	1997
农业产业人员占社会从业人员比重	69.4	67.8	64.2	41.5	59.5	60.2	58.6	53.3	52.2	50.5	49.9
农村非农产业劳动力占社会从业人员比重	4.5	6.5	8.7	10.2	16.3	15.7	16.8	19.5	18.4	18.9	19.4

资料来源：中华人民共和国农业部，1998，《'98 中国农业发展报告》，第 102 页，中国农业出版社，北京，第 1 版。

2. 农村不同产业劳动力变化各异，第一产业劳动力下降，二、三产业劳动力增加，但增幅不同。农村第一产业劳动力由 1990 年的 3.33 亿人下降到 1997 年的 3.24 亿人，平均每年减少 129 万人；第二产业劳动力在 1997 年达到 6 404 万人，比 1990 年增加了 1 652.5 万人，年均增长 5.1%；第三产业劳动力每年则以 10.9%的速度增长，1997 年达到 7 297.3 万人，较 1990 年增加了 3 375.7 万人。新增农村劳动力主要由二、三产业消化了。

（二）农村劳动力的结构状况

1. 农村劳动力的行业结构。从农村劳动力的行业结构来看，农业仍然是中国农村劳动力的主要就业产业，但其比重在就业结构中呈现持续下降趋势。

1990～1997 年，农业劳动力就业比重下降了将近 9 个百分点，但是到 1997 年农业劳动力就业比重仍然高达 70.57%，显示务农仍然是大部分农村劳动力的主要就业去向。这种近乎凝固的依赖农业型劳动力就业结构，是中国农业现代化建设必须正视的问题。

农村第二产业吸纳农业劳动力的能力在下降。在 20 世纪 90 年代中前期，第二产业劳动力比重缓慢上升了 2.6 个百分点，1997 年达到 13.93%，解决了 6 300 万人的就业。但值得注意的是，农村工业吸纳劳动力的能力有下降的趋势，1997 年农村工业劳动力比重就比 1996 年下降了 0.1 个百分点。

农村第三产业是农村劳动力就业的主要发展方向。第三产业由于投资少，见效快，成为吸纳农村劳动力的重要载体。1990～1997 年，农村第三产业劳动力比重稳步上升，1997 年达到 15.5%，7 年上升了 6 个百分点，解决了近 7 300 万人的就业，是今后解决农村劳动力就业的主攻方向（表 9-2）。

表 9-2　1990～1997 年中国农村劳动力行业结构分布（%）

项　　目	年　份		
	1990 年	1996 年	1997 年
农林牧渔劳动力	79.35	71.23	70.57
工业劳动力	7.69	8.87	8.77
建筑业劳动力	3.62	5.09	5.16
交通运输、仓储及邮电通信业劳动力	1.51	2.27	2.30
批发零售贸易业、餐饮业劳动力	1.65	2.79	3.01
其它非农行业劳动力	6.18	9.75	10.19
第一产业	79.35	71.23	70.57
第二产业	11.31	13.96	13.93
第三产业	9.34	14.81	15.50

资料来源：据《中国农业年鉴》(1998) 第 295 页计算，中国农业出版社，1998，北京。

2. 农村劳动力的地区结构。从地区分布来看，东部地区的农村人口压力和劳动力压力均超过中西部地区。1997 年东部乡村劳动力占全国乡村劳动力的 40.5%，其次是中部地区，占全国的 34.1%，西部地区占 25.4%。由于经济发展的差异，导致各地农村就业结构的差异。1997 年，东部地区的非农劳动力就业率仍旧高于中西部地区（表 9-3）。主要是这个地区原有的经济水平决定了其就业结构。20 世纪 90 年代中期中西部地区的农村劳动力向东部地区流动的规模大，从而大大改变了中西部地区的就业结构。但由于东部地区乡镇企业自身也在调整自己的结构，发展速度有所减慢，加上一些地区对未来劳动力就业实施了限制政策，对中西部地区劳动力的吸收能力下降。中西部地区乡镇企业的发展短期内还无法改变农村就业结构状况。

表 9-3　1997 年不同地区农村人口及劳动力构成（%）

	乡村人口	乡村劳动力	农业劳动力	非农劳动力
东部地区	40.4	40.5	35.9	51.5
中部地区	35.2	34.1	35.6	30.5
西部地区	24.4	25.4	28.5	18.0

资料来源：中华人民共和国农业部，1998，《'98 中国农业发展报告》，第 103 页，中国农业出版社，北京，第 1 版。

劳动力素质的地区差异也比较明显。总体上看，西部地区农村劳动力素质较低，东部地区农村劳动力素质较高。据农业部农村经济研究中心的住户调查资料，1997 年，农村劳动力中文盲、半文盲比例，东、中、西部分别为 7.02%、8.52%和 12.04%，全国平均为 8.77%；有专业技术职称的人数比例东、中、西部分别为 1.98%、1.62%和 1.88%，全国平均为 1.82%。

二、农村劳动力政策的内容及目标

（一）农村劳动力政策的内容

中国农村劳动力政策的制定必须充分考虑我们是人口大国、农业大国的国情。对农业和农村问题，我们已经形成这样的看法，即没有农村的稳定就没有全国的稳定，没有农民的小康就没有全国的小康。而农民小康是建立在农民富裕的基础上，农民的富裕只有通过辛勤劳动才能获得。可见，如何解决农村劳动力的就业问题关系到中国社会经济发展战略目标能否顺利实现。因此，实现农村劳动力的充分就业，提高作为资源的农村劳动力的利用率是我国农村劳动力政策的基本内容。

在计划经济时期，我们通过人民公社制度，采取集体劳动的方式来组织农业生产，导致了低下的劳动生产率。改革开放以后，实行家庭联产承包责任制度，解放了农村生产力，农民生产积极性空前高涨，农业劳动生产率也大大提高。但与世界先进水平比较而言，中国目前的农业劳动生产率仍然低下，这不利于中国综合国力的提高。因此，把中国农业劳动生产率的水平提高到世界平均水平，进而达到世界先进水平，这也是中国农村劳动力政策的基本内容。

（二）农村劳动力政策的目标

农村劳动力政策的制定要紧紧围绕提高农村劳动力的就业水平，提高农业劳动生产率来考虑。通过调整宏观经济结构，大力发展不同所有制类型的经济，改变农村劳动力就业过多集中在农业的单一就业结构；鼓励农民进行跨区流动，平衡中国各地由于人口数量和资源分布不对称带来的农村劳动力在空间上的不均衡，在全国范围内实现资源的合理利用；建立和完善劳动力市场，把市场机制引入农村劳动力的开发利用中，用价格来反应劳动力资源的稀缺程度，改变传统的劳动力资源配置方式，实现劳动力资源的合理有效利用；对务农或转移出农业的农村劳动力都要进行培训，以提高其素质，适应经济发展变化对劳动力提出的素质要求，把农业劳动生产率的提高建立在依靠劳动者素质提高的轨道上来。

第二节 农村劳动力就业政策

一、农村劳动力就业形势及特点

据《中国统计年鉴》(1997年)，中国总共有劳动力6.96亿人，其中农村劳动力约占70.9%，总数达到4.9亿人。据抽样调查资料，中国迄今仍然有1.2亿农村劳动力没有得到真正利用。如何安置规模庞大的富余农村劳动力，已成为中国农村就业政策的中心课题。

（一）农村劳动力就业形势

由于农村经济体制的改革和国家对农村就业政策的松动，农村劳动力的就业在20世纪80年代有了很大提高，其主要标志是：1978～1988年共有1.3亿的农业剩余劳动力转向非农产业就业，但是农村的就业形势依然严峻。中国农村就业面临的压力主要有三方面因素。

1.农村劳动力就业仍然不充分。据劳动和社会保障部测算，1995～2000年，中国农村进入劳动年龄的人口将达到7 600万人，以现有的农村劳动参与率[①]（71%）计算，新成长的农村劳动力总量达到5 400万人，平均每年新增1 080万人，由于农业用地减少和农业劳动生产率提高，估计每年可能新产生农业剩余劳动力600万人。据全国农业普查资料，1996年农村从业人员5.6亿人，其中从事农业人员4.24亿人，从事非农业人员1.36亿人，农业劳动力比统计年鉴上的统计数字多出7 000万人，76%的农村从业人员仍然集中

① 劳动参与率是劳动力资源中在业人口和正在求职人口与劳动力资源人口之比。

在农业领域[1]。这表明，在已有的1.2亿农村剩余劳动力的基础上，未来几年内，中国每年还将新增1 600万需要工作机会的农村劳动力，中国农村面临充分就业的巨大压力。

2. 国民经济增长和投资带动的就业增长呈现下降趋降。1986～1990年，中国GNP每增长一个百分点，社会总就业增长151万人；1991～1995年，GNP每增长一个百分点，增加的就业人数降为85万人。平均而言，每百万元投资增加带动的总就业和非农就业增加从1982～1989年的平均451人和336人，分别降为1990～1994年的平均196人和114人，分别降低了56.5%和66.1%。

3. 农村非农产业吸纳农业劳动力的能力呈衰减态势。1979～1984年农村工业产值增加1%，就业增加0.6%，1985～1992年产值每增加1%，就业仅增加0.24%，到1993年，产值每增加1%，就业只增加0.12%[2]。1997年乡镇企业吸纳农村劳动力约400万人，而“八五”期间平均每年吸纳719万人[3]。这一方面是由于农村工业的资本有机构成逐步提高，技术进步限制了对劳动力的采用，加之乡镇企业的亏损进一步扩大，1997年全国乡镇企业亏损面达15%，比1996年增加33%，这使其吸纳农业劳动力就业的增长势头减缓；另一方面，有较强就业吸纳能力的农村建筑业、运输业和商业发展缓慢，其应有的吸纳劳动力的能力没有得到充分发挥。这说明农村非农产业吸纳就业的相对能力出现大幅度衰减，其根源是农村城市化进程滞后和第三产业发展不足。

4. 农村劳动力素质不高对就业的压力。农村劳动力越多，提高其素质就越困难，而劳动力质量越低，向非农产业转移就业的能力就越差。据农村住户调查资料，1997年中国农村劳动力中文盲、半文盲约占8.77%，小学文化程度占35.1%，初中文化程度占44.3%。

5. 大中城市吸纳农民工就业的能力下降。国有大中型企业转换经营机制实行减员增效的政策，使得城市下岗职工逐年增加。为了增加城镇下岗工人的就业机会，大多数城市政府都采取“歧视性政策”对待农民进城打工，通过经济的、行政的手段排斥农村劳动力在城市就业。目前，限制外来农村劳

---

① 赵树凯，1999，“缓解就业压力需要城乡统筹”，《中国经济时报》，3月31日，第5版。

② 袁永康、吴尚民，1994，“制约农村经济进一步改革与发展的主要问题与对策”，《经济学动态》，第7期。

③ 中国社会科学院农村发展研究所、国家统计局农村社会经济调查总队，1998，《1997～1998年：中国农村经济形势分析与预测》，第199页。

动力进入的行业和工种越来越多，参与限制的城市也越来越多，已经扩张到一些县级市。农村剩余劳动力流向城市就业的渠道已经受阻。

总之，农村劳动力供给量持续增长、劳动力素质过低及城市吸纳能力下降所产生的巨大就业压力，已经形成并继续加重，它将成为中国今后经济发展的关键问题。

（二）农村劳动力就业的特点

与城市就业相比，中国农村就业具有分散性、自给性、季节性和兼业性的特点。分散性是指农业劳动者的就业不是集中在厂房、车间或商店里，而是分散在露天的田间地头。自给性一方面是指农业劳动者的就业大多具有自我雇佣的特点；另一方面是指农业劳动具有自给性的特点。季节性是指农业劳动者由于农业生产的季节性而带来的就业劳动的季节性。兼业性是指许多农业劳动者往往不是从事单一职业，而是既从事农业，又从事非农产业。

二、农村劳动力就业与转移政策

所谓农村劳动力就业政策，就是国家根据自身的政治经济制度，从农村劳动力供求和经济社会发展目标出发，针对农村劳动力在市场上的失业状况所做出的具体方针、法规、制度。制定农村劳动力就业政策的重要性在于，一方面，农村就业对整个就业工作发挥着“蓄水池”的作用。工业化发展需要追加劳动力时，农村可以及时提供劳动力，当工业发展乏力时，农村可以接纳城镇富余人员；另一方面，中国庞大的农村剩余劳动力能否得到恰当的安置，对城镇就业乃至全国就业工作有直接影响。新中国成立后的两次就业危机都与农村就业状况有关，一次是“大跃进”时期，大量农村劳动力进城，对城镇就业造成压力，迫使国家精简 2 000 多万职工；一次是 20 世纪 70 年代末 80 年代初，文革期间上山下乡的 1 000 多万知青返城所形成的就业压力。

近年来，国家已经对农村就业问题加以重视，除了仍然实行以农村集体安排与家庭就业相结合为主的农村就业政策外，还对农村劳动力就业方向给予了高度重视。在国家的重大发展战略中已经明确提出“积极解决城乡劳动就业问题”的就业战略目标。

（一）农业劳动力的产业转移

这涉及农业内部由种植业向林、牧、渔业的转移和由农业部门向工业、运输业、建筑业、商业服务业等部门转移。在建国后的 30 年时间内，中国农村劳动力基本上是从事农业，在农业内部又基本上是从事种植业，种植业内部又主要是从事生产。在“以粮为纲”的口号下，农业劳动力向林业、牧业、渔业的转移受到一定程度的限制，至于农村二三产业更是农民就业的禁区。但这种限制政策在各个时期表现有所不同。建国初期，尽管对粮食生产抓得很紧，但没有影响农业其它行业的相应发展，随着农业生产的发展，农业劳动力在农村内部的转移比较迅速。1958 年的“大跃进”，出现了农业劳动力向非农生产部门的迅速转移，但由于转移过度，给农业生产带来不利影响。而后，又走向另一个极端，提出了“劳动力归田”的就业政策，严格禁止农民从事工业和商业服务，以致于又造成大量的过剩劳动力束缚在有限的耕地上，农村非农产业发展受到严重抑制。1978 年后，农村实行全面经济改革，农业劳动力在产业间的转移政策也发生了重大变化。在“就地转移”、“离土不离乡”的政策指导下，农业劳动力不仅由种植业转向养殖业，而且还大量转向农村非农产业。目前，整个农村劳动力结构中，从事非农产业的劳动力已经由 1981 年的 6.1%上升到 1997 年的 29.4%，在一些经济发达地区的农村，非农产业劳动力就业比重高达 70%以上。

（二）农业劳动力的区域转移政策

农业劳动力在农村社区间的转移是比较普遍的，但一般转移半径不大，原因主要是婚嫁和谋生。农村改革以来，农村地区间经济差异明显，不少贫困地区的劳动力向发达地区转移，成为农村中的相对廉价劳动力。我国农村劳动力的流向主要从中西部的贫困地区向东部的发达地区转移，从一个区域内的欠发达地区向发达地区转移。通过这种劳务输出，可以为贫困地区或欠发达地区争取到宝贵的发展资金，同时也为这些地区培养了高素质的劳动者。但是，应该对农业劳动力流动过程中出现的以青壮年男性为主的流动格局加以适当的政策引导。

（三）农业劳动力的城乡转移政策

农业劳动力向城镇转移，在政策上经历了由松到紧的变化。1949～1952 年城乡间的人口转移是实行“迁徙自由”的政策，尽管迁徙者要到公安机关办理户口登记手续，但迁移建立了统一审批制度。1953 年 4 月，中央人民政府和政务院颁布了“关于劝阻农民盲目流入城市的指示”，并决定通过户籍控制人口迁移。同年 9 月，又规定由农村迁往城市的人口，在迁出时须经乡政府批准，迁入城市须经城市公安机关审批。由此，迁移登记制度便变为迁移审批制度。尽管如此，当时对农村人口向城市迁移仍然没有实行严格控制。1957 年与 1949 年相比，中国城镇人口增加了 4 181 万人，平均每年递增

70%，其中由农村人口变为城镇人口的占60%以上。从20世纪50年代末到60年代初，中国开始实行严格控制城市人口发展的方针，从而农村劳动力向城市转移受到严格限制。迁移者一方面要受到政府审批；另一方面，城市方面还要根据招工、招干、服兵役、升入正规学校，随亲属等不同情况，分别由公安、劳动、人事、部队、教育等职能部门分别审批，这样，农村人口向城市迁移，又由过去的公安机关统一审批变为由各有关职能部门分别审批。

三、农村劳动力就业政策的目标

过去中国就业政策具有明显的二元特征，即对城市就业在相当长时期内是采取国家统一包揽的政策，具体表现在对城市劳动者从就业到劳动保险以及职业培训等都由国家统包下来。而对农村劳动力的就业，特别是农民的就业问题，则采取由集体安排的政策。由于是农村集体经济安排农民的就业，因而农民在就业中能否享受到劳动保险、职业培训待遇，要视所在的集体经济水平和其实行的具体政策来定。从这一意义上讲，国家对农村的就业是实行基本“不予过问”，由农村“就地消化”的政策。

农村经济改革以来，这种基本“不过问”、“就地消化”的农村就业政策发生了一些变化，其主要的变化是给农民就业以一定的选择权，即允许农民在农村就地向非农产业转移，鼓励“离土不离乡”、“进厂不进城”，1983年后，还允许务工、经商、办服务业的农民自理口粮到城镇落户。到20世纪90年代后期，国家改革户籍制度，进一步放宽农民进城的限制，在一些经济条件较好的地区，农民进城已经变得越来越容易了。这些政策在一定程度上改变了农村劳动力只能在田地里就业，不能流动、不能进城镇谋业的局面。国家在20世纪90年代制定的战略规划中，已经明确要解决农村就业问题，把农民的非农化发展提上了议事日程。我国农村就业政策的目标已经从原来的消极限制转变为积极引导，从城乡割离、偏重城市、确保城市就业逐渐向城乡协调、转变机制、提高农村劳动力利用水平与就业机会的轨道上来；通过加快农村工业化和城镇化进程，稳定转移农村劳动力。

四、农村劳动力就业政策措施

（一）建立跨地区的劳动力市场

劳动力市场建设要城乡统筹考虑，对农村劳动力市场的建设给予充分重视。要建立健全职业介绍所等劳动力市场的中介机构，及时发布劳动就业信息，鼓励农村劳务输出，开展就业竞争，取消各地自行规定的歧视外来农民工的政策。

（二）因势利导，引导农民从事农村开发性生产和扩大农村地区的基础设施建设

据普查资料，全国尚有宜农荒地 0.33 亿 hm^2，宜林荒山、荒坡 0.73 亿 hm^2，草山、草坡 0.4 亿 hm^2，以及大量的沿海滩涂。专家估计，开发这些资源，每年需要劳动力 400 万人左右。农村的各项基础设施建设，如修建农村道路、更新改造农村电网、兴修水利工程、开展生态环境保护工作、改造中低产田等每年也需要一定数额的劳动力。在搞好资金扶持、技术服务、物资保障的同时，制定倾斜政策，施以利益导向，完全可能吸纳大量农村劳动力向非耕地资源转移，向农村基础设施领域转移，从事开发性农业和基础设施建设。

（三）继续发展乡镇企业，促进农村劳动力向二、三产业转移

与基础设施建设不同，虽然乡镇企业增长过程消化的劳动力在速度上不会很快，但它是一种比较稳定的农村劳动力非农化方式。应该着力引导乡镇企业调整产品结构，发展劳动密集型和外向型产品，并对从事农产品加工、两头在外的企业，对提供能源、原材料和经济效益好的企业，在资金、技术、物资等方面给予支持；对与城市实行专业化协作，为大企业生产配套产品的乡镇企业，要给予更多的机会，在上述企业发展、扩大过程中，尽可能吸收农业劳动力。

（四）把握农村劳动力转移的顺序，进行农业深度开发，形成产业化经营，扩大农业内部农村劳动力的就业容量

农村劳动力转移出来后进入的领域首先应该是以农村产业资源占优势的产业门类为主。农村产业资源主要是指农村中农业初级产品，和依托农村人口而形成的第三产业，如商饮业和旅游业，以及没有大工业开发价值的部分地矿产品。农村劳动力转移后应进入初步精细加工的制成品生产阶段。在提高效益和技术条件可行的情况下，应大力发展农村产业资源的制成品工业。在此基础上，加大技术含量，生产出适应国际国内高收入市场的新农产品，如无公害绿色保鲜生物制品，高营养有机农副产品等，以及加大农村环境建设、人文资源开发力度，如开发特色旅游和旅游制品及地方特产。

（五）大力发展小城镇，实现农村劳动力的稳定转移

结合农村村镇规划，大力发展小城镇建设，鼓励农民把消费资金转化为生产资金。这不仅有利于在加速工业化和城市化的同时扩展非农就业，提高全国整体就业水平，而且也不会给现有城市造成生活和就业负担。

第三节 农村劳动力资源开发政策

一、中国农村劳动力资源

（一）农村劳动力资源的内涵

劳动力资源是人类自身的社会生产所提供的作为经济资源的劳动力，或者说，它是作为一种生产要素而存在。农村劳动力资源是指蕴藏在农村劳动力身上的、能对生产发挥作用的能力。农村劳动力资源是一种非常特殊的资源，它既是劳动资料的消费者，又是劳动资料的生产者。同时，农村劳动力资源还是社会经济发展中最重要的一类资源，其它资源的开发潜力有限，只有劳动力资源开发潜力巨大，只要开发得当，就是用之不竭的可再生资源。

农村劳动力资源表现在农村劳动力的数量和质量两个方面。农村劳动力资源数量有绝对量和相对量之分。农村劳动力资源的绝对量是一个国家或地区的农村具有劳动能力的总人口数，包括劳动适龄人口中有劳动能力的人数和劳动年龄以外实际从事农村社会劳动的人数。农村劳动力资源的相对量是指农村劳动力资源占农村总人口的比重。影响农村劳动力资源数量的因素很多，但由于劳动力与人口的天然联系，农村劳动力资源在数量主要受人口因素的影响。农村劳动力资源的质量是指一个国家或地区的农村劳动者具有的认识世界和改造世界的能力的总和。农村劳动力资源的质量是劳动者身体素质和智力水平的统一。人的身体素质一般可从体力和精力、生命力和寿命等几个方面来衡量。智力水平反映在劳动者认识客观事物的深度、正确性和敏锐程度上，也体现在运用知识解决实际问题的速度和质量上。智力水平既与先天生理因素有关，更与后天的教育训练有关。

（二）中国农村劳动力资源概况

1. 农村劳动力资源数量巨大，增长快。据《中国农业统计年鉴》（1997年）统计，中国乡村实有劳动力4.6亿人，占乡村人口的50.22%，占全社会劳动力的65.17%。不仅如此，农村劳动力资源增长速度也一直保持在较高水平，1979～1997年，农村劳动力增加了1.5亿人，年均增长2.2%。如此丰富的劳动力资源，是中国进行现代化建设取之不尽用之不竭的最宝贵的资源，如何开发利用如此丰富的农村劳动力资源，具有十分重要的意义。

2. 农村劳动力年龄构成低，劳动参与率高。中国农村劳动力年龄构成低与总人口年龄构成低及劳动年龄人口构成低是一致的。1983 年 0～14 岁的人口占总人口的 35.3%，1987 年为 28.8%，1994 年为 27%，属于年轻型人口或增长型人口。1994 年我国劳动年龄人口（男 16～59 岁，女 16～54 岁）在总人口中占 59.7%，其中 16～29 岁的人口为 26.5%，而农村劳动力中 16～29 岁的人口比重为 35%左右。也就是说，农村劳动人口的年龄构成比全国人口的年龄构成低。不仅如此，农村劳动力的劳动参与率比较高。根据 1990 年的人口普查资料，1990 年中国总人口的劳动参与率为 57.3%，而县以下的劳动参与率估计为 60%多，远高于世界上的许多国家，如日本（48.1%）、匈牙利（46.3%）和美国（42.9%）等[①]。

3. 农村劳动力严重过剩。中国农村劳动力过剩已经是不争的事实，只是在改革前，生产队这样的微观组织掩盖了这种过剩。随着家庭联产承包责任制和农村劳动生产率的提高，农村剩余劳动力逐渐显露出来。目前估计农村剩余劳动力在 1.2 亿人左右。

农村劳动力资源的培育，对中国农村经济的发展具有重要的作用，它是农村加速脱贫和经济起飞的根本性条件。因此，如何从农村实际出发，加快农村劳动力的培育，进而推动农村经济的振兴，是我国农村劳动力资源开发的政策必须充分加以重视的问题。

二、农村劳动力资源的开发利用

（一）农村劳动力开发遵循的原则

1. 超前性原则。与其它资源开发不同，劳动力资源开发需要一个漫长的过程。这样，在经济发展和劳动力资源开发之间存在一个时滞，这种时滞要求农村劳动力资源开发相对于经济发展应该具有一定的超前性。但是这种超前性要注意把握经济发展前景和产业结构的变化，以加强劳动力资源开发的针对性。否则，农村劳动力资源开发极易出现方向性错误。

2. 重复、不间断原则。劳动力是一种特殊资源，这种特殊性决定了农村劳动力资源开发不是一次性的，而是重复的、不间断的多次开发。

---

① 潘金云主编，1991，《中国第一资源——人力资源开发利用理论与实践》，机械工业出版社，第 165 页。

3．阶段性原则。劳动力资源开发既是一个长期的过程，同时也是一个渐进的过程，因而应该根据经济发展和产业结构变动的客观要求，选择好不同阶段劳动力资源开发的重点，确定不同时期农村劳动力资源开发的重点。

4．层次性原则。随着高新技术在农业生产上越来越广泛的应用，加上农业生产的复杂性，不仅需要高层次的人才，而且也需要不同水平的劳动者，因此，农村劳动力资源的开发不要求千篇一律，应该根据实际情况，确定不同层次的劳动力开发数量，形成多层次的人才网络，使高、中、低人才结构合理。

5．效益性原则。农村劳动力资源开发需要花费一定的成本，因此要注意讲求经济效益。加快农村劳动力资源的关键问题是注重开发的科学性，减少盲目性，把握农村劳动力资源开发的特殊规律，以避免不必要的损失和浪费。

（二）农村劳动力资源开发利用的途径

目前，中国农村劳动力资源开发利用程度相当低，已经形成一种“低开发—高就业—低效益”的非良性循环，使得农村丰富的劳动力资源的潜在优势变成了现实的劣势。因此，必须立足于中国国情和农村劳动力资源的特点，从优化农村劳动力资源配置角度出发，加强农村劳动力的培育和开发利用。

1．继续实行优生优育的人口政策，减轻农村劳动者的就业压力。优生优育作为一项国策，必须常抓不懈，特别是应加强农村基层计划生育组织建设，使其真正成为国家计划生育政策的具体实施者和监督者。

2．积极发展农村教育，大力提高农村劳动力素质，以增加新型劳动力供给的后劲，发挥后备劳动力供给优势。农村劳动力素质的提高依赖于农村教育的发展。目前，全国70％的人口在农村，但却只有10％的学校在农村，这种不合理状况需要改变。应该通过多种途径来推进农村教育的发展。除了正规教育外，还要在农村因地制宜发展农业技术教育，把中央农业广播学校办好，为农村培育更多的受过训练的劳动者。另外，还要改革现行的教育体制和毕业生分配制度，支持农业技术人才下乡。

3．提高农村劳动力的心理素质，促使传统农民向现代农民转变。实现传统农民向现代农民的转变，一方面需要教育的普及；另一方面还需要下大力气发展农村市场经济。要通过发展非农产业来让农民逐步适应市场经济带来的观念冲击，改变其传统的自给自足、小富即安、因循守旧的观念。努力使农民成为掌握现代农业科学技术、具有敏锐市场眼光、经得起市场风浪的现代农业劳动者。

4. 利用现有的组织资源引导农村劳动力资源的开发和利用，避免盲目性。改革开放以来，农村劳动力的开发利用要比传统计划经济时期更为合理，但是还没有得到充分利用，一个重要的原因是缺乏引导。因此，可以考虑在不增加农村行政机构的前提下，利用现有的组织资源，传播信息，推广科技，引导农民自我开发而避免盲目性。

总之，中国农村劳动力资源的开发利用，关键在于提高农民素质，为此必须进行智力投资，普及教育，发展农村市场经济，这是根本途径。

思考题

1. 中国农村劳动力政策的目标及其实现程度如何？
2. 解决我国农村剩余劳动力在就业政策上要作哪些调整？
3. 农村劳动力资源开发政策的制定要注意哪些方面？
4. 农村劳动力政策的制定如何考虑农民富裕问题？

第十章　农业科学技术政策

第一节　农业科学技术政策概述

一、农业科学技术及其特点

（一）农业科学技术的内涵

农业科学技术是揭示农业生产领域发展规律的知识体系及其在生产中应用成果的总称。它产生于农业生产，又推动农业生产的发展，农业生产每一阶段的进步都以科学技术发展作为前提。传统农业向现代农业的转化，就体现为以高科技为主导的高能量、高物质投入代替经验型的简单体力劳动，以此促进农业生产水平的提高。

（二）农业科学技术的特点

农业生产的基本特点是自然再生产与经济再生产的紧密结合。这就决定了农业科学技术的研究和应用具有与其它领域科学技术所不同的特点。

1. 农业科学技术的区域性强。农业生产因地域不同而具有不同的自然、经济条件，生长着与周围环境相适应的不同类别、不同品种的农作物。农业科学技术的研究与应用，一定要从实际出发，进行项目选择，开发和推广有效的适用技术，防止盲目追求不适合当地生产的高新技术。

2. 农业科学技术的周期长。农业生产过程是生物再生产的过程，受生物生长发育规律的限制，具有周期长和季节性强的特点，直接影响到农业科学技术的研究和开发，使得农业科学技术从研究、试验到推广应用，需要经历较长的过程。为此，应该努力做好农业科研长期规划，准确地选择重大科研项目。

3. 农业科学技术的综合性强。农业生产既要受到生物本身生长规律、自然环境条件的影响，又要受到社会经济因素的制约。因此，农业科学技术的发展与其他相关学科的发展是分不开的，具有很强的综合性。一项新的农业科技成果的推广应用，也往往要求相关学科的发展与之相适应，如优良品种要和相应的管理方法相配套，才能取得较好的增产效果。

4. 农业科技成果应用的分散性。农业生产依赖于土地，其规模受到土地经营规模的制约。在我国实行家庭联产承包经营的条件下，土地经营存在规模小、经营分散的特点，这在一定程度上削弱了科学技术成果转化为生产力的能力，也给农业科技推广工作带来了困难。农业经营与劳动的分散性，决定了对分散的农业劳动者进行技术培训、技术指导和咨询服务工作的重要性，要求农业科学技术推广与技术培训必须紧密结合。

5. 农业技术的保密性差。农业技术成果往往在中间试验以后便会泄密，使其难以在大范围内销售。如有的优良品种一经推广之后，农民就可以自繁自用，邻里亲朋之间相互交换，便迅速地扩散开来。农业技术的这种特点，意味着对农业技术的投入不能完全由市场来决定，政府要承担在技术市场上无利或微利的农业技术投资。

二、农业科学技术的作用

世界各国农业的发展，充分证明农业科学技术对农业所起的促进作用。农业科学技术的作用主要表现为以下四个方面。

（一）促进自然资源的开发利用向深度和广度发展

农业科学技术的进步，使有限的资源生产出不断增加的产品，显著地提高资源的产出率。如作物间种、套种技术的应用，提高了农作物的复种指数；旱、涝、盐、碱地的改造技术使中、低产田变成高产田；海水、淡水养殖技术的进步，使沿海滩涂变成水产养殖场等等。

（二）提高动植物的生产能力

农业科学技术的进步，显著地提高了农业生产的劳动对象——动植物自身的生产性能。如遗传学理论的应用，培育出一系列高产优质的动植物良种；全价饲料的使用，缩短了动物的饲养周期，提高了饲料的转化率。运用科学技术还可以改善动植物生长的环境条件，从而提高动植物的生产率。如化肥的施用，使植物赖以生存的土壤肥力得到补充；栽培技术和饲养技术的使用，也使动植物能够在更有利的条件下实现更高的产出。

（三）提高农业劳动生产率

农业动力机械和工程技术的应用，改变了农业生产手段，减轻了农业劳动者的劳动强度，同时也使劳动者摆脱生理条件的限制，扩大操作范围和管理幅度，从而提高劳动生产率。

（四）发挥多学科的综合优势，促进农业综合发展

农业科学技术的综合性，使多种学科原理和技术在农业生产中相互交叉，相互渗透，综合利用，从而提高农业生产的总体效益，并不断地促进农业向深度和广度发展。

三、农业科学技术政策的内涵及目标

（一）农业科学技术政策的内容

科学技术是第一生产力的观念已经为人们所普遍接受。农业科学技术的发展与应用不仅使农业生产力产生巨大飞跃，而且引起了农村社会结构、城乡关系以及人的思想观念等多方面的变化。因此，正确制定农业科技政策十分重要。

农业科学技术政策是一个国家或政党在一定历史阶段为保证农业科技的发展和应用，使科技更好地服务于农业经济和社会发展而规定的指导方针和行动准则。其主要内容包括以下几方面：

1. 农业科技体制政策。这是指导农业科技发展的战略决策，即总目标、总任务、总方针。包括科技的投资、结构和发展重点，智力开发、农业生产布局等方面政策。

2. 农业科学研究政策。这是指科技活动中涉及到的所有有关农业科技组织管理的政策。诸如经费、人员、设备、成果、信息等管理方面的各种政策。

3. 农业技术政策。这是指与农业有直接关系的各种农业应用技术政策。包括技术引进政策、技术转让政策、能源政策、环境保护政策。

（二）农业科学技术政策的目标及任务

纵观世界农业科技的发展和我国社会经济对农业提出的要求，农业科技必须进行新的技术革命。为此，农业科技政策设计的总体目标应是：实施科教兴农战略，使农业科技率先跃居世界先进水平，依靠农业科技革命，促进农业产业革命。具体目标是：到2010年，力争在超级动植物品种选育、资源高效利用技术、农业工程装备及生物技术等农业科技领域取得明显突破，初步形成一批农业高新技术产业，农业科技总体水平迈入世界中等农业发达国家行列，农业科技进步贡献率达到60%左右。到2030年，力争关键农业技术领域达到世界领先水平，农业科技总体水平在世界中等农业发达国家中居领先地位，为中国人口高峰期的食物安全提供可靠的技术保障。农业科技总体水平达到或接近世界先进水平，科技在农业增长中的贡献率达到70%～

80%。

实现上述农业科技政策目标，需要分阶段进行，通过一系列的任务分解来实现。中国农业科技政策的任务具体如下：

1. 科技推广工作要取得重大突破。农业技术水平显著提高，造就一批大型农业企业与企业集团，满足或基本满足农业和农村经济持续发展对科学技术的需求。充分利用现有技术成果，并引进国外先进技术，组装配套，大面积推广使用，使成果利用率在现有基础上提高10～15个百分点，使科技在农业增长中的贡献份额提高到50%。

2. 农业科技研究与开发取得重大突破。切实攻克一批技术难题，关键性、战略性、综合性的重点技术取得重大突破，为未来农业持续发展提供150～200项先进适用技术，满足未来养活16亿人口对技术的需求。

3. 乡镇企业科技大幅度提高。以推动乡镇企业科技进步为重点，通过单项技术的推广，发展区域性支柱产业，创建科技产业等多项措施开辟新产业、新领域，引导农村产业结构调整，使农村一、二、三产业协调发展，促进农业工业化和农村城镇化发展。

4. 造就一支高效、精干、国际一流的农业科技队伍。调整农业研究机构的布局和专业机构，建立以农业生态类型区为基础的新型农业科研组织体系和适应农村市场经济发展的技术和专业队伍，奠定科技自身发展的基础。

5. 提高农民科技素质，使农民成为科技进步的主体。提高农民素质是推进农业技术进步的重要保证。农民素质的提高必须依靠教育。要深化教育体制改革，逐步建立起以高等教育为龙头，职业技术教育为主体，各级各类教育层次分明、结构合理、相互衔接、协调发展的农业教育体系。

第二节 农业科学技术体制政策

一、农业科技体制的现状

自1985年《中共中央关于科学技术体制改革的决定》颁布以来，中国的科技体制改革取得了明显成效：农业科技与经济结合进一步加强，加速了科技成果的转化与推广，科技进步在农业（种植业）中的贡献率逐步提高，1996年达到39%；技术成果商品化，技术市场在全国各地逐步兴起；民营科技企业得到了快速发展；改变了拨款方式，使各类科研机构特别是技术开发型机构的经营管理发生了深刻的变革，有力地推动了科研走向市场，增强了科研机构的自立能力；农业科研机构面向经济建设、面向市场，不同程度地调整了研究方向、任务和学科设置，自主权扩大，科技活动的微观运行与宏观调控逐步趋向合理。但从十多年的改革进程看，长期以来在传统计划经济体制下形成的一些深层次问题还没有从根本上解决,科技体制改革仍然有待深入。

（一）农业科技体系结构不合理

机构设置不合理，主要表现在四个方面：一是专业结构不合理，全国农业科研机构90%以上集中在农业生产的产中阶段，产前、产后阶段科技人员的比例实在太少；二是组织结构不合理，按行政区设置，没有按农业生态区设置，机构重叠、课题重复的问题很难避免；三是队伍结构不合理，种植业领域科技人员占总数的55%，畜牧业和水产业均为8%，2.2亿hm^2的草原仅有7个研究机构、近700名研究人员；四是中央、省、地、县各级农业科技机构职能分工不明确，加剧了解决机构重叠、课题重复、重研究轻推广等问题的难度。

（二）农业研究与推广组织面临生存与发展危机

中国农业科技体制改革是在全国普遍存在科技投入不足的情况下进行的，造成了农业研究与推广组织普遍存在经费短缺，投入不足的问题，特别是在社会性支出逐年增大的情形下，农业研究与推广组织面临生存危机，更难求发展。经费紧张，研究条件得不到改善，更新仪器设备、增订图书情报资料等都受到很大限制，致使农业研究与推广向纵深发展面临挑战。

（三）科技储备不足，科技在农业生产中的作用受到影响

受市场化改革的影响，许多农业科研单位忽视了科研立所、立院的基本方向，只注重抓经济效益，而忽视了农业研究与推广的社会效益。长期下去，将会造成农业科研后劲不足，科研储备下降，影响科技在农业生产中的作用，其结果是技术创新滞后。

（四）农业推广弱化，农业科技成果转化率低

中国农业科技成果转化率只有30%左右，远远落后于发达国家60%～70%的水平。提高这一转化率的有效途径之一就是强化科技推广工作。但中国农业推广组织面临“线断、网破”的问题，其推广职能很难正常发挥。

二、农业科技体制政策的目标及原则

农业科技体制政策是指党和国家关于农业科技活动机构的设置、管理方式以及运行机制的行动准则。它主要包括三方面内容，一是机构设置；二是管理方式；三是运行机制。我国农业科技体制政策的目标是按照发展社会主义市场经济的要求和科技自身发展规律，加快农业科技体制改革，建立层次分明、结构合理、精干高效的农业科研体系；网络畅通、机制灵活、形式多样的农业技术推广体系；统筹协调的科技管理体系；形成科研、开发、推广协调发展、紧密结合的农业科技运行机制。

农业科技体制政策的制定必须遵循科技规律。首先必须正视科学发展的动力问题。科学发展的动力源于科学家的心理动力、科学内部的矛盾运动。社会对科学的需求与支持及科学系统外部动力是源于科学系统的内部力量与社会系统的政府意志的协同统一。若过分强调政府干预，而忽视科学内部的客观规律和自然法则，势必影响科学的发展。其次要遵循科研结构的层次原则。农业科研中基础研究是应用研究和开发研究的基础和前提，应用研究和开发研究给基础研究提出新的课题和目标，三者之间存在着一定层次的配备结构，科技体制政策的制定必须遵循这一规律。

农业科技体制政策的制定必须体现农业的特点。农业弱质低效的产业特点，决定了农业科研的公益性强。政府要像保护农业那样支持农业科研，重大基础性研究、高新技术研究由国家重点支持，区域性的农业技术问题，由地方科研院所进行研究，但涉及公益性的研究政府仍应该在财力、人力上给予支持。

三、完善农业科技体制的政策措施

改革和完善农业科技体制，重点是建设层次分明、结构合理、高效精干的农业科学技术体系和开放、流动、竞争有序的运行机制。只有建立一流的科技体系和人才队伍，才能实现农业科技政策的目标。

（一）建立高效率的基础性工作和公益性研究体系

农业是社会效益高而自身效益低的产业，也是市场风险多的弱质产业。相当一部分农业科研工作也相应具有周期长、风险大、区域性强和以社会效益为主的特点。这部分工作对促进农业和农村经济的进一步发展十分重要。作为长期以来由国家支持并直接为农业服务的农业科研单位，对开展好这方面的工作具有义不容辞的责任。要根据农业和农村经济发展的需要，组织一支高效率的科技队伍，从事资源调查、环境保护、农业综合信息研究等方面的基础性工作和公益性研究，在农业信息技术、新材料、新能源技术和资源、环境保护与利用方面取得新的突破，促进和保障农业和农村经济持续发展。

（二）建立高水平的实验室研究体系

进行新的农业科技革命，科研必须有新的突破。要以国家和农业部重点实验室为骨干，并结合各院所人才、学科优势建设院所级重点实验室，形成高水平的实验室研究体系。在此基础上，优化和集中一支精干的科技队伍，承担对农业和农村经济发展起到重大促进作用的全局性、普遍性、方向性的技术含量高、难度大的关键带头技术，围绕农业和农村中的热点、难点、重点问题进行科技攻关，在农业生物技术、海洋生物技术、基因工程、设施农业等方面取得新的突破，特别是在主要粮食作物新品种培育和配套栽培综合性关键技术方面取得新的突破，尽快推出一批高产、优质、抗逆的新品种和与之配套的先进栽培技术，饲养技术，重大病虫害防控技术，农产品加工、储藏、保鲜技术，使中国农业科技某些领域率先跃居世界先进水平，为农业和农村经济的发展提供强有力的技术支撑。同时，大力加强储备性研究，为未来的发展提供动力、储备后劲，保持农业和农村经济的持续发展。

（三）建立促进成果转化的科技示范推广体系

加速科技成果向现实生产力转化，充分发挥科技第一生产力的作用。农业科研院所要在充分利用已有的实验场站和基地的基础上，建立科技示范推广体系。尽快把现有的增产增收效果显著的科技成果和适用技术组装配套成易学、易用、易为群众所掌握的技术，积极示范推广。让广大农民群众逐步掌握使用这些科技成果和适用技术，加速科技成果向现实生产力转化，促进农业和农村经济以及院所自身的发展。同时，针对示范推广中发现的新问题进一步加强研究，增强针对性、实用性和可操作性，提高技术成熟度，使其更易为广大农民群众所掌握使用，充分发挥科技第一生产力作用。

（四）建立有活力的科技产业体系

科技产业的建设，是加强科技与经济结合的有效途径。农业科研院所要在农业产业化经营方面做出新的贡献。要充分发挥成果、技术、人才优势，建立科技产业体系，加速高新技术产业化进程，创出拳头产品，把科技优势转化为经济优势和市场优势。要加强与企业和农户间的联系和合作，通过政策引导、市场牵引和利益驱动，组织吸引广大科技人员和其它职工，直接进入经济建设主战场，培育农业科技与经济结合的新的生长点，促进农业产业化的发展。同时，通过科技产业的建立，创造直接的经济效益，增强院所的活力，壮大院所科技发展实力，稳定和吸引优秀科技人才，从事科技攻关，争取新的突破。

（五）建立全社会、多元化的农业科技投入体系

针对中国农村科技投入严重偏低的状况，要切实增加农业科技投入，逐步建立健全多种形式、多渠道的农业科研投入体系。增加农业投入的途径可以考虑从以下几个方面来进行。

1. 增加各级政府对农业科技的投入。要运用再分配的手段将国民收入中获得的资金向农业科技适度倾斜，并使农业科技投入占农业总产值的比例达到 0.5%～0.7%以上。

2. 重大农业开发、基本建设工程划出一定比例经费用于相应的科技开发工作。农业综合开发、防护林建设、“菜篮子”工程、水利工程、商品粮棉基地建设等重大农业建设项目经费，提取 5%～8%用于解决重大项目建设中的科技难题和相应的技术进步与开发工作。

3. 从农林特产税、牲畜屠宰税、种子销售收入中提取 1%左右，用于相应的技术改进工作。农业企业、农产品进出口企业等涉及农业的企业，从营业收入中提取 2%～3%用于企业技术开发工作，或返还支持原科技生产基地的技术进步。鼓励企业向农业科技投入，企业向农业科技捐款，可按适当比例冲抵税收，减免税收。农业科技机构创办的企业，在税收方面可享受校办产业的优惠政策。

4. 强化非政府性投资主体的积累能力和动力。通过提高盈利的农业多种经营项目征收一定比例的资金等途径，建立农业科技发展基金。

（六）改革农业科教管理体制

实行“三农结合”（农业科研、农业教育和农业推广）和“三教结合”（普通教育、职业教育和成人教育），改变历史上遗留下来的三农分割的局面。为此，需要建立统筹协调的领导机构，制定统一发展规划，合理布局科研重点，协调科技力量，形成科技合力。在改革中有两项举措是十分重要的，一是为了增强科技部门的活力，除了兴办经济实体，实行科工贸结合外，鼓励科研部门与生产企业实行多种形式的直接结合，形成科研与企业的联合体，或在企业里建立科研机构，这既有利于把科研成果直接转化为生产力，提高产品的科技含量和市场竞争力，又有利于解决科研部门经费不足的问题，充分调动和发挥科研人员的积极性；二是鼓励和发展民营科研机构，在国家统一规划和布局下，发挥民间的力量，发展科技事业，为此需要在这方面制定相应的政策法规。

第三节 农业技术政策

一、农业技术对中国农业生产的推动作用

（一）中国农业技术的贡献

中国已经拥有一个学科体系比较齐全的农业科学技术体系，每年产生6 000多项科研成果，科技在农业增长中的贡献率由“一五”时期的20%，已提高到“八五”时期的34%。1996年科技在种植业中的贡献率已达39%，林业为28%，畜牧业达47%，水产业达48%。中国粮食单产比建国初期增加了303%，其中科学技术起了巨大推动作用。杂交水稻累计增产2 800亿kg，相当于5个产粮大省的总产量。全国复种指数提高了27个百分点，增加了0.27亿hm^2播种面积，相当于9个福建省的面积。

（二）中国农业技术发展的差距

从中国农业科技现状来看，尽管有很大的进步，但与发达国家相比，还有很大差距。

1. 农业科技成果转化率低。中国每年大约取得6 000多项农业科技成果，但转化率只有30%～40%，也就是说，大约有2/3的成果没有推广转化，而农业发达国家成果转化率已经达到60%～70%。

2. 农业科技转化成果的普及率低。目前中国农业科技成果转化后的普及率也只有30%～40%，这就意味着已经转化的成果中，又有2/3没有应用于生产实践。

3. 资源利用率低。中国是一个人口多、耕地少、人均资源相对不足的国家，人均耕地资源只相当于世界平均水平的1/6。可是，由于中国农业科技相对滞后，资源浪费十分严重。每年农业用水缺300～400亿m^3，而灌溉用水有效利用率仅有30%～40%。每年需要进口化肥，而化肥有效利用率不到30%。

4. 农业科技贡献率低。中国农业科技在农业增长中的贡献份额，“八五”期间仅为34%，1996年为39%，而农业发达国家达到60%～80%。

二、制定中国农业技术政策考虑的因素及原则

农业技术政策是根据农业现代化的要求，国家干预农业技术开发、技术装备、技术改造、技术使用、技术选择、技术引进、技术推广等活动而采取

的政策措施。

（一）制定农业技术政策考虑的因素

1. 农村资源状况。在不同国家和地区，农村资源状况不同，农业技术进步的方向和重点应该有所选择，这涉及到四个方面的问题。①人地比例。人地比例对农村产业的发展，特别是对农业技术的选择有十分重要的影响。中国是人多地少的国家，农业技术的选择必须有利于土地生产率的不断提高和农村劳动力合理利用，重视发展替代土地资源和吸纳劳动力的生产技术；②劳动力的数量和质量。中国农村劳动力数量多，素质差。从这一实际出发，应该重点发展劳动密集型的适用技术；③农村经济内部的资金积累水平。目前中国农村资金积累停留在较低水平，国家给农村的投资在短期难以明显增加，资金要素的稀缺将是一个长期存在的问题，资本密集型技术的推广应用将受到限制。

2. 农业发展的目标。不同的农业发展目标，引导着不同的农业发展类型，不同的农业发展类型又要求有不同的农业技术路线选择。当农业发展的目标被设定为增加农业产量时，提高土地生产率的生物化学技术的创新就会被作为首要选择；当农业发展的目标是增加农业生产者收入时，有利于扩大耕作规模的机械技术就会受到充分重视；当农业发展的目标是为了早日实现农业现代化，就会偏重机械技术的选择，因为农业机械化是农业现代化的最主要的指标。

3. 农业发展的区域性差异。在一个国家的不同地区，存在农业资源的禀赋差异。如中国东北的三江平原、新疆兵团农场等地区，人地比例较为宽松，而在南方的一些省市，人地比例就高度紧张。而且不同地区之间经济发展程度是不平衡的，在中国就存在明显的东西部差异。这种资源禀赋和发展程度的区域性差异，也应该成为一个国家在进行总体农业技术政策制定时必须考虑的因素。

（二）制定中国农业技术政策的原则

1. 高新技术与常规技术相结合。满足农业和农村经济发展对技术进步提出的要求，客观上要求发展高新技术。高新技术的研究、开发和应用在农业技术政策中必然要占有重要地位，特别是生物技术、信息技术应该起先锋和主导作用。但同时我们也应该注意到，任何新技术、高技术的应用都同过去的或现有的常规技术有着密切的联系。常规技术是在我国特定的自然、经济条件下产生的，并不断发展，有较强的生命力和较大的适应性，因此，高新技术的研究和应用要注意对常规技术进行改造和利用，吸取其精华，使常规技术与高新技术结合使用。农业技术政策的制定过程中，对高新技术的选择要立足于现有基础，循序渐进，在技术基础、技术力量雄厚的领先领域先行突破。

2. 自主研究与技术引进相结合。在国家统一规划、统一协调和统一组织下，有选择地引进世界农业科技革命的新技术、新成果，加强引进成果的消化、完善、吸收特别是创新，缩小与世界农业科技先进水平的差距。农业科学技术引进的重点应该放在能明显节约土地等限制性资源的耗费和有利于农业资源环境的保护等技术项目上。在引进技术的同时，重视人才引进。

3. 单项技术的突破与综合集成相结合。过去的农业技术革新多数是靠单项技术的突破来带动某个方面的技术及相关产业的进步。但由于农业的不断发展和技术进步，很多农业发展中已经遇到和将要遇到的问题，都是涉及到较多因素和方面的，既有科技也有社会、市场等因素，只寄希望于单项技术的突破而取得全面发展的综合效果，就显得力不从心了。因此，农业技术政策尤其要重视综合集成工作。现有技术的综合，特别是关键性新技术、高技术的综合是非常重要的，组合有利于创新，在不断的应用中有利于技术的进步和突破。强调集成决不能削弱单项突破工作，而在于根据集成的需要，以高技术为手段加以解决。

4. 生物技术与机械技术相结合。生物技术现代化和机械技术现代化是农业现代化的重要组成部分，两者有机结合起来，才能加快传统农业向现代农业的转化。因为现代生物技术，往往必须借助于机械操作，才能发挥应有的作用；同时，工程技术中的化肥、农药、除草剂等与农作物产量高低直接有关。

三、中国农业技术政策的目标

中国农业技术政策的目标，应该服从于农业发展长远战略目标。当前，中国农业发展必须依靠科技进步，运用高新技术和常规技术改造传统农业，逐步使农业由“资源主导型农业”向“科技主导型农业”过渡，把中国农村经济发展转移到依靠科技进步的轨道上来。因此，中国农业技术政策的目标可以这样确定：以持续、全面和综合的观点作为指导思想，以保护农业资源和生态环境为重要条件，以现代农业和科学技术为基础，充分利用中国传统农业的优良技术精华，持续利用农业资源，实现优质、高产、高效、低耗，逐步建立起一个用现代工业装备的、现代科学技术和现代经济管理方法相结合的农业综合技术体系。

四、中国农业技术政策的重点

中国农业技术政策的重点是建立在提高土地生产率的基础上提高劳动生产率的科学技术体系，具体包括以下内容。

1. 加强农业高新技术的研究开发，力争以生物技术、信息技术为主导的高新技术研究开发取得重大突破，促进农业科技革命。

2. 改良农业生物品种，发展生物技术产品。发展智能化、网络化、实用化、国际化的农业信息技术体系。力争海洋科学、航空航天技术、核技术、卫星遥感技术等高技术在农业中的研究与应用取得重大突破。

3. 加强先进适用技术的集成、组装配套、全国推广。在不同农业生态区、不同行业，建设综合性农业现代化试验区，带动全国农业技术全面提高。

4. 面向整个国土资源开发、治理、保护，开展农业科技工作。以南方草山草坡、海洋、草原、荒山、荒坡等国土资源的合理开发与保护为重点，开展研究与开发工作。

5. 发展设施农业。研究开发低成本、高功能、高效益的设施农业及其装备，建立一套符合中国国情的设施农业技术及相应的设备、设施。

6. 发展持续农业技术，转变农业增长方式，走可持续发展的道路。加强保护国土资源，防止污染，改变生态环境等重点领域的技术开发。

7. 用现代工业技术及产品装备农业、武装农业。切实提高产品质量与效益，使农业机械化、工厂化、信息化水平进一步提高。

8. 运用高新技术改造传统的乡镇企业，积极引进国内外高新技术和专利，组建行业或集团开发研究，实施名牌战略，开发关键加工和组装工厂技术，强化乡镇企业的科技开发经营能力。

思 考 题

1. 农业技术政策的内涵和目标如何？
2. 试述中国农业科技体制政策对农业技术创新的影响。
3. 农业技术政策的制定对加快实现农业现代化有何意义？
4. 如何看待软科学技术在实现农业现代化的作用？

第十一章　农产品市场与价格政策

第一节　市场与价格政策的内容

一、市场与价格政策的概念和分类

在市场经济国家中，农产品市场与价格政策是整个农业政策的核心部分。按照市场经济的准则，农民在农业生产经济活动中享有完全的自主权，政府无法以直接的行政命令来约束农民的生产活动和经济行为，因此，只能借助市场力量来间接地实现政府的目标，即运用各种市场与价格政策手段来引导农业生产。

农产品市场与价格政策一般分为两大部分，即价格政策和市场结构政策。价格政策是指那些直接影响到价格水平高低的各种政策措施，包括国内价格政策和对外贸易政策。市场结构政策是指那些不是影响价格水平，而是制约着市场参与者各方的竞争关系和竞争状态，促进市场均衡价格的顺利形成，影响市场透明度，关系到市场的组织与基础设施建设，旨在提高市场宏观运行效率的各种措施。

二、市场与价格政策的目标

农产品市场与价格政策的主要目标包括：稳定农产品市场供给和市场价格；稳定或维持生产者价格，保证农民收入；稳定或降低消费者的食品价格，保护消费者的利益；保护国内农产品市场和农业生产；增加出口，缓解外汇供给不足；通过税收增加国家财政收入和促进工业化等等。

在各个单项目标之间，也存在着复杂的相互关系。对于决策者来说，最常见和最难以处理的是目标的矛盾关系，其中，消费者利益目标、生产者利益目标和国家财政目标之间的此消彼长关系，是最基本的和最典型的矛盾关系。现实社会中农产品市场与价格政策体系之所以极为复杂，主要的原因就在于：为了实现其中的某一单项目标而又不严重损害其他目标，不得不在采取某项措施的同时还采取其他种种“配套”措施，环环相套，形成了一个极其复杂的系统。

农业政策背景条件不同，各国所强调的政策目标重点也各不相同。一般来说，发达国家较为注重生产者的利益，而发展中国家则较为关注消费者的利益和政府的负担。

三、市场与价格政策的手段

（一）国内价格政策手段

①价格措施，包括限价措施、支持价格措施和双重价格措施；②补贴措施，包括对农业投入品的补贴、对消费者的补贴和对生产者的补贴；③数量管理，对生产要素投入量的限制、对市场供给量的限制和对消费量的限制。

（二）对外贸易政策手段

①出口鼓励措施，包括出口补贴、生产补贴等；②进口限制措施，包括进口关税、进口配额和外汇许可证等；③限制出口和鼓励进口措施，包括出口关税、进口补贴、征收产业税、复汇率和高估汇率等；④其它措施，包括苛刻的技术标准、进出口垄断等。

（三）市场结构政策手段

包括市场管制措施、提高市场透明度和促进市场均衡价格形成措施、改善市场基础设施等。

第二节　农产品国内价格政策

一、价格管理

政府经常直接干预农产品市场以提高或降低市场价格，在这种情况下确定的价格称为有管理的价格。政府决定的价格可以高于也可以低于没有干预情况下所确定的价格水平。如果有管理的价格提高了农业生产者所接受的平均价格，就会促进农业产量超过其长期均衡水平；而价格低于均衡水平，则会减少农业产量。然而，即使有管理的价格不高于年平均价格，对生产仍可能有积极的影响，主要表现在两个方面：①减少生产者在可能接受的最低价格方面的不确定性；②当价格倾向于下跌时，保证在收获期有较大的竞争。同时，政府对农产品市场价格的管理还将影响到生产者和消费者之间的收入分配以及经济中的资源分配。价格管理政策主要有限价政策、支持价格政策和双重价格政策三类。

（一）限价政策

限价政策即最高限价政策，其原理是：政府对实行这种措施的农产品规定一个最高价格，这一最高价格是能合法地向生产者提供的最高价格。实施最高限价政策目的是保护消费者的利益。最高限价可能高于市场均衡价格，也可能低于市场均衡价格，具体视农民与非农人员的收入差异以及本国农产品生产情况而定。一般国家尤其是发展中国家和计划经济国家最高限价都控制在市场均衡价格之下，而发达国家其最高限价一般高于均衡价格。

限价政策对国内生产、消费和收入分配的影响及经济效应如图 11.1 所示①。DD 和 SS 分别表示农产品的需求曲线和供给曲线。当市场自由竞争时，供需均衡点为 E，此时生产和供给量与需求量正好相等，为 Q_e，市场均衡价格为 P_e，同时假设国际市场价格也为 P_e，该产品可以按此价格进口或出口。若政府为保护消费者利益采取最高限价政策，规定最高限价低于市场均衡价格，为 P_l，生产和供应量将缩减到 Q_{sl}，而市场需求量将扩张至 Q_{dl}，市场将出现供需缺口 $Q_{sl}Q_{dl}$，市场供不应求的现象将直接导致价格上涨压力。为了防止市场价格波动过大，政府一般可采取以下几种方案稳定市场。

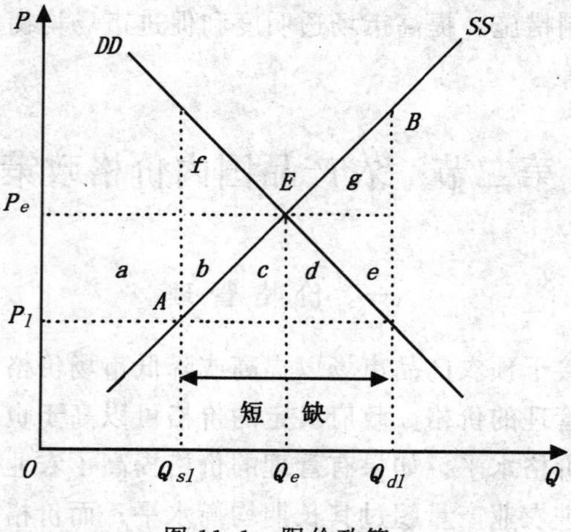

图 11.1 限价政策

① 本章政策福利效应分析中所用英文小写字母均指该字母四周最邻线条所框的面积。

1. 国家可采取配给制以维持其限价，即强制消费量等于市场供给量 Q_{sl}，其直接后果是消费者的消费价格虽然下降了，但消费需求得不到充分满足，消费者剩余变动为 $a-f$；而农业生产者将在低价的影响下，将生产量压缩到 Q_{sl}，收入降为 OP_lAQ_{sl}，与市场均衡点 E 相比，农业生产者直接转移给消费者的收入 a，净损失福利 $a+b$。因此，整个社会经济福利减少 $b+f$，其中 b 为因政府干预生产资源闲置带来的生产性净损失，f 为因供给短缺消费者消费不能得到满足造成的消费性净损失。政府的限价和凭证供应使得市场上的短缺无法消除，从而往往带来抢购现象和黑市交易。

2. 为了使市场达到平衡，国家也可采取进口的办法以消除国内供给的缺口，即依靠国际市场稳定国内市场。进口量为 $Q_{sl}Q_{dl}$，进口价格为 P_e，产品以价格 P_l 出售给消费者，则政府的直接财政负担为 $b+c+d+e$；消费者由于消费价格从 P_e 下降到 P_l，消费量 Q_e 上升到了 Q_{dl}，因此福利增加了 $a+b+c+d$；农业生产者利益变动与上相同，也是净损失 $a+b$。因此，从整个社会的角度来看，经济福利净减少 $b+e$，其中 b 为因政府干预生产资源闲置带来的生产性净损失，e 为因价格降低消费者过度消费造成的消费性净损失。

3. 政府亦可采取农产品生产和供给的数量控制配合低价收购以维持最高限价并保证农产品供给。假设政府设定的数量控制目标 Q_{dl}，收购和销售价格均为 P_l。在这种情况下，农民虽然根据市场价格和实际的边际生产成本只愿生产 Q_{sl}，但在政策强制下不得不生产 Q_{dl}。与原市场均衡点 E 相比，消费者的消费量扩张到 Q_{dl}，而消费价格下降为 P_l，消费者福利净增加 $a+b+c+d$；而对于生产者来说，在无数量控制时，其生产点将为点 A，此时生产者剩余减少 $a+b$，而事实上生产者的生产点为点 B，在生产者价格为 P_l 的情况下，生产点从点 A 移到点 B，生产者剩余将进一步减少 $c+d+e+g$，因此，数量管制和低价收购的结果是生产者福利净减少 $a+b+c+d+e+g$。这样，从整个经济来看，社会经济福利净减少 $e+g$，其中 e 是过分消费造成的资源消费性净损失，g 为无效率过度生产导致的资源生产性浪费。若政府通过补贴的方式以维持此超过均衡数量的市场供给量，则政府将增加财政开支 $a+b+c+d+e$。在这种情况下，消费者的福利变动与上相同，而生产者的福利损失将降为 g，因此整个经济的福利损失仍然为 $e+g$，与政府未补贴时的福利效果相同；但部门之间的收入分配发生了变化，消费者收益的增加不再是来源于生产者利益的损失，而是来源于政府的财政。

实施最高限价政策的难度取决于这个价格是高于还是低于市场均衡水

平。如果最高限价低于市场均衡价格，将刺激农民在黑市上以较高的价格出售他们的产品；若最高限价等于或高于市场均衡价格则能较容易地实施。因此，在最高限价政策低于市场均衡价格，政府想鼓励农民以最高限价销售时，通常还通过市场法则实施禁止私下购买和运输指定商品的方案。

（二）支持价格政策

支持价格政策又称为保证价格政策，其原理是：政府对实行这种措施的农产品规定一个政策价格，如果市场价格高于这个政策价格，则政府对市场活动不加干预；如果市场价格降低到这个价格水平之下，则政府就出面以最终消费者的身份按保证价格实行敞开收购，从而使得市场价格不会降低到这个价格之下。这个价格就称为保证价格或支持价格，这种收购称为干预性收购。

支持价格可能低于均衡价格也可能比均衡价格高。若低于均衡价格，政府通常只需进行有限的购买，而私营部门在市场上的购买是最基本的，因为一般来说，它们能支付给农业生产者较高的市场价格。只有当市场价格降低到保证价格水平时，政府将充当最后的买主；若保证价格制定得高于市场均衡水平，较高的价格将诱使农民生产比没有干预时更多的产品，而政府将通过储藏吸收农民在本年内售不出或无法利用的农产品。

由于实施最低支持价格政策的主要目的在于保证农民的收入，一般国家尤其是欧美等发达国家都将保证价格制定得高于市场均衡水平，例如，巴西、尼日利亚和墨西哥为小麦、印度尼西亚为大豆、欧共体对许多农产品都采取这种政策。

实施支持价格政策的具体效应如图 11.2 所示。DD 和 SS 分别表示农产品的需求曲线和供给曲线。当市场完全竞争政府不进行任何干预时，供需均衡点时 E，此时生产和供给量与需求量正好相等，为 Q_e，市场均衡价格为 P_e，同时假设国际市场均衡价格也为 P_e，该产品可以按此价格输入或输出。若政府为保证农业生产者的收益而实施支持价格政策，并且将最低保证价格制定得高于市场均衡价格水平，为 P_u。高价的诱使使得生产和供应量将扩张到 Q_{su}；而市场需求量将在高价的抑制下降低到 Q_{du}，市场供给过剩，过剩量为 Q_{du} Q_{su}。为了维持对农民的支持价格，政府必须收购过剩农产品。

如果这种高价政策的主要目的在于增加食品保障，这一过剩农产品完全可以被政府用作保障食品供应的储备。若不考虑储藏费用，政府将花费 $b+c+d+e+f$ 的财政以收购和储藏这一数量的过剩商品。与没有干预时的市场

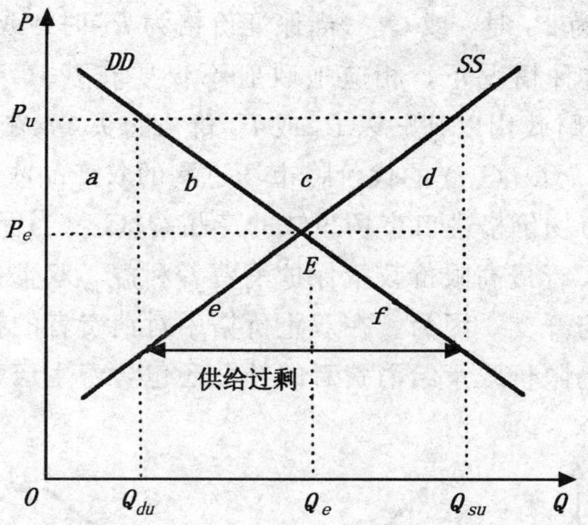

图 11.2　支持价格政策

均衡水平相比，由于农民生产扩张了且能得到高价，其福利净增 $a+b+c$；而消费价格的提高和消费数量的减少将使消费者的福利净减少 $a+b$，其中 a 以收入的形式转移给农业生产者。因此，从整个经济来看，社会经济福利净损失 $b+d+e+f$。政府若想减轻财政负担，可以考虑将过剩产品以国际市场价格 P_e 出口，这样政府财政负担将减轻为 $b+c+d$，而社会经济福利的净损失也将减少为 $b+d$，其中 b 为因政府干预消费者不能获得消费的最大满足的消费性净损失，d 为因价格提高农民为增加产量低效率扩大生产而造成的生产性净损失。

支持价格政策的有效实行取决于以下几个前提条件或配套措施的实施：①必须实施贸易保护措施，隔绝国内市场和国外市场，保证实施价格支持政策带来的好处为本国生产者所得；②国内市场价格与出口价格之差不是太大，否则，实施价格支持政策的花费将大大高于取得的效果；③产品的供给和需求弹性必须很小，只有在这个条件下，一个较大的价格上升只会带来一个数量不大的供给，从而降低政府财政的代价。

（三）双重价格措施

政府也可以采用双重价格政策，即为生产者制定高于市场均衡水平的最低保证价格，而为消费者维持较低的最高价格，例如，巴西、尼日利亚、墨西哥都用此类方案控制小麦价格，日本则用它控制小麦和水稻的价格。采用这一政策后（如图 11.3），市场需求量将增为 Q_{d3}，市场供应量也将增加到

Q_{s1}（当保证价格为 P_1 时）或 Q_{s2}（当保证价格为 P_2 时）或 Q_{d3}（此种情况应当说比较少），这种情况下，相应地政府不仅要花费（P_3P_1）（OQ_{d3}）或（P_3P_2）（OQ_{d3}）的财政用以补贴以 P_1 或 P_2 价格购买 Q_{d3}农产品的消费者，而且还需花费（OP_1）（$Q_{d3}Q_{S1}$）的代价将市场过剩的农产品收购（当保证价格为 P_1 时）或以国际市场价格进口市场短缺的产品 $Q_{d3}Q_{S2}$（当保证价格为 P_2 时）。因此，比起单纯实行最高限价政策保护消费者利益，双重价格政策补贴消费者需要更多的政府开支，因为，在双重价格中对消费者的补贴仅仅来自政府财税收入，而最高限价政策给消费者的补贴还包含着生产者收入向消费者转移这一代价。

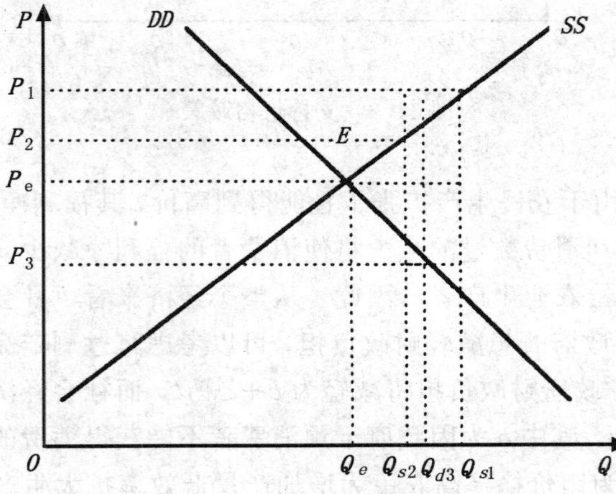

图 11.3 双重价格管理

此外，一些农产品过剩国家采取的另一种常见的双重价格管理方案是缓冲库存方案，即政府利用农业丰收年份价格下跌时储存部分产品以备在市场价格过高时抛售来平抑价格的一种操作方式。通常规定市场最低和最高价格，政府通过调节库存，即购进或抛售农产品，将农产品价格稳定在一定的限度内。具体而言，就是当市场价格高于规定最高价格水平时，政府通过抛售库存产品迫使价格回落；当市场价格低于最低价格时，购进农产品迫使价格回升；而当市场价格在上述规定范围内时，政府不加干预。例如，印度尼西亚对其主要食物稻米就采取这种政策。

缓冲库存方案要能发挥功效，首先要求农产品必须是耐储藏品，如谷物、糖类和羊毛等；其次，要求政府在市场价格上涨时有足够的存货以便抛售平抑物价，这就要求政府有充裕的基金供收购为稳定价格所需收购产品以及足够的仓储设施供产品存储。

二、补 贴 措 施

补贴是农产品市场与价格政策体系中一个非常重要的政策领域。补贴的主要类型有以下几种：对农用工业品的补贴、对食品消费的补贴和对生产者的直接补贴。

（一）对农用工业品的补贴

为了增加农产品，政府可以通过对农用生产资料，如化肥、农药、塑料薄膜、水、电和农机等提供补贴，降低农业生产成本，从而刺激农业生产以增加农产品的供给。具体的补贴形式有对农用工业品的销价实行限价，对生产农用工业品的企业实行各种形式的补贴，包括减免税收、直接实行定额补贴或全额亏损补贴等。

从理论上讲，对农用工业品进行补贴将降低农业生产的成本，使得农业生产者的边际生产成本曲线，即供给曲线向右下方平移，从而使得市场均衡数量增加，市场均衡价格下降。这将使消费者能够获得更多价廉的食品，而对于农业生产者来说则不一定是好事，因为，虽然农产品产量将会大幅增加，但由于大多农产品的需求价格弹性都很小，农民从增产中获得的净收入将往往不足以弥补由于价格降低所造成的净收入损失。

农用工业品补贴政策的政策效应如图 11.4 所示。假定市场需求曲线为 DD，市场供给曲线原为 SS，当没有政府干预时，市场均衡点为 E，市场均衡数量为 Q_e，市场均衡价格为 P_e。实行农用工业品补贴后，市场供给曲线变为 SS'，供给曲线的下降幅度为由于农用工业品受补贴后单位农产品成本的降低额，供给曲线下降使得市场均衡数量增加为 Q'，均衡价格降为 P'。对于消费者而言，由于可以以较低的价格消费更多的食品，消费者福利净增 $P'E'EP_e$，而对于生产者来说，产品的低价格弹性使得农民的净收入反而减少 $P'AEP_e-Q_eQ'E'A$，即所谓的“增产不增收”。

实践中，对农用工业品补贴的政策能否达到增加农产品供给的目的，取决于以下几个因素：①补贴的方式能否促进农用品的生产。如果补贴方式不当，并不能使农用品的生产总量增加，那么农产品生产也将由于投入不足而达不到预期增产的目的；②农用品的流通渠道是否畅通。如果流通渠道不畅，则补贴的好处就可能为营销部门所截留，农民并不能享受到低价农用品。

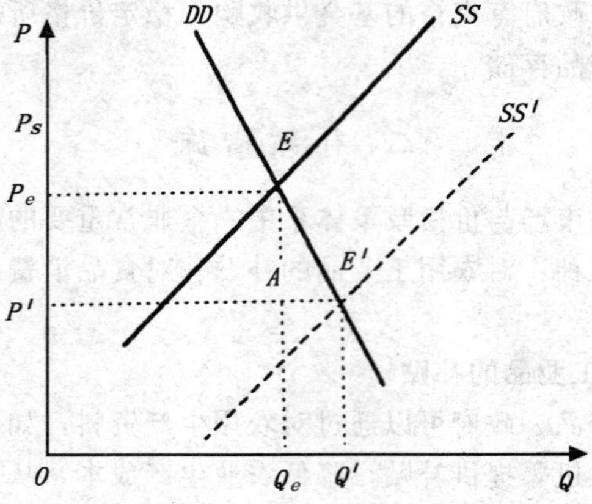

图 11.4 农用工业品补贴政策

（二）对食品消费的补贴

按补贴的形式，对消费的补贴可分为直接的和间接的补贴。间接的补贴即暗补，是指所有通过价格扭曲方式（如最高限价）使消费者获得的好处。直接补贴即明补，是指对消费者按一定标准直接进行的货币补贴。

按享受补贴的范围来划分，食品消费补贴可分为非目标补贴和目标补贴两大类。非目标补贴也叫全民性补贴，它是对每个人都提供一份补贴的食品补贴方式，目的是使全社会的每一成员都公平地得到食品。具体形式有政府完全垄断食品的销售，或者是政府通过专门设立的粮店出售政府收购或进口的含有补贴的食品。目标补贴是对于全社会中某一特定的群体而进行的食品补贴，其目的是使这部分人能够得到足够的食品保障。按照确定目标的方法和实施目的不同，目标补贴可分为以下三种具体形式：

1. 目标区域法。即将目标群体集中的区域划分为目标区域，在此区域内销售含有补贴的食品。

2. 目标食品法。即补贴那些收入弹性很低的所谓“低档”食品，其支出在低收入者的生活消费支出中占有较大比重，而高收入者不消费或较少消费这类食品。因而，当低收入者消费这类食品时，他们也就享受到了其中的补贴，或者说这类食品会“自动地”寻找目标群体。

3. 食品券制度。即向应当享受食品补贴的人提供一定数额的含有补贴的食品券，享受者凭此券在指定的商店里以低于市场价的价格购买或免费得到一定数额的食品。这种食品券由政府统一印制，并由特定的官方机构发给受益者。受益者的确定有两种方法：一是根据收入确定；二是根据健康状况来确定。

（三）对生产者的补贴

对生产者直接补贴的主要目的是提高农民的收入。生产补贴可分为直接补贴和间接补贴。

直接补贴包括差价补贴、休耕补贴、税收减免、低利贷款及拨款等形式。差价补贴是指每年政府制定出一个目标价格，其高于世界市场价格，农民按自由市场交易原则出售其产品，政府按目标价格与世界市场价格之差对农民实行补贴。差价补贴实质上即为支持价格政策，其政策效应与支持价格政策效应相似。差价政策的实施很可能改变产品的贸易结构，即在自由贸易下应该进口的产品，在价格支持下成为出口产品。欧共体的农产品政策即是一个典型例子。休耕补贴是欧美等农产品过剩发达国家采取的另外一种重要的补贴措施，其目的是实现农产品数量限制，保证农民收入。

间接补贴主要指政府对农产品的直接收购和区域支持。政府直接收购一方面保证了国内产品的销售；另一方面在价格上也包含了大量的补贴。区域支持则是指政府对农产品生产集中地区给予的区域性支持，主要表现在政策优惠上。

生产补贴对国内生产、消费、进出口以及经济福利的影响在对外贸易政策中有详细论述。

三、数量管理

数量管理是农产品市场与价格政策中的又一重要领域，可以分为对生产要素（土地、牲畜等）投入的限量、对市场供给的限量和对消费的限量。这种限量既可能是规定上限，也可能是规定下限。

（一）对生产要素投入量的限制

在农产品过剩的发达国家，往往对生产要素投入实行上限限制以间接限制农产品的生产和供应。例如，美国在对谷物实行保证价格措施时，要求农民休耕部分土地；欧共体在对甜菜种植面积和奶牛的存栏数量方面都实行严格的规定。对生产要素投入量限制的具体措施有作物转作计划、减少生产面积和休耕计划等。

对生产要素投入量限制政策的具体效应如图 11.5 所示。政府对生产要素

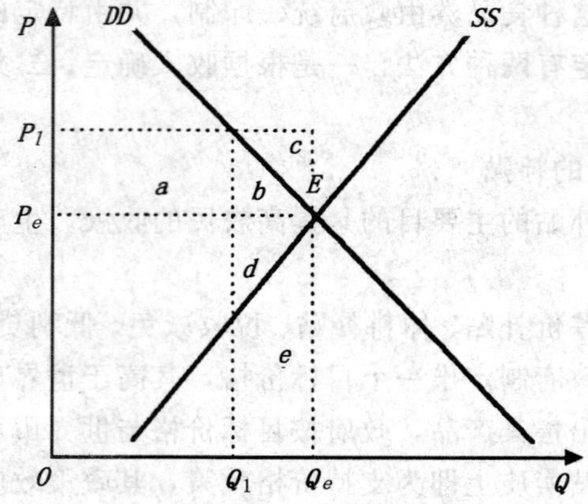

图 11.5 对生产要素投入量的限制

投入量实行限制（如休耕计划的实施等）后，与原有均衡 E 水平相比，农产品产量和市场供给量从 Q_e 降为 Q_1，市场价格从 P_e 上升为 P_l。对于生产者来说，生产被压缩了但同时平均收益上升了。因此，生产者剩余变动为 $a-d$，其中 a 是由于价格上升消费者对生产者的收入转移。对于消费者来说，一方面消费压缩了，消费需求得不到最大的满足；另一方面消费同样数量商品的代价提高了，因此，消费者剩余净减少 $a+b$。因此，若政府不采取财政补贴的措施，社会经济福利将净损失 $b+d$；若政府对消费者实行补贴，补贴水平为（P_l-P_e），那么将增加财政开支 a，此时，生产者福利变动与上相同，而消费者福利变动将只是由于消费被压缩而造成的消费性福利损失 b，因此，整个社会也是净损失 $b+d$。由此可见，政府对消费者补贴前后整个社会的经济福利变化相同，所不同的只是前者，生产者的收入增加来自于消费者；而后者，生产者的收入增加来自于政府财政。此外，若由于生产者生产被强制压缩，政府对生产者实行补贴，那么，政府开支将进一步增加，生产者收入也将随之增加。

中国往往是对粮棉油等产品的种植面积实行下限限制，规定最低种植面积；同时，对经济作物如烟草、蔬菜和水果的种植面积实行上限限制，进一步保证粮棉油等主要农产品的种植面积。

对生产要素投入的限制措施，实际执行并不容易。一般来说，农户的生产规模越小，数量越多，实行起来难度也就越大。

（二）对市场供给量的限制

在农产品过剩的发达国家，一般还对农产品市场的供给量实行上限限制。对农产品市场供给量的限制一般通过限制生产要素投入从而减少农产品产量间接达到，其政策效应完全同于对生产要素投入限制政策。而直接对农产品市场供给量的限制只有当政府能充当最后的消费者实行敞开收购时才有效，此时政策的效应除了有限制生产要素投入量政策的效应外，政府还必须花费 $c+b+d+e$ 的财政以收购农民过剩的农产品（图 11.5），否则多余的农产品必将冲击农产品市场。

在农产品供给不足的国家，为了保障食品供给和工业化发展必需的农产品供应，一般都对市场供给量实行下限限制，尤其是在欠发达国家和计划经济国家，这一政策往往与最低保护消费者利益的最高限价政策结合起来。这在前面价格管理政策的最高限价政策中已作介绍。对农产品供应量实行下限限制的一个典型例子就是我国现阶段所实行的粮食定购政策。通过定购政策以使政府掌握一部分稳定的粮源。粮食定购政策是一种带有义务性和强制性的低价收购政策，它在本质上相当于一种税收，税额为市场价减去定购价再乘以定购数量。

（三）对消费量的限制

1. 上限限制。对消费量实行上限限制的一个典型例子是食品的定量配给制。在食品供给量小于需求量的时候实行食品定量配给制。其政策效应在价格管理政策最高限价政策中已有过介绍。由于食品的需求价格弹性很小，尤其在生理需求未获得满足的情况下更小，因此，当市场供不应求时，如果不实行定量配给制，价格将大幅度上升。价格的大幅度上升将导致这种食品分配的极不平均，即收入较高的人消费充足或过量，而收入较低的人消费量严重不足，这将危及社会安定。因此，有必要采取措施，对这些稀缺必需品按人头进行平均分配，使得收入高低不同的人的生理需要都能得到程度大致相同的满足，从而保障社会的公平和安定。

2. 下限限制。在农产品过剩和实行贸易保护主义政策的国家中，有时候也对消费者实行下限限制。例如对饲料加工厂做出规定，在其所购入或使用的谷物原料中，必须至少保证一定的比例为来自本国的生产。不过，严格来说，这种限量只是对中间消费而不是对最终消费的限量。对最终消费，不存在消费的下限限制措施。

四、中国农产品国内贸易和价格政策的演变

建国初期，中国经济贸易的基本政策在中国人民政治协商会议通过的《共同纲领》中得到了全面的阐述。《共同纲领》指出："经济实行公私兼顾、劳资两利、城乡互助、内外交流的政策，以达到发展生产、繁荣经济的目的。""凡属有关国家经济命脉和足以操纵国计民生的事业，均应由国家统一经营……凡有利于国计民生的私营经济事业，人民政府应鼓励其经营的积极性，并扶助其发展。"以及"在国家统一的经济计划内实行国内贸易自由，但对于扰乱市场的投机商业严格取缔。"在这样的总的经济政策下，农副产品基本采取市场自由购销的办法。国营部门以一般商品经营者的身份参与市场竞争，主要任务是收购粮食、重要的工业原料及若干重要出口物资。绝大部分商品及20%～30%的粮食由私商经营。

在此期间，中国的价格政策主要包括差价政策和比价政策。农产品差价政策包括地区差价、季节差价、质量差价和购销差价等。比价政策包括农产品内部比价政策和工农产品比价政策。

在1953～1978年这26年中，与高度集中的计划经济体制相适应，中国的农产品流通体制和价格制度以统购统销和计划价格为基本特征。在这期间，制定了国民经济和社会发展的5个"五年计划"，经历了社会主义三大改造、"大跃进"、人民公社化、国民经济三年困难和"文化大革命"等几个特殊的历史时期。尽管在不同的历史时期，国民经济管理体制也做过调整，但其高度集中计划管理的总特征始终没有发生大的变化。农产品流通领域也是如此。国家为稳定农产品市场及实现对私营商业的社会主义改造，从1953年11月开始陆续对粮、棉和油等重要农产品实行统购统销政策。此后，农产品流通中统购统销的范围和程度越来越大、越来越深；对农产品经营主体的限制越来越多；农产品流通渠道和经营方式也越来越单一，由多渠道演变为单一的国营商业渠道，由多种经营方式，逐步演变为只经过"国家收购—统一调拨—销地批发—零售"的死板流通模式。

与统购统销政策相适应，主要农产品的价格也采取了计划价格形式，对统购统销的商品国家制定了严格的统购牌价和统销牌价。统购价格和统购品种由中央统一规定。在供应上，对居民所需部分实行国家牌价下的定量配给。除粮棉油外，"一五"计划时期，国家还对茶叶、烤烟、大麻和苎麻等重要农产品实行了国家统一收购牌价的制度，同时，对猪、牛、羊、蛋、菜、大宗

水产和水果等主要副食品，以及糖料、蚕茧和主要皮张等工业原料和中药材，也执行国家规定的计划价格。总体而言，农产品流通实行的是严格的计划价格制度。关于上述品种之外的第三类商品① 的价格政策，同议购议销制度相适应，也采取了议价办法，但议价不是放开不管，在不同的时期国家对议价商品也进行管理。此外，国家在制定和执行农产品的统购、派购和议购的基本政策时，也实行了一些辅助政策，例如，奖售、换购和加价收购政策等。

党的十一届三中全会以后，与国家整个经济体制改革与转换的进展相适应，中国农产品流通体制和价格制度的改革大体经历了两个阶段：

第一阶段（1978～1984 年）。主要是在计划管理体制下逐步搞活流通，改革不合理的价格制度，调放结合以调为主。主要表现为：①逐步减少了统购派购品种，扩大了自由购销范围；②对三类农副产品和完成任务后的一二类农产品实行议购议销，允许多渠道经营。开始打破国营部门独家经营的局面，由统管型向商品经营型转变；③放宽了对城乡集市贸易的管理，开放了城市农产品市场，放宽了农产品贩运政策，农产品市场开始向专业化、综合化方向发展。

第二个阶段（1985 年开始至今）。取消统派购制度，改统购、派购为合同定购，多种农产品逐步走向宏观调控下的自由流通体制。1985 年 1 月，中共中央、国务院发布《关于进一步活跃农村经济的十项政策》，对实行 30 多年的农产品统购统销政策进行改革。文件规定，粮食和棉花取消统购，改为合同定购。由商业部门在播种季节前与农民协商，签订定购合同。取消统购派购后，农产品不受原来经营分工的限制，实行多渠道直线流通。价格制度也由计划和市场双轨调节。定购的粮食，国家实行“倒三七”比例计价（即三成按原统购价，七成按原超购价）。定购以外的粮食可以自由上市。

第三节　农产品对外贸易政策

农产品对外贸易是一国对别国（包括国家和地区）进行的农产品交易活

---

① 1961 年中共中央发出《关于目前农产品收购工作中几个政策问题的规定》，明确提出把农副产品分为三类，分别实行三种收购政策。第一类，粮食、棉花和食油，实行统购统销政策；第二类，其他重要农产品，实行合同派购政策；第三类，统购、派购以外的农副产品，国营商业可与生产者协商议价收购。

动。它是农产品国内贸易的延伸和扩大。农产品对外贸易政策是一国政府为农产品对外贸易工作规定的基本行动准则和采取的重要措施的统称。制定和实行正确的农产品对外贸易政策，有利于加强本国与外国在经济上特别是农业经济方面的联系与交流，可以促进本国的农业现代化和经济发展。农产品对外贸易政策是一国农业政策的重要组成部分。农产品对外贸易政策主要可分为出口鼓励政策、进口限制政策、限制出口和鼓励进口措施以及其他措施等。

一、出口鼓励政策

（一）出口补贴

出口补贴是一种最常见的出口鼓励贸易政策，其目的在于鼓励出口以消除国内产品过剩或者换取外汇。一般当国内市场价格高于国际市场价格时采取这种措施。出口补贴的方法，既可以是直接的现金支付，也可以是间接地通过降低出口商品的成本。

直接补贴的方法一般结合国内保证价格政策，即政府保证支付农产品国内市场与国际市场的差价，如美国和西欧就采取这种方法。在保证价格下，出口会增加，国内市场供给将减少并导致价格上升，而出口部分也能通过补贴得到与国内市场相同的价格。间接补贴的办法包括低利贷款和外销退税等。低利贷款指政府通过银行系统给予用于出口商品生产和销售的贷款以优惠利率；外销退税指对于出口商品，免征国内同类商品所缴纳的各种国内税，或在商品出口以后，政府允许企业申请退回进口原材料时支付的关税。

出口补贴政策的共同结果是降低出口商品的成本，提高出口商品的实际收益。出口补贴对生产、消费、价格和贸易的影响将会因其在国际市场上的份额大小而不同。图 11.6 分析了小国出口补贴政策对本国经济的影响和社会福利变化。假定出口产品的国际市场价格为 P_W，在没有补贴时，国内生产为 S_1，国内需求量是 C_1，出口 X_1。现在假设政府对每单位商品的出口补贴是 S，商品出口的实际所得变成 P_W+S。受利益驱使，生产者愿意扩大生产增加出口，故新的生产量扩大为 S_2，国内的需求量则因为国内市场价格的上升而下降至 C_2，出口增加为 X_2。由此可见，出口补贴的结果是国内生产增加，国内消费减少，出口量增加。而与此同时，由于出口补贴使得出口比在国内销售更加有利，而且政府没有限制出口数量，因此，出口必然会增加，除非在国内市场销售也能获得同样的收入，而由于补贴只是针对出口产品的。因此，要想在国内市场获得同样的收入，只有提高价格。因此，国内价格将上升至P_W+S。国内价格上升和消费量的减少使得消费者福利净损失$a+b$，而生产者由于收益价格上升，产量增加福利增加了$a+b+c$，政府对出口的补贴总量为$b+c+d$，因此，社会的净福利损失为$b+d$。

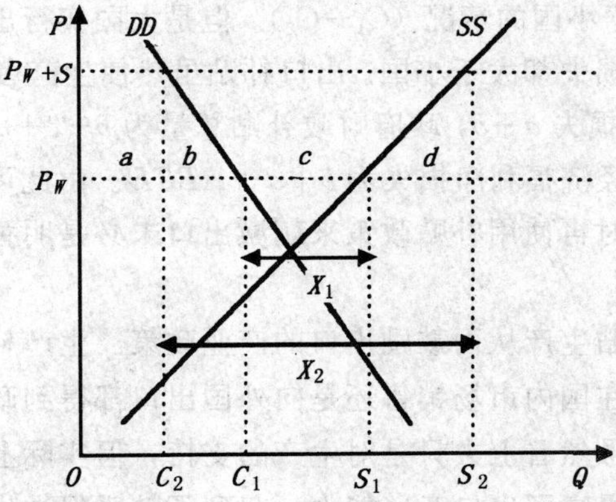

图 11.6　出口补贴小国模型

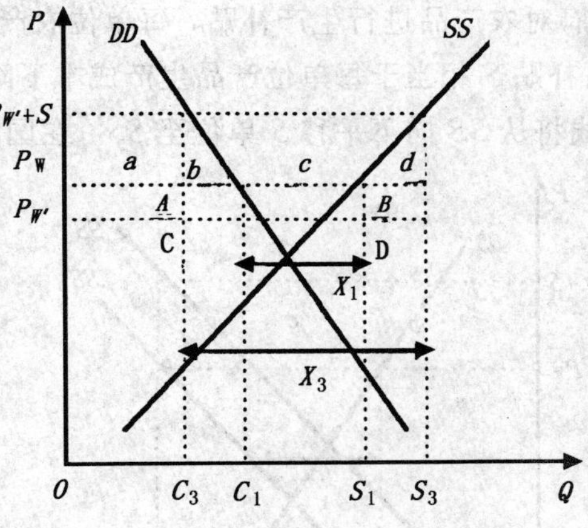

图 11.7　出口补贴大国模型

如果出口国是大国，出口补贴对其国内价格、生产、消费及社会福利的影响是同质的，但程度与小国的不同。具体政策效应如图 11.7 所示。由于大国在国际市场上占有较大的份额，因此，大国出口补贴刺激出口的增加将造

成国际市场价格从 P_W 下降为 P_W'，因此，生产者虽然可以从政府处得到每单位 S 的出口补贴，但出口产品所得的价格为 P_W' （$<P_W$），故而，生产和出口的增加都将小于小国的情况（$S_3-S_1<S_2-S_1$）和（$X_3-X_1<X_2-X_1$），国内价格的上涨幅度也会低于小国（$P_W'+S<P_W+S$），从而使得国内消费量的下降（C_1-C_3）也小于小国的情况（C_1-C_2）。但是大国实行出口补贴政策对本国造成的经济福利损失却大于小国。出口补贴虽然使生产者福利增加 $a+b+c$，但使消费者福利损失 $a+b$，政府财政补贴总量为 $b+c+d+ABCD$。因此，从整个经济来看，经济福利净损失为 $b+d+ABCD$。由此可见，在出口已占世界市场很大份额时再使用补贴政策来刺激出口未必是明智的政策。

（二）生产补贴

生产补贴是补贴生产从而鼓励出口的产业政策。生产补贴的特点是补贴生产，不管产品是在国内市场销售还是向外国出口都得到政府各种形式的资助。这些政策手段虽然看上去只是对生产的支持，但实际上降低了这些出口产品的生产成本，提高了出口竞争能力，起到了鼓励促进出口的作用。

生产补贴对国内经济的影响和社会福利效应如图 11.8 所示。假设在自由贸易的情况下，国际、国内市场价格均为 P_W，国内生产为 S_1，本国消费为 C_1，出口 X_1。如果政府对农产品进行生产补贴，每单位农产品的补贴为 S。理论上讲，每单位产品补贴 S 相当于每单位产品生产成本下降 S，因此供给曲线即边际生产成本曲线将从 SS 向下平移 S 单位至 SS'；在国际市场价格不变的情

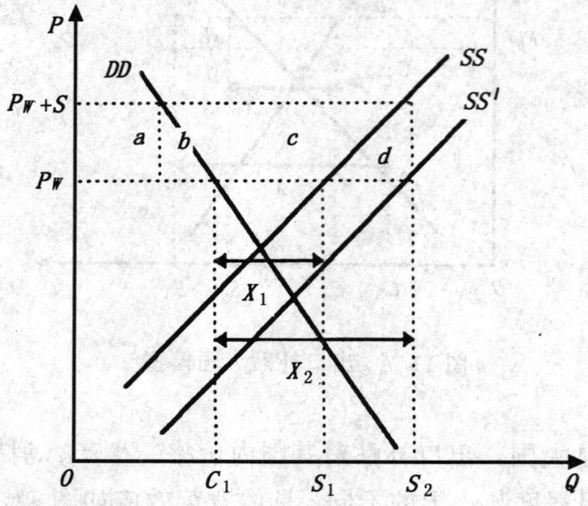

图 11.8　鼓励出口生产补贴

况下，生产将扩大到 S_2，而农民的实际平均收益增长为 P_W+S。进口产品的激烈竞争将促使国内农产品销售价格仍然为 P_W，国内的需求量将仍然是 C_1，新增的产量将成为新增出口，从而出口从 X_1 扩张至 X_2。

与出口补贴不同，由于生产补贴是按产量而不是按销售市场的不同进行补贴，因此，生产补贴不会影响国内价格，在出口增加的同时消费者的利益将不会受到损害。而对于生产者和政府，前者将净增加福利 $a+b+c$，后者将承担 $a+b+c+d$ 的补贴支出，因此，社会福利的净损失为 d，而在同样的补贴程度下，出口补贴给社会带来的福利净损失为 $b+d$。由此可见，从整个社会来看，生产补贴要优于出口补贴，但对政府来说，生产补贴要比出口补贴多支出 a。

二、进口限制政策

（一）进口关税

进口关税是一国政府通过海关向进口商品征收的税赋。按计征方式的不同，关税可分为从量税和从价税。从量税根据农产品进口数量征收一个给定数额的税收。从价税是根据进口商品价值征收一定比例的关税。进口关税要求贸易商在国际价格之上为进口商品向政府交纳附加费。征收进口关税使得外国商品不能自由进入国内市场并影响国内的价格、生产和消费。关税对本国经济的影响大小取决于该国在国际市场上的地位。无论大国小国，征收关税都将提高进口货物的国内价格并带动国内产品价格上升，导致生产增加，进口减少，消费缩减，但影响的程度则会由于在国际市场上的地位不同而不同。

图 11.9 说明了小国征收进口关税征收对国内经济的影响和社会福利变化。假设在自由贸易的情况下，国际和国内市场价格均为 P_W，国内生产为 S_1，国内需求量为 C_1，进口 M_1。若政府征收从价进口关税，税率为 t，则首先受到影响的是进口产品的成本，从而促使进口商将产品价格提高到 P_W+t。进口产品价格的上升在减少国内需求量的同时，将刺激国内产品的生产，并进而带动国内价格上升，直至上升到等于进口产品的税后价格 P_W+t，国内生产停止扩张。此时，国内生产增加为 S_2，国内消费减少为 C_2，进口减少到 M_2。对于消费者而言，政府进口关税提高了国内市场价格并导致消费者压缩消费，因此，消费者福利净损失 $a+b+c+d$；而生产者和政府都能获利，其中生产者由于价格上升和产量增加福利净增加 a，而政府可以获取关税收入 c。从整个社会来看，小国征收进口关税将导致社会福利净损失 $b+d$。

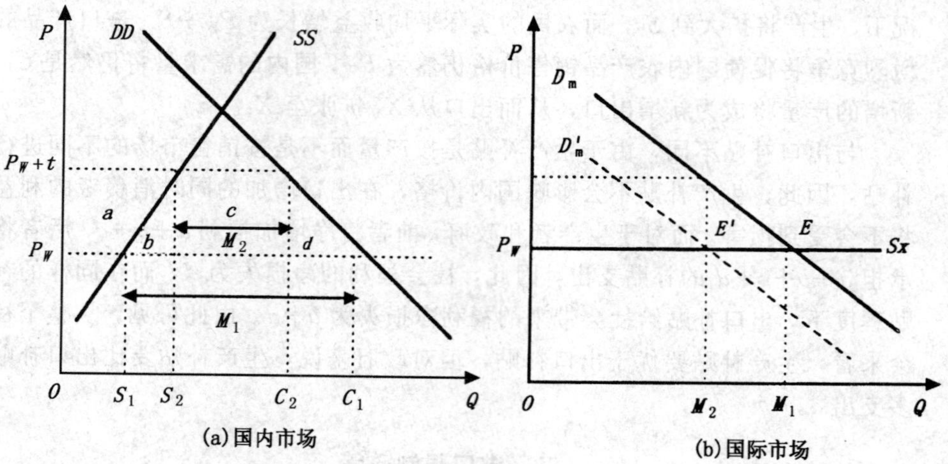

图 11.9 征收进口关税小国模型

若进口国是大国，即是国际市场上的主要进口国，那么，进口关税不仅会影响国内的生产和消费，还会影响国际市场的价格。关税的征收将促使进口产品价格上升，国内进口减少。由于进口国在国际市场上占有很大的份额，国内进口减少就意味着国际市场上进口总量的减少，故国际市场需求曲线 D_m 将向左下方平移至 $D_m{}'$，并造成国际市场价格从 P_W 下降至 $P_W{}'$。因此，与小国相比，大国征收进口关税导致的国内价格上升幅度要小，生产扩张和消费缩减及进口增加都要小（见图 11.10）。因此，对于社会各部门来说，利益的

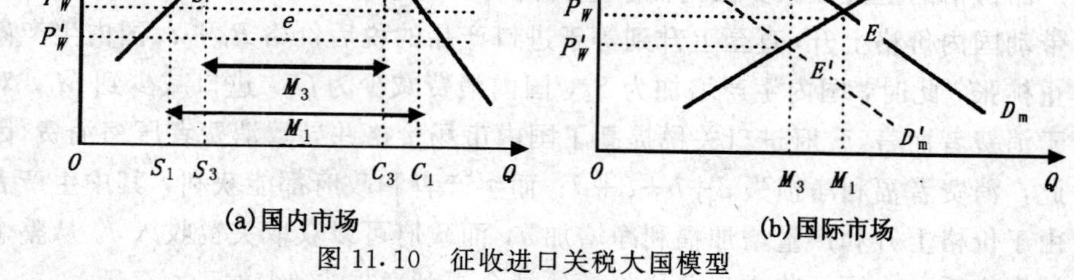

图 11.10 征收进口关税大国模型

变动也要小一些。其中生产者福利增加 a，消费者福利减少 $a+b+c+d$，政府税收收入增加 $c+e$，整个社会福利变动为 $e-b-d$。与小国征收进口关税将导致社会经济福利净损失相比，大国征收进口关税有可能给社会带来福利的增加。原因主要在于大国在国际市场上有左右价格的能力，通过减少进口可以迫使出口国降低价格并迫使出口国承担一部分税负。而从小国来看，生产者福利和政府税收收入的增加都来自于本国的消费者。

（二）进口配额

进口配额是对进口商品实行数量限制，其目的与征收关税一样是为了限制进口，保护国内的生产。但与关税不同的是进口配额直接控制进口数量，而不是通过提高进口商品价格间接地减少进口。进口配额的种类方式很多，有在全球范围内的配额，也有分国别的配额；有进口国单方面设置的，也有双方协议的。一般来说，主要的表现形式有两种：一种是针对来自具体某一出口国的，即对来自该国的产品总量进行限额，这一般都是根据进口国和出口国政府之间的协议来进行的，由出口国对本国的出口商进行约束和管理；另一种是不针对任何具体国家的配额，即只对本国进口商的进口总额实行限制，而不论其货源来自何国，第一种形式是对出口国的直接限制，针对性十分明显；第二种形式是对本国进口商的限制，对出口国的针对性不明显。

进口配额对本国商品的价格、消费、生产以及整个社会经济的利益变动都会带来一定的影响。这种影响的大小不仅取决于进口国在国际市场上的地位，还取决于本国产品的市场结构。一般来说，进口配额措施使得进口减少，国内生产增加。同时，也使得实行这种措施的产品的国内生产增加，但不一定使得国内产品的供给总量增加。

图 11.11 分析了配额对国内经济的影响和福利变动。假定进口国进口产品的市场是完全竞争的，在自由贸易的情况下，国内产品必须与国外同类产品竞争，因此，国内市场价格也由国际市场的供求决定。假设国内和国际市场价格均为 P_W，国内生产量为 S_1，消费量为 C_1，进口 M。若政府实行配额，只允许进口 Q（$0<Q<C_1-S_1$）。在价格 P_W 下，由于需求量 C_1 大于供应量 S_1+Q，国内市场出现短缺，竞争将促使国内价格上升。在价格上升的刺激下，国内生产将增加，而需求量则出现下降，市场短缺逐渐消失，直至国内生产量增加到 S_2，需求量下降到 C_2 时，市场达到新的均衡，此时，国内市场价格高于国际市场价格。

进口配额对本国生产、消费和价格的影响类似于进口关税，只是前者是通过先减少进口间接造成国内价格上涨从而增加国内生产，而后者是直接通

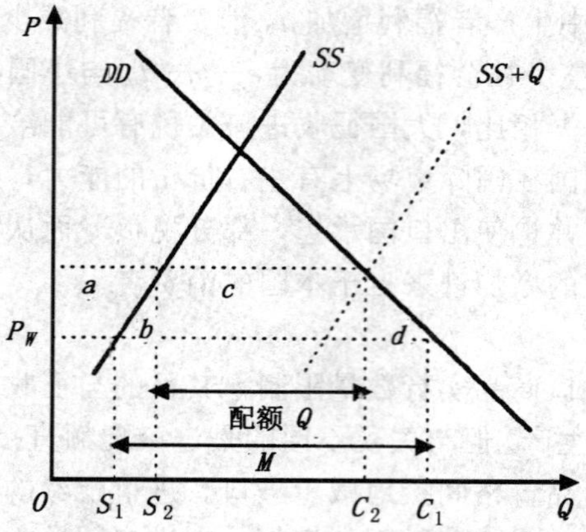

图 11.11 进口配额

过提高进口产品的价格来减少进口和增加国内生产。在对社会经济福利的影响方面，进口配额同关税十分相似，消费者福利减少 $a+b+c+d$，生产者福利增加 a；不同之处主要反映在政府税收上，在进口关税政策中 c 将以关税收入的形式归于政府，而在配额中这部分利益不一定归政府，其归属取决于政府对配额的分配。

1. 由政府决定，直接颁发进口许可证给进口商，且许可证是免费的。在这种情况下，从整个社会来看，经济利益的变动与关税类似，惟一不同之处是 c 从政府转到了进口商手里。

2. 政府根据进口商的申请颁发进口许可证。这种方式将造成进口商的竞争并付出一定的代价，因此，虽然 c 仍然归进口商所得，但进口商实际所得利益将小于 c。从整个经济来看，其福利少于关税的情况。

3. 政府公开拍卖许可证。在这种情况下，社会经济福利和各部门的利益分配与关税更加相似，只是 c 由政府和进口商共分。

4. 政府在设置限额后，将进口权限交给出口国，由出口国自行分配。这种情况实质等同于将利益 c 送给了外国出口商。因此，对进口国来说，整个社会的福利净损失变为 $b+c+d$，比关税情况更坏。

由此可见，不管政府怎样分配进口配额，整个社会福利的变动至多与关税相似。

（三）生产补贴

进口限制也可通过对国内生产实行生产补贴来实现。补贴国内生产的目的是减低成本、提高与国外同类产品的竞争能力。对进口替代产品的补贴政策原理与鼓励出口的生产补贴的政策原理是相似的，只是前者是保护本国生产、限制进口；而后者是鼓励出口。自由的贸易将使生产补贴不会影响国内的市场价格，消费者仍然支付与国际市场价格相同的价格，消费不会减少；而生产者实际所得的增加将刺激国内生产并使得进口减少。与进口关税和进口配额等贸易保护政策相比，实施产业政策不会出现那种消费扭曲的现象，消费者福利不变，生产者福利仍然增加 a。利益变动最大的是政府，不仅没有了税收收入，还将承担 $a+b$ 的补贴开支。然而，从整个社会来看，社会净损失仅为 b，少于征收关税时的 $a+b$（图 11.9 (a)）。因此，从整个经济看，产业补贴政策优于关税等贸易限制政策，但从政府的角度看，无论从主观意愿还是客观财政条件，实行产业政策都要困难得多。

三、出口限制和进口鼓励政策

（一）出口限制政策

对农产品实行出口限制政策的目的有经济的，也有政治的。经济方面的原因主要有两点：一是为保证国内需要；二是为了增加政府收入。从政治上来看，主要是限制对敌对国家和不友好国家的出口。出口限制的手段包括直接的数量管制（出口配额、出口许可证、外汇管制等）和间接的价格干预（出口税、产业税、复汇率和高估汇率等）。不同的干预措施对国内出口产品的生产、消费和社会经济利益有不同的影响。

图 11.12 分析了多种出口限制政策对国内经济的影响。假设在自由贸易

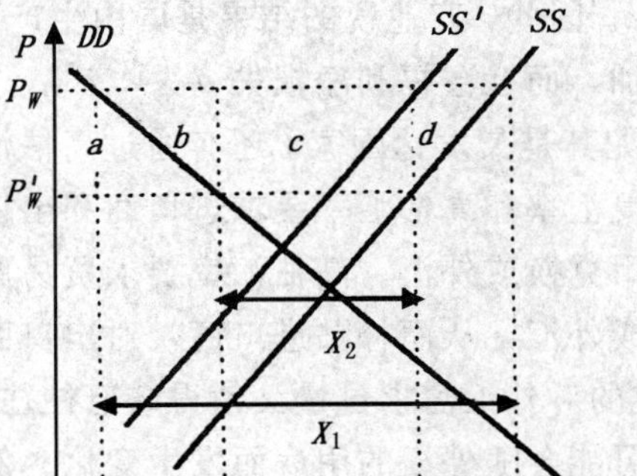

图 11.12　出口限制

下，国内与国际市场价格均为P_W，国内生产量为S_1，消费量为C_1，出口X_1。

1. 若政府为了限制出口对出口产品征收从价关税，税率为t。出口所得的减少将促使产品在国内市场销售，结果造成国内价格下跌。价格的下跌将使需求量增加同时生产量减少，直至当国内价格降低到等于国际价格减去出口税时，市场重新达到均衡。此时国内生产减为S_2，需求量增至C_2，出口减为X_2。对于整个社会而言，征收出口税将使消费者增加福利a，政府增加税收收入c，而生产者损失福利$a+b+c+d$，因此，社会净福利损失为$b+d$。

2. 若政府不征收出口税，而是通过发放出口许可证实行出口配额。假设出口限量与实施出口关税后的出口量X_2相等。出口的限制将使国内市场上的供应量增加，从而导致价格下降。价格下降对生产和消费的影响与征收税收的影响相同，对社会各部门利益的影响也相似，惟一不同的是政府失去了税收，而获得出口许可证的部门则得到了这部分出口差价带来的利润。至于整个社会的福利变动，则因出口许可证发放的方式不同而有所不同，但有一点是肯定的，即至多与出口关税时的情况一样，而不会比征收关税更好。

3. 如果政府允许产品自由出口，但对生产征收与关税相同的从价产业税，税率为t。对于生产者而言，由于单位产品的生产成本增加了t，市场供给曲线将向上方移动t单位至SS'。因此，若国际市场价格不变（假设出口国为小国），国内生产将减至S_2，生产者福利损失$a+b+c+d$。由于生产者只是成本上升，国际市场价格没有变化，因此，生产者不会增加产品在国内的销售，国内价格将不会发生变动。因此，对于消费者来说，消费量和消费者福利都不发生变动；而对政府来说，税收收入增加较征收关税时增加了，产业税税收收入共$a+b+c$。因此，产业税的结果是国内生产减少，消费不变，出口减少，政府税收增加，而社会福利净损失d。

4. 在有些国家，尤其是欠发达国家，还有通过高估汇率和实行复汇率以限制出口鼓励进口。复汇率和高估汇率要求进口商和出口商以不同于市场行市的汇率，将本国货币兑换成外汇。高估汇率要求贸易商以低于市场行市的汇率把本国货币兑换成外汇，从而补贴进口商，对出口商则是课以税收。与此同时，高估汇率造成的对外汇需求过量又使得政府往往对外汇实行管制。在复汇率政策下，汇率可能会随外汇的用途而发生变化。例如，墨西哥和埃及曾经为了以低价向国内加工业提供棉花，要求出口商以低于市场行市的兑换率把外汇兑换成本国货币。复汇率和高估汇率对出口和国内经济的影响与征收出口关税相似，不同之处在于前者不会为政府直接带来收入，除非政府为提供低价外汇向进口商收费。

从以上分析可见，无论使用什么政策，限制出口虽然可能使消费者和政府受益，但会给生产者带来损失。而对整个社会经济福利的影响则取决于限制措施和出口国在国际市场上的地位。若出口国是国际市场上的主要出口国，出口的减少将导致国际市场价格上涨，贸易条件的改善将使出口国整个经济的福利可能增加。

（二）进口鼓励政策

政府有时也采取鼓励进口的政策，其主要目的是保护国内消费者。进口鼓励政策主要是针对一些国内十分短缺且关系到国计民生的物品，如粮食等。进口鼓励政策包括进口补贴和消费补贴。进口补贴会影响国内市场的价格，减少国内同类产品的生产。其对国内生产、消费和社会经济利益的影响与进口关税正好相反，分析方法也类似，不作赘述。消费补贴在国内价格管理政策中已有所涉及，它通过支持消费来扩大进口，对本国生产价格和生产量都没有影响。

四、其他措施

（一）苛刻的技术标准

技术与管理方面的限制是贸易保护主义所实行的“非关税壁垒”中非常重要的一种措施，主要包括技术标准规定、卫生检疫规定以及商品包装和标签规定。随着各国争夺世界市场斗争的激化，不少国家往往以保护人身健康、保护环境、保护消费者利益等为借口，广泛采用复杂的技术标准、卫生检疫、商品包装和标签规定。这些规定十分复杂，有的还十分不合理，而且经常变化，以致使出口商难以适应，从而达到限制进口的目的。

在技术标准方面，不少国家对许多农产品的技术安全标准的要求越来越严，进口农产品必须符合规定极为严格的技术标准，才能进口，否则不能进口。例如，为阻止美国食品的进口，法国禁止含葡萄果汁食品的进口。在卫生检疫方面，要求进行卫生检疫的商品越来越多，且卫生检疫的规定也越来越严。例如，美国规定，其他国家或地区输入美国的食品、饮料、药品及化妆品，必须符合美国的“联邦食品、药品及化妆品法”的规定。在商品包装和标签方面，不少国家对于在国内市场上销售的商品，规定了许多有关包装和标签的条例，而且这些条例或规定不断在变化。这就使国外农产品一时难以适应而不能进口，或不得不重新包装和更换标签，从而增加成本，削弱进口产品的竞争力。

（二）进出口的垄断经营

进出口的垄断经营包括国家机关的直接经营和交由某些垄断组织独家经营。垄断的范围既可以是全部商品也可以是部分商品。在中国外贸体制改革以前，农产品进出口基本上国家垄断，西方国家则有许多大公司对某种产品的经营垄断。进出口垄断的目的在于避免国内各个不同部门在世界市场上发生自我竞争的现象，或者为了保护国内的资源而避免无限量出口，从而保证整个国家的宏观效益；同时，这也是外汇管理与控制的需要。

进出口垄断的保护作用不是通过政府贸易政策而是通过垄断组织的行为实现的。由于独家经营，垄断机构为了牟利可以通过控制进口量来提高进口商品在国内市场的价格，其结果是一方面减少了进口；另一方面刺激了国内生产。

五、WTO与农产品贸易

世界贸易组织（WTO）于1995年1月成立，它的前身是关税及贸易总协定（GATT），总部设在瑞士的日内瓦，其成员之间的贸易量占世界贸易量的90%。目前WTO有关农产品贸易的基本条款主要是乌拉圭回合农业协议。农业协议包括了世界上主要的粮农产品，其主要内容如下：

1. 市场准入。由于各国对农产品进口的限制主要通过关税及非关税措施来实现，所以农业协议从“削减关税”和“贸易措施关税化”两个方面提高市场准入程度。①以1986～1988年为基期，发达国家在6年内农产品进口关税简单平均水平削减36%，最低每项削减15%；发展中国家在10年农产品进口关税简单平均水平削减24%，最低每项削减10%；②对于在农产品贸易中所实施的各种关税措施，缔约方必须先将其实施的各种非关税措施转换成同等保护程度的关税措施，然后再逐步降低进口税率，保证关税化的市场准入机会，不低于规定基期国内消费量的3%，在减让期结束时应该扩大到5%。

2. 出口补贴。以1986～1990年为基期，发达国家在6年内，将有补贴的农产品出口数量减少21%，出口补贴预算开支削减24%；对在基期没有进行出口补贴的农产品，则禁止在今后对该产品实施出口补贴。

3. 国内支持。协议规定削减对国际农产品贸易具有扭曲作用的生产补贴，如价格支持、营销贷款、面积补贴、牲畜数量补贴，种子、化肥、灌溉等投入补贴，某些有补贴的贷款计划等。用国内支持总量（AMS）来表示对农产品的支持，只要其AMS不超过以1986～1988年为基期的平均农业生产总值的 5%（发展中国家为 10%），就无须削减其国内支持。自 1995 年开始，发达国家以 1986～1988 年为基期，在 6 年内削减 20%AMS；发展中国家在 10 年内削减 13%AMS。对于不引起贸易扭曲的政策，称“绿箱政策”，则免予减让承诺。

4. 卫生及植物检疫。允许各国采取正常的以保护人类健康、动植物生命安全及其生长为目的的措施，但这些措施不应该构成不公正的歧视，从而造成隐蔽性对农产品国际贸易的限制。对进口农产品的卫生检验应该以国际标准和准则为基础。

六、中国农产品对外贸易政策的演变

长期以来，中国政府坚持实行以独立自主、自力更生为特点的对外贸易政策，在实践中逐步形成了中国农产品的对外贸易政策体系。主要政策措施如下：

（1）进出口许可证政策。国家对控制进出口和其他禁止进出口的农产品实行许可证制度。没有取得政府有关部门签发的进出口许可证的商品，一律不得进行进出口交易。这一政策对加强农产品对外贸易的行政管理，克服某些混乱现象，协调各方对外成交，提高外贸的经济效益都起到了重要作用。

（2）进出口企业管理政策。对从事农产品进出口业务的专业贸易企业实行集中管理，统一领导。主要包括确立各种农产品进出口公司的审批程序、经营范围、业务活动以及与有关部门的相互关系等。

（3）保护关税政策。中国根据不同时期国内农产品供应和需求情况，为保证国内居民生活基本需求和促进出口而实行一项税收政策。

（4）商品检验政策。对进出口农产品的品种、质量、包装等严格按照合同规定的标准进行监督管理，防止有毒、有害、低劣农产品进出口，维护消费者利益，保护生态环境。在农产品对外贸易工作中，我们始终坚持了一些基本原则，这些原则也是我们对外贸易政策的重要组成部分。

第一，在出口方面，按照统筹兼顾全面安排的原则，处理内外销关系。对于有关国计民生的重要物资，限量出口；对于内外销都需要但货源较紧的农产品，积极发展生产，挤出一部分出口；对国内市场可有可无的农产品，尽量供应出口。

第二，在进口方面，按照自力更生为主、争取外援为辅的原则，处理进口与自产的关系。凡是国内能够生产的、数量上能满足国内基本需要的不进口；根据国际行情变化，适时调整进口农产品结构，提高用汇效益；国内急需的属于基本需求的农产品，积极组织货源进口。

第三，根据国际政治、外交形势的变化，不断调整农产品进出口的国别和地区。在20世纪50年代，由于西方国家对中国采取贸易封锁政策，迫使我们加强了与前苏联、东欧国家的贸易往来。同时，我们也利用西方国家之间的矛盾，采取灵活有效的方法，积极开展同西方国家的贸易活动。在20世纪60年代和70年代，中国与西方关系解冻而与前苏联关系紧张，我们则逐渐转向同西方国家的贸易。这种灵活性原则，保证了国内农产品的基本需求和出口创汇。

十一届三中全会以来，中国实行对外开放、对内搞活的政策，使中国的农产品对外贸易进入了一个新的历史阶段。在新的形势下，过去形成的农产品对外贸易政策和体制中某些弊端不同程度地显露出来了。例如，统得过死，限制了多方面的积极性；严重脱节；外贸效益不高等。经过几年的探索和实践，在农产品对外贸易政策的完善和体制的改革方面，有了可喜的进展。

（1）坚持统一对外的政策。面对国际上日益激烈的竞争和贸易保护主义政策的再度盛行，中国只有实行统一对外的政策，才能克服自相残杀的现象，增强中国农产品在国际市场上的竞争力。

（2）在外贸管理体制上实行政企分开的政策。外贸管理部门在经营业务上与企业脱钩，逐步使农产品外贸企业实现独立经营，自负盈亏，成为真正的商品经营者，从而调动企业和职工的积极性。

（3）推行农贸结合政策。农贸结合有利于农民按国际市场的要求组织生产，减少盲目性；有利于引进各种先进技术装备，提高出口农产品的质量，增强竞争力；也有利于保障外贸企业的充足货源，农民与外贸企业互惠互利，各得其所。

第四节　农产品市场结构政策

一、市场管制措施

市场管制措施可分为垄断和反垄断措施。

（一）垄断措施

垄断是一种市场行为，指某一个或几个市场参与者控制大部分市场份额的办法，直接左右、控制市场价格的高低，从而获取超额利润。垄断地位与垄断行为是既有联系又有区别的两个概念。垄断地位是指市场份额大到足以控制价格，是有了实行垄断的前提和可能性，而垄断行为则是这种可能性的实现。垄断行为意味着低效率，但垄断地位并不一定意味着低效率。例如，大规模的农产品加工企业会由于规模经济而具有较高的效率，成本会较低。这时候，如果大规模的具有垄断地位的企业不表现出垄断行为，则会大大有利于生产者和消费者。

垄断措施是指政府为了特定目的，对某一或某些农产品实行垄断经营，只有某些指定的国营商业部门才有权对这些农产品收购、批发和零售，禁止其他部门和个人参与经营，垄断措施一般是计划经济国家中所采取的措施。实行垄断经营的目的在于：①体现国民经济的计划特征；②有效地控制（冻结）价格；③较为平均地分配稀缺产品或资源。中国以前实行的对粮食、棉花和油料的统购统销政策就是国家垄断经营的一个实例。实行垄断经营可能产生的副作用是：①由于缺乏竞争，经营部门的效率很低；②供求关系的变化不能得到及时的反映，供给可能在数量上不能适应需求的发展，从而导致供求在数量上和质量上的不平衡。

（二）反垄断措施

反垄断措施是市场管制措施的另一极，在市场经济国家普遍采用。其具体的实现手段是制定和执行反垄断法，一般表现为限制大企业的合并，使得任何一个企业在市场的份额都不超过某一百分比，并且禁止少数几个市场份额较大的企业（公开地或秘密地）联合议定价格。反垄断法是通用于各个产业部门的，在农业方面并没有专门的反垄断法。

在农产品市场上，单个的生产者和最终消费者都由于规模太小而不可能形成垄断。可能形成垄断地位的，只有经营部门。经营部门的垄断，给生产者和消费者均可能带来损失。这种损失一部分是由于营销部门的超额利润所造成的；另一部分是由于营销部门缺乏竞争而导致经营效率的低下所引起的。

市场的规模（空间跨度和交易量）大小不同，形成垄断的难易程度也不同。在经济发达地区，市场规模较大，形成垄断不易；在经济不发达地区，市场规模较小，从而垄断的形成较易。在交通不发达的情况下，每一个集市都可能是一个经济学上的独立市场。在这种狭小的市场上，很容易形成程度不等的垄断现象。农产品市场总体上大规模垄断不易形成（国家垄断除外），但是地区性的、局部性的垄断却是可能随时发生的。例如，在中国的城乡农贸市场上，就有一些较突出的例子。对这些情况，往往无法直接运用宏观性的反垄断法。因此，制定出一定的微观性的市场管理规定，来制止“欺行霸市”行为，就显得十分重要了。

二、发展农业合作

在农产品营销中，只有当各个营销环节中均有充分竞争并且前后相连的营销环节之间市场地位大致平等时，这个营销系统才是有效率的，才是理想的。但在实践中，由于农产品的生产者和消费者的数量庞大，而其规模却很小，因而一般无法与营销者相抗衡，这就可能会导致营销部门的垄断，而营销部门的垄断会给生产者和消费者均带来利润损失。为了解决这个问题，世界各国都从发展农业合作出发，即国家通过一系列优惠政策来鼓励和支持生产者成立供销合作社，消费者成立消费者合作社，使生产者与消费者组织起来，扩大经营规模，从而提高农产品生产者和消费者的市场地位和谈判能力，使其能够与农产品和农用品的营销部门相竞争，以提高整个农产品营销系统的效率。

三、提高市场透明度措施

市场透明度是指市场活动参加者对市场行情，即对供求数量、质量和价格的了解程度。也可理解为市场行情对各类市场参与者的明了程度。市场透明度是市场参加者的属性而不是市场的属性，同一市场对不同的市场参加者的市场透明度可能是很不相同的，谁掌握的市场信息越多，谁的市场透明度就越高。

市场透明度包括数量透明度、质量透明度和价格透明度三个方面的内容。

数量透明度是指市场参与者对供求数量的了解程度，主要包括以下几个方面的信息：①被考察产品的供求数量；②替代产品的供求数量；③其他地区的供求数量；④贮藏方面的信息；⑤未来供求数量变化的信息。质量透明度是指市场参加者对产品质量的了解程度，主要包括以下几个方面的信息：①产品的分等分级；②基础质量标准之上再加上重要质量因素的偏差；③商标。价格透明度是指市场参加者对产品价格的了解程度，主要包括以下几个方面的信息：①最低进口价格；②干预价格（支持价格）；③生产者价格；④批发价格（批发市场或商品交易所）；⑤消费者价格；⑥生产资料购买价格。对以上所有价格种类还要了解质量差价、季节差价和地区差价方面的信息。

对某一产品市场来说，为了获得充分的市场透明度所需要掌握的信息量取决于该产品质量等级、替代品种类的多少、运输可行性及经济合理性的高低以及可贮藏性的高低。产品的替代产品种类和质量等级越多、可运输性越强和可贮藏性越高，则所需掌握的信息量就越大。

在市场经济条件下，较好的市场透明度对生产者、营销者、消费者以及国家行政管理机关都有很重要的意义。对生产者来说，一个较好的市场透明度是利润最大化的重要前提条件；对消费者来说，一个好的市场透明度是消费者的需求得到最充分满足的必要条件；对营销者来说，一个好的市场透明度是赢利极大化的重要条件。如果没有一个较好的市场透明度，国家对市场的有效干预也是不可能的。

提高市场透明度的措施主要有以下几个方面：

1．质量分等分级标准化。按统一的标准对产品的质量等级进行划分，是改善市场透明度的基本前提条件之一。原因是：第一，只有统一分等分级标准，才有可能对同种产品的价格进行比较；第二，价格通报一般不能包括所有的等级而只有可能通过标准等级的价格；第三，质量分等分级标准化浓缩了信息，从而大大地方便了信息的传递和商品的交易活动。例如，只要知道了一批冬小麦的等级为三等，则可以知道其一系列质量特征，包括水分含量、容量、不完善粒比重和杂质含量等。

2．产品标记与广告规范化。随着经济的发展，越来越多的农产品经过加工和半加工后，以越来越多的包装品形式与消费者见面，消费者已经不能再凭借自己的感官直接判断出产品的质量状况。因此，政府对各种农产品的包装做出一些统一的规定，使得消费者从包装的文字说明上便可以获知产品的各种质量特征。这些规定包括：①包装商品必须在包装上说明所含的成分；②必须说明各种成分的百分比含量；③必须注明种种食品的营养成分及含量；④必须注明商品的等级；⑤对于易腐食品，必须按统一标准，注明有效期（可食用期）等等。此外，还应对广告实行管理，例如，规定只有当某种有益成分的含量超过一定的百分比之后，才可在广告中提及。严禁广告给消费者带来虚假信息。

3．举办有组织的市场活动。集市活动是一个最古老的为改善市场透明度而组织的市场活动实例。这种市场活动的组织方式是：按照事先规定的时间和地点，大量的想要进行交易的买方和卖方走到一起，卖方带着其所要出售的产品，所有的市场参加者均可以通过亲眼巡视和彼此攀谈的办法，对市场上的供求数量和质量等情况获得一个清晰的了解。

政府在这种市场活动中所采取的措施主要包括：提供场地，进行秩序与卫生管理；提供技术服务，如设置公平秤等；收集和提供信息；协助交易活动，如组织产品拍卖等。在现代社会中，这种有组织的市场活动已经变得形式多样了。这种有组织的市场，不仅可以表现为现货市场，也可以表现为期货市场，如著名的美国芝加哥期货市场。在这种市场上，政府的职能也更广泛一些，包括一系列市场的组织与管理。

4. 市场行情通报。进行定期的市场行情通报，对改善市场透明度有着十分重要的意义。生产的规模越大，市场的空间半径越大，交通运输的条件就越发达，市场行情通报的意义也就越大。时间间隔越短，市场通报的价值就越大。完整的市场行情通报，应当既包含价格情况，又包含交易数量情况；也应当既包含加权平均价格和数量，又包含最高和最低价格及其对应数量。

市场行情报告的信息来源一般为有组织的市场（现货或者期货市场）。来自有组织的市场上的行情通报，对有组织的市场之外的交易活动有着强烈的影响，成为具有决定性影响的参照价格。

5. 市场研究与预测。市场研究与预测所要解决的是未来的市场透明度问题。对市场发展的预测包括对生产和供给数的预测、对消费者需求的预测以及在此基础上对价格的预测等三个方面。实际上，每一个市场参加者，都无不进行着市场的研究和预测，只是所使用的方法、形式和规模不相同而已。政府采取措施对市场进行研究和预测，不仅可以为市场参加者提供信息，改善其市场透明度，而且对改善政府本身的市场透明度也有着重要的意义，它可使政府有可能按照宏观经济目标的要求，采取及时的、正确的政策手段来调控市场。

四、改善市场基础设施

市场基础设施是指为市场活动服务的各种物质技术装备条件。随着经济的发展，市场参与者对市场基础设施的要求也越来越高。为了提高农产品的营销效率，必须对市场基础设施中一些薄弱环节进行改善。而这些设施的改进和提高，往往伴随着较大额度的投资，有时超过一个企业的承受能力。在这种情况下，有时需要政府出面进行资助。

政府在提供这种资助时，常常引起市场竞争状况的变化。例如，政府的资助只提供给生产者合作社，则会加强生产者的市场地位；如果只提供给已经占据垄断地位的国营部门，则会进一步加强这种垄断地位；如果只是提供给个体经营者（如改善自由市场设施），则会加强个体经营者的市场地位。

中国农业市场基础设施较差，改善市场基础设施的任务是长期的。目前一方面要加强投资建设；另一方面要提高现有设施的利用率，特别是国有企业设施的利用率。

思 考 题

1．农产品市场与价格政策包括哪些内容？
2．农产品国内市场价格政策的具体措施有哪些？
3．简述中国农产品价格政策的演变及其主要的改革内容？
4．试就农产品生产补贴政策进行经济分析。
5．如何制定鼓励农产品出口政策？
6．如何实现限制农产品进口政策？
7．农产品市场结构政策的基本内容包括哪些？

第十二章　农业资金政策

第一节　农业资金的作用与投入

农业是国民经济的基础，中国人多地少的基本国情和农业的产业特性决定了保证农业有效的资金投入对于农业的快速稳定增长，实现传统农业向现代农业的转变，从而保证国民经济的持续稳定增长具有重要的意义和作用。

农业资金是市场经济条件下，农业生产和流通过程中所占用的物质资料和劳动力的价值形式和货币表现，也是农业生产单位获取各种生产要素不可缺少的重要手段。农业资金投入的充足程度，反映了农业综合发展能力，发展农业生产必须解决好农业中的资金投入问题。

一、农业资金的作用

随着社会主义市场经济的发展，资金在农业中的作用日显重要。在市场经济条件下，资金对农业的重要作用主要体现为：

1．资金是农业经营单位获取和合理配置各种生产要素的必要手段。在市场经济条件下，各种生产要素都成为了商品，必须通过购买才能获得。因此，任何农业生产单位要想发展农业生产，都需要首先通过各种途径解决其所需要的资金问题。

2．资金使用的经济效益是市场经济条件下农业生产效益的主要表现。通过农业生产单位的资金使用效益的核算，不仅可以查明其经济效益的状况，而且可以发现其生产经营存在的问题和解决途径。

3．资金的分配和使用是政府对农业实行宏观调控的重要手段。无论是农业生产结构的调整、产品结构的优化，还是对农产品流通领域或分配领域的调节，政府都需要通过资金政策来实现宏观上的调控。

二、农业资金的特性

1．农业中资金运动的快慢决定了农业生产中资金利用经济效益的高低。

一般来说，资金运动得越快，其经济效益就会越高；反之，经济效益就越低。因此，加速资金周转，就成为提高农业生产经济效益的主要途径。

2. 农业中资金的周转期长，周转速度慢。由于农业生产受动植物生长发育的自然规律的限制，不能像在工业中那样，可以比较容易地按照人们的愿望来缩短生产周期。因而在一般情况下，农业中资金的周转速度要比工业中资金的周转速度慢得多。

3. 农业中的资金运动具有很强的季节性。由于农业生产一般都有很强的季节性，因而农业中资金的运动也具有很强的季节性。必须按季节贮备资金和投入生产，并且也只有到季节才能使资金回收，不能像工商业中较少受季节的限制。

4. 农业中资金利用的效益有很大的不稳定性。农业生产不仅受市场变化的影响，还受自然条件变化和年成丰歉的影响很大。因而农业资金利用的效益与工业中资金利用的效益相比，有较大的不稳定性。

农业中资金运动的这些特点，使农业生产处于不利地位，而要发展农业生产就必须从宏观上和微观上采取相应的措施，努力克服上述这些特点给农业造成的不利影响。其中政府宏观上对农业的资金政策显得尤为重要。

三、农业资金的投入机制

农业投入机制有广义和狭义之分，广义上讲，是指农业资源的配置在市场经济规律的作用下生产要素的自由流动，即由市场对土地、资金、劳力、技术的配置起基础的作用。政府通过完备的经济法规和政策，保证经济运行的法制化，并充分利用经济手段对市场运行实行导向和监控，弥补市场经济本身的弱点和缺陷，保证农业资源的有效投入和正常运作。从狭义上讲，农业投入机制指在农业生产过程中，相互联系的不同投入主体通过筹集和运用资金，并供给农业生产所需投入的运作机制。

中国农业资金的投入分别是以国家、农村集体和农户为主体而实现的。其中国家投资指中央和地方政府的农林水利气象服务业的基本建设和更新改造投资以及为农业生产服务的科研教育科技推广方面的资金投入；农村集体投资指各级农村组织和乡镇企业为支持农业生产和发展所投入的固定资产和流动资金；农户投资指农民个人为维持和扩大农业生产对土地和购置各种生产资料的资金总投入。

从资金来源角度看，农业投资可划分为财政支农资金、农业信贷资金和农村农业积累。财政支农资金指国家财政支出中用于农业的资金，包括农业基本建设支出、支援农村生产和各项事业费以及科技三项费用和其他支出，分别在中央和地方财政中列支；农业信贷资金指国家信贷资金中用于农业的固定资产和流动资金贷款，主要来源于各级农业银行和农村信用社；农村积累指农村集体公共积累和农户个人积累中直接投资于农业生产活动中的资金。

改革开放前，中国农业投资主体主要是国家财政和农村集体经济。改革开放以来特别是近几年来，随着市场经济体制的逐步确立，农业投资主体发生了较大变化，开始多元化。当前，农业投资主体由国家财政、农村集体经济和合作组织、国内金融机构及少量农外、境外和国外投资等构成，其中仍以农户投资为主（表 12-1）。

表 12-1　中国农业投资来源构成

时　期	不同投资来源（亿元）			构　成（%）		
	财政投入	信贷投入	农户投入	财政投入	信贷投入	农户投入
“六五”后三年	42.7	1 046.2	2 417.2	10.9	26.7	61.7
“七五”	1 167.7	4 191.0	6 822.6	9.4	33.8	55.1
“八五”前四年	1 789.0	6 792.6	9 963.6	9.4	35.7	52.1

资料来源：毕宝德，1997，“我国农业投资的现状、问题与对策”，《农业经济问题》，第 1 期。

农户投资存在以下弱点：①农户经营规模较小，积累能力有限，资金个体规模小，难以进行大规模基本建设，一般多用于当年生产费用的补偿性投入；②由于农户收益不稳定，丰年收益多多投资，歉年收益少少投资，导致投资的不稳定性，从而影响农业生产的稳定增长。因此，针对我国农业基础弱、比较效益低的现状，政府要充分运用财政和信贷等资金政策，在农业大型农田水利工程、农业综合开发项目、重大农业科研项目的建设，信贷资金、农用工业品价格和农产品收购价格等方面，对农业给予支持与保护。

第二节　农业资金政策的一般内容

农业资金政策包括农业财政政策和农业信贷政策。财政与信贷政策是国家运用财政收支手段和银行借贷关系对社会经济活动实行控制与调节的规则。农业财政政策与信贷政策则是这种行为在农业领域的具体体现。

一、农业财政政策的内容

（一）农业财政政策的目标

农业财政政策有广义和狭义之分，广义的农业财政政策包括农业税收政策和国家财政对农业的拨款和投资政策，狭义的农业财政政策即指财政对农业的拨款和投资政策。农业财政政策的基本目标是稳定农业、发展农业以及协调工农、城乡之间的关系。在社会经济正常运行的情况下，农业财政政策的目标具体表现为：

1．促进农业的发展。我国农业担负着国民经济基础的重任，但是由于农业的产业特性和我国资金稀缺等多种原因，农业发展中经常面临着资金短缺的困难，这就要求国家财政给予农业必要的支援，促进农业的发展。

2．调节农业生产结构。农业生产各部门的发展与国民经济的发展往往存在着矛盾，政府通过采用财政手段对农业生产进行调节，可以促使农业生产结构与国民经济发展和社会对农业产品的需求相适应。对于那些发展慢、国民经济和社会发展急需的短线产品和部门采取增加投资和减免税收的政策；而对于那些供过于求的产品和部门则通过减少投资和增加税收的政策加以限制。通过实施不同的财政政策调节农业生产各部门、各种生产中的资金流量，从而实现对农业生产结构的调控。

3．调节农业收入分配。农业税收政策是将农民创造的部分国民收入集中于政府，而农业财政支农政策则是将一部分集中的国民收入用于农业发展。政府通过这种“取”和“予”实现其对政府与农民、城市居民与农民、农民与农民之间利益格局调整的目标。当财政取之于农的数额大于用之于农的数额时，实质上是农民支援政府和其它产业；反之，则是政府和其它产业支援农民。不同的财政政策还可以调节农民之间的利益格局。政府通过对不同地区农民、不同作物经营者、同一地区不同农民实施不同的农业财政政策可以调节农民的收入分配，实现农村收入分配的公平化。一般来说，政府对于自然条件好，经济水平高的农民和盈利的产品征税高一些，而对他们的财政支持则少一些。

4．调节农产品流通。财政政策对农产品流通的调节主要是通过农业税收政策实现。例如，政府通过有关税收政策对商品的各级批发零售环节征税，可以增加商品经营者的流通成本，从而促使农产品多渠道、少环节流通体系的建立，加速商品周转。又如，通过对国外进口农产品实施关税壁垒，限制其在国内的流通可以达到保护本国农产品市场和农民利益的目标。

5．调节农民消费。政府通过各种税收政策可以对农民的消费进行引导。例如，对农民超标准住宅征税可以达到节约土地资源的目的；对高档消费品课征高税可以起到限制消费和引导农民合理消费、处理好生活消费和生产消费关系的作用。

6. 调节工农关系、城乡关系。政府通过运用适当的财政支出政策和税收政策可以调节工农关系、城乡关系。例如，政府通过对农业生产的补贴政策可以使城市居民获得低价的食品消费；政府通过对农业的投资倾斜政策可以促使农业开发的顺利进行；通过低税或减免税政策可以使农产品加工业得到优先的发展等。

农业财政政策的目标是服从于整个财政总目标的，因此，具体到一定的时期或条件下，农业财政的目标是有侧重点的。例如，在工业化初期，国家常常要求农业为工业提供资金积累，这时候的农业财政政策目标就可能以牺牲农业或农民的局部或暂时利益为工业的起步提供积累为目的；而在工业化完成后，国家的农业财政政策目标就可能转移到支持农业、稳定农业的轨道上来。

（二）农业财政政策的政策手段

农业财政政策手段就是为了实现既定的政策目标所选择的具体途径或具体的实现方式与方法。农业财政政策对农业实施宏观调控的政策手段主要包括农业税收政策和财政支农政策。

税收是国家为实现其职能、依照法律规定对应该纳税的单位和个人强制地、无偿地征收的实物和货币。它是国家凭借政治权力参与社会产品分配的价值形式，是国家组织财政收入的主要工具，是调节供求总量与供求结构，调节生产和消费，正确处理国家、集体和个人之间关系的重要经济杠杆。税收政策主要通过税目的增减、税率的升降以及税收的附加、加成和减免的实施发生作用。

财政支农是财政支出中用于农业的部分。财政支出可分为购买支出和转移支出。购买支出是指政府在商品或劳务市场上购进商品或劳务时所发生的支出，它包括支援农村生产支出和水利气象等各项农业事业费、农村基本建设投资、科技三项事业费等，其结果是政府对国民产品的占有和使用，而相应地会减少其他方面对这些产品的占有和使用。因此，该类支出直接影响资源的配置和利用水平。转移支出是指政府单方面的资金支付，而不相应取得产品或劳务。它包括农产品价格补贴、财政贴息、农村救济等福利方面的支付。转移支出的结果会影响收入在个人之间的再分配，从而间接地影响资源配置。

具体来说，农业财政政策实施有以下几种主要形式。

1. 对农业无偿的财政拨款。这种财政拨款包括：国家对农业基本建设的财政拨款；国家对农业事业费的财政拨款；国家对国有农业企业的流动资金拨款（1983年后改为银行贷款）；对贫困地区的财政补助等。

2．税收政策。通过税收政策调节农业生产结构和农村收入分配。如通过对农业实行轻税政策，使农业休生养息，调动农民的生产积极性，促进农业的发展；通过对不同农产品征收不同的税收以限制某些作物和产品的生产而鼓励另一些作物和产品的生产从而达到调整和优化生产结构的目的；通过对贫困地区和灾区减免税收调节农村收入分配等。

3．在农产品收购和农用工业品销售等方面给予价格补贴。

4．对银行发放的农业贷款实行财政贴息。

二、农业信贷政策的内容

（一）农业信贷政策的目标

农业信贷是农业经济活动中各种借贷活动的总称。农业信贷政策是指国家运用信贷手段控制、调节农业经济活动所遵循的准则和方略。农业信贷政策的基本目标是通过资金的回笼与投放，调节农业生产的发展和农产品的供给。在正常情况下，农业信贷政策的目标与农业财政政策的目标是基本一致的，但是农业信贷政策的目标相对侧重于生产与流通领域的发展目标。主要体现在：

1．支持粮、棉、油生产。粮棉油等主要农产品关系到国计民生，为了确保这些基本农产品生产的稳定增长，政府往往通过在信贷上采取优先鼓励的政策对其加以扶持。

2．加强农业基础设施建设。农业面临着自然和市场的双重风险，农业天然的弱质性要求通过加强农业基本设施的建设增加农业抗御自然灾害的能力，而政府通过在信贷上采取优先考虑的政策，如建立农业水利专项建设基金，开辟长期水利建设贷款等，可以对农田水利设施等基本项目建设起到重要的作用。

3．为农业生产调节资金余缺。农业生产具有强烈的季节性，时而有多余的资金闲置，时而又资金严重不足，这些问题如不能解决，将严重影响农业生产的发展和农业的经济效益。发达的农村金融市场和有效的农业信贷工作可以顺利地解决这些问题。

4．确保农副产品的收购。为了保护农民的生产积极性和利益所得，政府在丰收年份的收购旺期，总要在信贷上采取专门的政策，即筹集和安排足够的资金来收购农副产品，使农产品的流通得以顺畅，确保农民的收益。

5．支持贫困地区和老少边穷地区的经济开发，缩小地区间的贫富差别。中国农业信贷政策的一个重要目标，即通过实施优惠的信贷政策，如低息甚至是贴息的贷款来扶持这些地区的经济发展。

6．大力发展农用工业。为了保证化肥、农药、农用薄膜、农业机械和柴油等农业生产资料的供应量逐年有所增加，并不断提高质量、降低生产成本，政府在信贷上对这些企业或新上项目常常实行投资倾斜和其他保护性政策。

农业信贷政策主要包括紧缩性信贷政策和扩张性信贷政策。对农业信贷是采取紧缩还是扩张政策，不单单取决于农业本身的状况，而且还取决于整个国民经济的发展状况和中央银行的总的货币政策的目标。一般来说，在农产品过剩或经济过热的时候，国家采取信贷紧缩的政策以抑制产品过剩或经济过热；反之，在农产品短缺或经济萧条的时候，国家采取信贷松弛的政策以刺激农产品供给或经济复苏。

（二）农业信贷政策的政策手段

农业信贷政策的政策手段是政府为了实现既定的政策目标，对农村金融信贷活动进行调控的各种措施。主要有结合财政贴息政策的利率优惠政策，区别农业生产经营单位的贷款数额、贷款范围、贷款用途、贷款利率和贷款期限等方面的原则性规定，对农业生产单位贷款提供担保等。

具体而言，农业信贷政策包括农业信贷规模政策、农业信贷结构政策、农业信贷优惠政策、农业信贷条件、利率政策等。

1．农业信贷规模政策。农业信贷规模政策也可叫做农业信贷总量政策。农业信贷规模政策的基本内容包括扩张性政策、紧缩性政策和稳定性政策。扩张性农业信贷政策是不断增加农业信贷资金总量，扩大农业信贷资金的总规模；紧缩性农业信贷政策是减少农业信贷资金供给量，缩小农业信贷资金的规模；稳定性农业信贷政策是指在一定时期内，将农业信贷总规模维持在大体相同的水平上。采用何种形式的农业信贷政策，不仅取决于农业本身发展状况和国家的产业政策，而且取决于整个国民经济的形势和国家信贷规模和信贷结构的总政策。

2．农业信贷结构政策。农业信贷结构政策是国家为了保证农业信贷资金在农业生产各部门和各种生产之间实现合理配置而制定的原则。农业信贷结构政策在实践中往往通过“区别对待，择优扶植”的政策来体现。“区别对待，择优扶植”政策就是指银行和信用社对农业企业发放贷款时，在调查研究的基础上，区别不同对象决定是否贷款，贷款额度，贷款期限，贷款条件和优惠程度，从而做到有所鼓励，有所限制，实现农业信贷结构政策的总目标。

3. 农业信贷优惠政策。政府农业信贷的优惠政策的主要内容有低利贴息、提供担保和豁免债务等。

农业信贷低利政策和贴息政策是指对农业贷款规定低于一般贷款的利息率，以支持农业的发展。在国家不直接经营银行的体制下，农业信贷低利政策的实行必须与贴息政策相结合。贴息政策是政府为了一定的农业目标，运用贴息手段引导贷款投向农业的一种措施。一般来说，贴息政策是由政府与银行协议发放的。银行按照政府确定的贷款数额、贷款范围、贷款对象、贷款用途、贷款利率、贷款期限等方面的原则发放贷款，政府向银行支付农业贷款利率与一般商业性贷款利率的差额，确保银行的利息收入。可见，农业信贷的低利政策实质上是政府财政对农业的一种补贴政策。低利贴息政策不仅可以减轻农民的负担，满足农业生产的资金需求，支持农业发展，而且可以引导更多的信贷资金投向农业，是政府筹措农业资金扶持农业生产的有效措施之一。

提供担保和豁免债务政策，前者是指因农业经营资本数额较小，并且承担着来自市场和自然的双重风险，从而农业经营者的“信誉”较低，不易在商业银行中取得贷款。为了帮助农民解决资金不足的困难，需要政府以自己的信誉为农民提供担保。而豁免债务政策则是针对那些因天灾人祸等原因所致而长期无力偿清债务的农民，政府为其豁免债务。在国家不直接经营银行的体制下，由此而给银行带来的损失由国家财政给予补偿。

第三节　中国的农业资金政策

一、中国农业税收政策

（一）中国农业税收政策的历史和现状

农业税是国家向从事农业生产有收入的单位或个人征收的一种税收。它是政府实施农业财政政策的重要手段之一。税收政策中可操纵的主要变量有税种、税目、税率、纳税人以及减免、加成等。农业税收政策就是政府变动以上变量对农业生产活动进行调控以实现既定的政策目标。农业税收政策是正确处理国家同纳税人之间及纳税人相互之间税收负担矛盾的准则。我国的农业税收政策主要包括轻税政策、稳定负担政策、合理负担政策和鼓励增产政策几个方面。

1. 轻税政策。轻税政策是指国家参与农业部门国民收入分配的份额要兼顾国家和农民的利益，税负从轻。农业税的税负从轻主要体现在两个方面：一是体现在税率上，农业税的税率是指农业税的实际征收额占常年产量的比例；二是体现在实际负担率上，实际负担率是指农业税的实际征收额占实际产量的比例。解放以来，除了少数特殊年代，中国的农业税负担率一直是比较低的，并且随着农业的快速增长，尤其是改革开放以来农业的超常规增长，负担率逐步减轻。目前，中国农业税的平均税率为15.5%，实际负担率不到3%。

2. 稳定负担政策。稳定负担是指在一定的时期内，全国农业税的征收额稳定在一定的水平上，“增产不增税”。稳定负担是指征收数额的稳定，而不是税率的稳定，也不是负担率的稳定。稳定负担政策与轻税政策是相互联系的。轻税政策要求在一定时期内税收负担稳定，而只有税收负担在一定时期内稳定不变，随着生产的不断发展才会使实际负担率不断下降，从而进一步体现轻税政策。

稳定负担政策是1953年提出的。几十年来，中国执行这一政策大体分为四个阶段：第一阶段是1953～1957年，全国农业税和征收指标基本上稳定在1952年实际征收的水平上。第二阶段是1958～1960年，全国农业税和征收指标稳定在1958年的高征购的基础上，增加了农民的负担。第三阶段是1961～1978年，全国农业税的征收指标一直稳定在1961年大幅度调减农民负担的基础上。稳定的时间原定三年，但由于农业发展缓慢，所以实际执行一直稳定到1978年。第四阶段是1979年以来。1978年12月，国务院批准财政部《关于减轻农业税收问题的报告》，规定从1979～1983年农业税实行起征点办法，对每人平均口粮和收入在起征点以下的生产队免征农业税，因此，进一步减轻了部分农民的负担。

3. 合理负担政策。合理负担，就是说农业税的征收要适应不同地区，不同单位，不同阶层农民的收入水平，合理确定各类农民的农业税负担，保证各类纳税人之间的税收负担公平合理。实行合理负担政策，必须正确处理纳税人之间的矛盾。纳税人之间的矛盾在不同历史时期是不同的。现阶段纳税人之间的矛盾主要表现在三个方面：一是地区之间的矛盾。处理这一矛盾就是要使地区之间的农业税负担同该地区的农业发展水平相适应；二是作物之间的矛盾。处理这一矛盾必须使不同作物的负担水平有所差别。一般来说，经营经济作物的，收入水平高一些，负担应相应地高一些；经营粮食作物的，收入水平低一些，负担应相应地低一些；三是同一地区不同纳税人之间的矛盾，也要求纳税人的负担能力同收入水平相适应。

4. 鼓励增产的政策。鼓励增产的政策，是中国农业税收政策的又一重要内容。物质资料的生产是税收的源泉，只有农业生产发展了，农民收入增加了，国家的农业税收才有保障。因此，税收工作必须以调动农民的生产积极性，促进农业生产的迅速发展作为自己的出发点和归宿。鼓励增产的政策，在我国农业税收制度的许多方面都有所体现。例如，农业税采用按常年产量计征，而不是按实际产量计征；农业税负一定几年不变，增产不增税；对开垦荒地、耕地复垦增加的农业收入在若干年内免予征税等等，都是鼓励增产政策的具体表现。

（二）中国现行农业税收政策的评价和完善

总体上看，中国的农业税收政策作为税收工作的基本指导原则是合理的，并且在实践中也发挥了作用，但也存在着某些不足之处，需要进一步完善。

1. 从轻税政策来看，一方面这一政策有利于农业积累和发展；但另一方面，如果税收占农业收入的比重过低，就失去了税收对农业发展的调节能力，也影响国家支援农业的投资能力。农业税收具有积累资金的能力，其实际上是国家进行农业基本建设投资和农业科学技术推广等公共品的成本。税收功能的弱化使得国家从农业中得到的资金积累相对减少并影响财政对农业的支出。而从另一方面来看，判断各级政府是否真正实行了轻税政策，不能仅看农民交纳了多少“明税”，而且要看农民负担了多少“暗税”和来自各种政府部门的“杂税”。现实中，农民负担的各种“杂税”（摊派、集资和罚款）和“暗税”（“剪刀差”）是比较重的。因此，要完善轻税政策，发挥税收的经济杠杆作用，可以在形式上提高税率，增加税额，但这要杜绝和工农产品价格体系的调整以及各种不合理的摊派一起进行，使农民的负担规范化、公开化，使农业的轻税政策名副其实。只有合理地处理好国家、集体和农民三方面的利益，才能保证农村经济的健康稳定发展。

2. 从稳定负担和合理负担政策来看，前者似乎成了“恒定负担”，即在20多年中农业税额几乎没变，这就既与稳定负担政策不尽符合，又与合理负担政策产生矛盾。以耕地为依据、农产品为对象的传统农业税收政策已经远远不能适应农村经济的发展现实。随着全国耕地面积数据严重不实而各地区间耕地增减不一，有的地区有税无地，有的地区有地无税。此外，在二十几年的发展过程中，不同单位，不同农民的生产经营和收入水平的变化是有差别的，税收绝对额不变，必然导致不同收入者的实际负担率的差异，这就使合理负担政策很难实现。至于合理负担政策本身在实际中也未得到很好落实，农业税收征收范围局限于种植业，集中于产粮区造成了实际税负不均；此外，尽管开征了农林特产税，粮食和经济作物税负水平仍畸重畸轻，较之从事经济作物生产的农民，从事粮食种植业的农民负担往往相对重些。因此，根据实际情况的变化做出相应的调整以及不断健全农业税收制度，是稳定负担和合理负担政策不断完善的重要内容。

为了充分发挥税收的经济杠杆作用，适应农业税政策的调整，农业税制度必须做出相应的改革，总的方向是逐步将具有复合意义的农业税分解为若干税种。从农业税的本意看，农业税不单纯是对总收入征税，而且包括了产品、所得和资源三个方面的税收因素在内。改革的方向应该是将单一的农业税分解成农业土地税或农业资源税、农业产品税和农民所得税。

农业土地税依照农民使用的土地面积和土地的等级，根据不同用途确定不同的税额。因此，它有利于土地资源的合理分配和利用，可以限制农地撂荒和粗放经营，同时，这种税可以实现稳定农民负担、稳定国家财政收入的要求。

农业产品税依照农民出售产品的数量和出售价格计征。不仅可以解决农民自给产品部分也要纳税的不合理现象，而且能够更好地调节农民的收入，实现合理负担的要求。因为，产品税是不卖不征，多卖多征，高价高征。以自产自用为主的农户只交土地税和少量产品税；商品率高、收入多的农户除交土地税外，还要根据其销售收入交较多的产品税。这就使得农民的税负与他们的经济水平相适应。

农民个人所得税是根据农民的个人所得——纯收入计征。它可进一步实现国家对农民收入水平的调节。对过高的个人所得征税，可以限制农民中的两极分化现象，有利于实现社会公平。从另一方面看，个人收入多的农民也应该对国家和社会多做一些贡献，为经济建设多提供一些积累。

二、中国财政支农支出政策

（一）中国财政支农支出政策的回顾

财政支农支出政策是政府将集中掌握的一部分财政资金通过财政预算拨款的方式，交给农业部门以及农业企事业单位使用，以促进农业生产的发展。

建国以来，国家通过对农业的投资，在建设农业基本设施、增加农业抗御自然灾害的能力、促进农业技术改造、支持农产品商品基地建设、扶持贫困地区发展等方面起了重要的作用。但是，长期以来，中国工业优先发展战略使得中国的国民经济发展带着明显的重工轻农的特点，从整个国民经济的投资构成看，政府对农业的投资政策却相对不足且很不稳定（表 12-2)）。

表 12-2　财政支农支出占财政总支出比例

时期	财政支农支出（亿元）	财政总支出（亿元）	财政支农支出占财政总支出的比重（%）
“五五”	693.55	5 282.44	13.13
“六五”	658.48	7 483.18	8.80
“七五”	167.77	12 865.7	9.08
“八五”	2 271.95	24 387.5	9.32
1996	700.43	7 937.55	8.82
1997	938	9 233.56	10.16

资料来源：《中国统计年鉴》(1998)，整理。

改革开放以来，我国财政总支出中农业支出所占份额有较大幅度的下降，由 1976 年的 13.71％下降到 1997 年的 10.16％，下降了 3.55 个百分点，其间最低比例仅为 7.66％。虽然在某些时期财政支农支出比例受某些因素的影

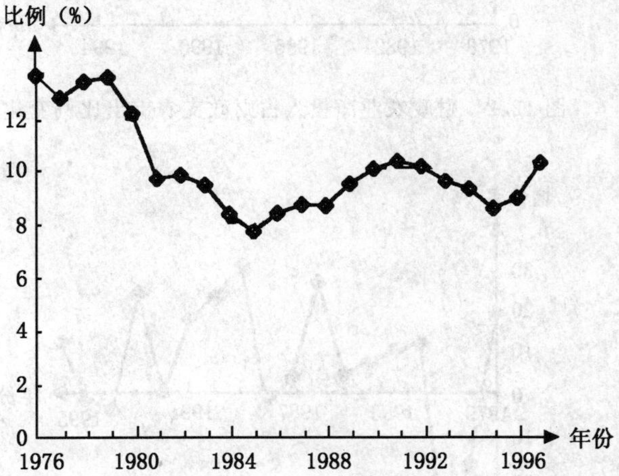

图 12.1　财政支农支出占财政总支出比例变化

响呈阶段性上升，但总体上呈不断下降的趋势（图 12.1)。图 12.1 显示，农业支出占财政总支出比例的变化具有十分明显的波动性和阶段性。1978～

1985 年，农业支出比例基本上呈逐年下降的趋势；1985～1991 年，又呈逐年上升的势头，不过 1991 年也就达到了 1981 年的水平，此后，此比例又逐年下降，1994 年的财政体制改革也未能扭转这一状况，直到 1997 年才有较大幅度的提高，也仍然低于 1991 年的水平。

再看财政性农业资金的流动。以财政净投入指标来衡量政府财政对农业发展的实际支持程度。财政净投入指标是指国家财政支农支出与财政从农业得到的收入之间差额占财政支农支出的比重。这一指标既考虑了财政的投入支出，又考虑了财政的收入情况，可以较为准确地反映国家对农业的实际支持程度。分析表明，以财政支农净投入占财政支农支出比重衡量的国家财政对农业的实际支持程度呈波段性大幅度下降（图 12.2），长期以来中国财政支农政策一直处于很不稳定的状态中（图 12.3）。

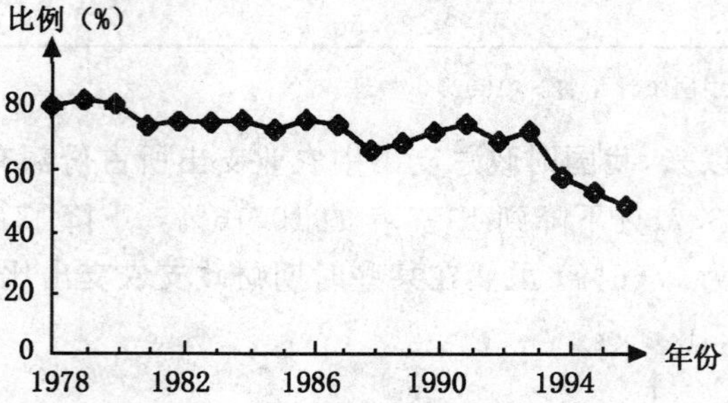

图 12.2　财政农业净投入占财政支农支出比例变化

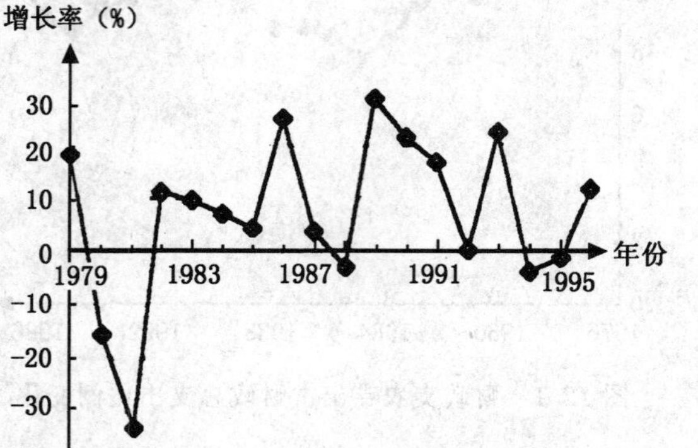

图 12.3　财政性农业资金净流入增长率变化

表 12-3　中国财政性农业资金流出与流入

年份	农业支农支出（亿元）	农牧业税类收入（亿元）	财政净投入（亿元）	财政净投入增长率（%）	净投入占支出比例（%）
1978	150.66	28.4	122.26		81.15
1979	174.33	29.51	144.82	18.45	83.07
1980	149.95	27.67	122.28	−15.56	81.55
1981	110.21	28.35	81.86	−33.06	74.28
1982	120.49	29.38	91.11	11.30	75.62
1983	132.87	32.96	99.91	9.66	75.19
1984	141.29	34.33	106.96	7.06	75.70
1985	153.62	42.05	111.57	4.31	72.63
1986	184.2	44.52	139.68	25.19	75.83
1987	195.72	50.81	144.91	3.74	74.04
1988	214.07	73.69	140.38	−3.13	65.58
1989	265.94	84.94	181	28.94	68.06
1990	307.84	87.86	219.98	21.54	71.46
1991	347.57	90.65	256.92	16.79	73.92
1992	376.02	119.17	256.85	−0.03	68.31
1993	440.45	125.74	314.71	22.53	71.45
1994	532.98	231.49	301.49	−4.20	56.57
1995	574.93	278.09	296.84	−1.54	51.63
1996	700.43	369.46	330.97	11.50	47.25

资料来源：《中国农村统计年鉴》(1997)。

改革开放以来，虽然财政支农支出绝对额仍保持了较高的增长，然而，由于财政性农业收入的年均增长速度大大快于财政支农支出的年均增长速度，财政净投入占财政支农支出的比例大幅度下降。1978～1996 年（见表 12-3），财政性农业收入的年均增长速度为 15.3%，财政支农支出的年均增长速度为 8.9%，而财政支农净投入的年均增长速度为 5.7%，财政支农支出净投入年均增长与财政性农业收入年均增长之间的差距高达 9.6 个百分点。

依据财政对农业的净投入指标可以将国家农业财政政策的变化大体划分为三个阶段：

第一阶段，1957 年以前。国家不仅通过压低农产品价格，而且，从财政收支上也从农业取得一部分资金，这一时期财政对农业的净投入表现为负值。

第二阶段，1957～1978 年。国家虽然在农业财政收支上表现为净投入，且投入增长速度超过了收入的增长速度，但由于国家采取了从农业抽取剩余以支持劳动力低成本下的工业发展战略，对农产品实行统购低价政策，农产品价格大大低于其价值。在这一时期，农业资金仍然表现为净流出。然而人民公社体制下实行的劳动力集中动员方式为农业创造了大量的劳动积累，使得这一个时期的农业投入问题尚不突出。

第三阶段，1978年农村改革后。国家不仅多次大幅度提高农产品收购价格,并于1985年取消了统购制度,农业生产的市场化程度得到了较大的提高,大多数剩余农产品可以自由进入流通和消费领域,农产品贸易条件得到改善。但是，随着人民公社体制的消亡，集体组织的劳动积累日趋减少，原有农业基础设施老化严重，农民由于对联产承包责任制政策的连续性存在疑虑，以及生产规模的狭小而不愿增加对农业的长期投资，在这种情况下，农业财政收支政策却并未向有利于农业的方向发生根本性的转变。尽管财政支出逐年增加，但与此同时，常常是来自农业税税类收入的大幅增长，且后者的增长常常快于财政支出的增长，从而导致财政净投入增长在年际间波动较大，甚至出现负增长。这一情况在1994年的财税体制改革后表现得尤为明显，农业税税类收入急速增长，导致净投入增长速度急剧下降，并在1994～1996年的3年中，竟有2个年份的财政净投入连续出现负增长，使得财政净投入占农业支出的比重大幅度下降，1996年仅为47.25%，比1993年下降了24.2个百分点，比历史上最高年份1979年下降了35.8个百分点。

（二）中国财政支农支出政策的评价和完善

政府对农业长期的投入不稳和不足给农业带来了一系列严重后果。农业始终存在抗灾能力弱、农业综合生产能力提高缓慢的问题，农业靠天吃饭的状况没有根本改变。据有关统计，建国以来，平均每年受水旱灾害的面积为0.26亿hm^2；平均每年因灾害减产100亿kg粮食，特别是近年来每年因灾害而损失上千亿元。现有的农田水利工程，大多数是20世纪50年代至70年代修建的，当时资金不足，工程因陋就简，配套设施差，运行多年后已严重老化，70%的大型灌区老化损坏；水土流失、水质污染、沙化等生态环境问题严重。农业生产基本条件没有得到根本改善，这必将影响农业生产的稳定发展，并影响整个国民经济的稳定发展。

政府对农业投资的不断减少和大幅波动，有多方面的原因，如国家财政的紧张；投资主体的多元化导致中央财政不足；地方政府投资行为的短期化、趋利化；农业投资的无偿性、低效率等。但从农业投资角度看，主要原因在于：

（1）投资政策向城市与工业的倾斜。由于城市与工业象征着国家经济发展与实力,长期以来政府一直采取着包括投资在内的城市与工业倾斜政策,而对农业，虽然认识到其地位的重要性，但在实际工作中却总存在着一定的偏差，表现在投资上就是投资不足，投资政策不稳定。

(2) 投资政策缺乏法律与制度的约束。由于国家的农业投资政策缺乏强有力的法律和制度约束，在比较利益的诱导下，各级政府往往倾向于把利润大、见效快的工商业作为投资重点，而对收益少、见效慢的农业投资却一再挤占压缩。

(3) 无偿的农业投资政策导致农业投资陷入“投入少—效益低—少投入”的恶性循环。长期以来，政府对农业的投资大多是采用无偿拨款的政策，这使得农业投资效益低下的矛盾尤其突出。农业投资效益低下的直接后果是各级政府简单地减少农业投资。

完善中国农业财政政策应包括以下几方面：

(1) 实行稳定增长的农业财政投资政策。稳定增长的农业财政投资是指，随着国家财力的不断增强，逐步地增加财政支农资金的数量，使财政支农支出占财政总支出的比重稳定在一个较高水平上。实行稳定增长的农业财政政策首先要从根本上矫正投资向城市与工业过度倾斜的政策，使政府对农业的投资不仅在绝对数量上每年有所增加，而且相对比重要保持较高的水平。

(2) 强化农业投资政策的法律约束，确保农业投资的稳定性和连续性。具体而言，就是要建立健全有关农业投资的法律和法规，以立法手段克服各级政府的投资短期化和无序化行为,确保农业投资随着经济的发展而相应增长,使国家的农业投资政策保持相对的稳定性和连续性，并在实践中得到贯彻。

(3) 实行农业投资无偿与有偿相结合的政策。财政对农业的投入也应考虑资金的投入效益，这与保证农业投入是不矛盾的；相反，可以提高财政支农资金的使用效果，发挥有限资金的最大效益。因此，应改变传统无偿的农业财政投入机制，建立实行无偿和有偿相结合的农业财政投资政策。无偿投资与有偿投资相结合的实质就是要对农业投资采取区别对待的政策。对于以生态效益、社会效益为主的投资项目，如大江大河的治理、农村教育、农业科技开发等，国家仍实行无偿拨款的政策；对于以经济效益为主的投资项目，如商品农产品基地建设、新产品开发等，采用有偿拨款的政策，而且偿还的利息可视项目的具体性质有区别地确定。

(4) 实行突出重点、适当集中的农业投资政策。我国社会经济发展水平的限制决定了财政支农资金在一个相当长的时间内不会宽裕，因此，政府农业投资应当坚持突出重点、集中投放的方针，把政府有限的农业投资投放在实现政府农业发展目标的关键环节上。

(5) 划清中央与地方政府在支农投入上的事权与财权关系，稳定地方财政支农投入。关系国计民生的重大农业项目、跨流域的农业基建项目、社会效益显著而经济效益不显著或短期内无经济效益的项目、面向全国性农业科技试验项目等由中央审定投入和确定收益；其它短期投资项目、中小型农业项目由地方政府负责，这样有利于发挥中央和地方的积极性。

三、农业信贷政策

（一）中国农业信贷政策的回顾

农村经济改革以来，随着农村金融体制的不断改革，中国农业信贷政策对农业发展的作用越来越明显，主要表现在以下几方面：

(1) 农业信贷规模的增大给农业发展提供了大量的资金。改革以来，农业信贷的总量有了很大的提高，从1981年的280.99亿元上升到了1997年的8 350.4亿元(见表12-4)。在农业资金投入中信贷投入一直占有很大的比重，在“八五”前4年，该比例占到35%左右。

(2) 产业信贷政策日益完善。农业信贷政策始终把支持粮食生产作为农业信贷工作的首要任务，优先布置，政策优惠；在林业上，1983年农业银行和林业部明确指出了林业贷款工作的重点是“增加林业贷款投入，支持国营集体林场营造用材林，建立商品林基地，抚育幼林，增加苗木生产以及开展多种经营、综合利用，支持广大农民植树造林”。从1986年起，连续三年，农业银行总行每年安排亿元林业专项贷款，为植树造林和林业生产发展起到了积极作用；渔业贷款政策也是如此，明确提出了大力支持发展淡水鱼业生产，支持浅海滩涂的开发利用，加快海水养殖业的发展，促进压缩近海捕捞能力，保护和合理利用近海资源，支持海产品保鲜加工，开展综合利用。

中国信贷政策对中国农业的发展做出了很大的贡献，但同时也存在着一些问题，主要表现在信贷投入年际波动很大且结构不尽合理。

(1) 农业信贷投入波动较大，加大了农业生产的风险性。改革以来，农业信贷的总量有了很大的提高，从1981年的280.99亿元上升到1997年的8 350.4亿元（见表12-4），但农业信贷投入的周期性大幅波动（图12.4）在客观上使初涉市场的农民难以形成较成熟的市场预期能力。由图12.4可知，农业信贷年增长率最高的年份1990年高达151.46%，而有的年份则出现了负增长，1985和1995年分别比上年下降了37.87%和35.00%。与此同时，农业信贷占全社会信贷的比例也表现出强烈的波动性。1984年该比例高达13.58%，此后几年下降到7%左右并徘徊不前，直至1990年一跃为13.65%，此状态维持了4年，又降低到历史的最低水平5.97%，近几年又有所回升。农业信贷投入的波动，加大了农业生产的波动，这种波动的直接受害者是农民。

表 12-4　中国农业信贷增长率

时期	农业贷款（亿元）	年均增长率（%）	全社会总贷款（亿元）	农业贷款占全社会贷款比例（%）
“六五”	2 103.34	11.19	20 341	10.34
“七五”	5 447.4	45.22	60 458	9.01
1991	2 976	23.34	21 338	13.95
1992	3 868.5	29.99	26 323	14.70
1993	4 839.1	25.09	32 943	14.69
1994	4 644.5	−4.02	40 810	11.38
1995	3 019.1	−35.00	50 538	5.97
1996	7 123.00	135.93	61 153	11.65
1997	8 350.4	17.23	74 914	11.15

资料来源：《中国金融年鉴》(1998，1991，1988)。

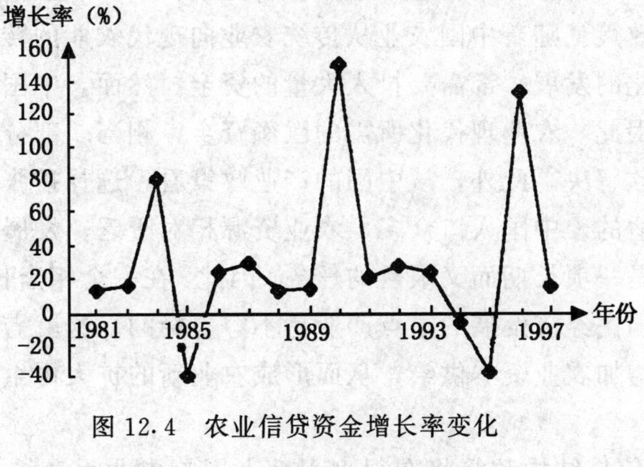

图 12.4　农业信贷资金增长率变化

(2) 农业信贷结构不尽合理。农业信贷中短期贷款多，而中长期信贷投入不足。短期贷款主要体现在农副产品的收购，中长期贷款主要用于农业开发。而真正用于农业基本建设的资金更显不足，今后金融支农重点应从收购贷款转向农业生产性、建设性贷款和工业化贷款方面，以增强农业持续发展的后劲。经营性农业信贷资金投入结构不合理。20世纪80年代后，随着乡镇

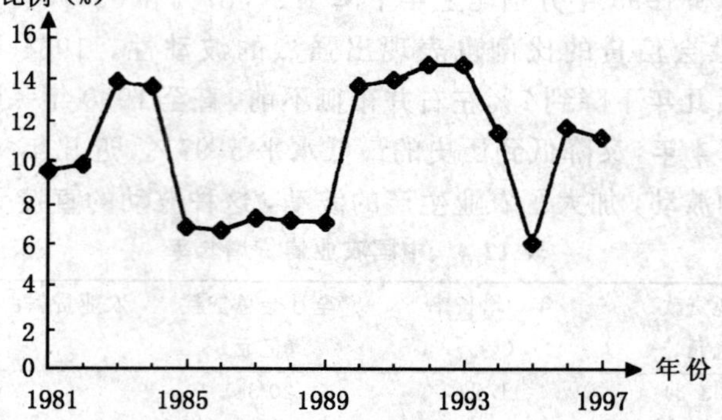

图 12.5 农业贷款占全社会贷款比例变化

企业的突起，国家银行、农村信用社的资金大幅度流向乡镇企业。信贷资金继续向乡镇企业倾斜，既强化了农业信贷资金投入的不合理性，又反映了农业种植业信贷资金效益不高，也表明了农业金融机构信贷资金总体效益下滑。

（二）中国农业信贷政策的评价和完善

1. 规范农业信贷投入总量控制。从长远看，中国农业信贷规模政策应当选择扩张性政策。随着中国农业从传统农业向现代农业的转变，农业现代化和农业商品化的发展，都需要投入大量的资金。然而，中国农业的积累能力却比较低，因此，农业现代化所需的巨额资金，相当一部分需要通过政府投资和银行贷款解决。此外，从中国的产业政策看，选择扩张性农业信贷规模政策也是合适的。中国人口众多，农业资源相对匮乏，发展农业以解决国民的衣食之需是一项长期而又艰巨的任务。因此，在一个相当长的历史时期内，把农业作为国民经济发展的重点产业是不容置疑的。这就需要通过扩大农业信贷规模，增加农业资本供给，从而形成农业新的扩大再生产能力，增加农产品的供给。

2. 农业信贷结构政策将在很大程度上影响农业生产结构并进而影响农产品的供给结构。正确的农业信贷结构政策，首先应该反映农业生产协调发展规律的要求，促进农林牧渔各业协调发展，促进粮食生产与多种经营协调发展，促进农业生态系统的良性循环。正确的农业信贷结构政策，还应该向那些经济效益不高而社会效益显著的部门和产品倾斜。这些项目大多发展动力不足，需要国家各方面的支持，其中包括信贷上的支持。

思考题

1. 农业资金政策在推动农业发展中的作用如何？
2. 简述我国农业财政资金政策的内容。
3. 简述我国农业信贷资金政策的手段。
4. 试述如何进一步完善中国的农业财政政策？
5. 试述如何完善中国的农业信贷资金政策？

第十三章　农业可持续发展政策

第一节　农业可持续发展理论产生的背景

人口、资源、环境问题以及经济社会发展问题是当今世界人们日益关注的四大问题。可持续发展作为谋求解决人口、资源、环境与经济的持续协调发展问题的惟一途径，已经成为世界各国的共识。

一、可持续发展思想与理论的发展

第二次世界大战以来，人口、环境、资源以及发展问题为人类所关注。罗马俱乐部于20世纪60年代就在环境问题上向人类提出了警告。1972年联合国在瑞典召开了人类环境问题大会，成立了联合国环境规划署。1987年布伦特委员会在其所提交的《我们共同的未来》报告中，正式详细地阐述了可持续发展的基本概念、主要问题以及行动方案。1992年世界环境与发展大会提出两项主要议案，即《地球宪章》和《21世纪议程》。随后各国和研究机构纷纷开展对可持续发展的思想与理论的研究工作。

可持续发展既是人类发展的一种模式，又是人类追求的发展目标。它是在总结了发展与环境相互关系的正反两方面的经验和教训基础上，人类对今后的选择的一个回答。布伦特委员会在《我们共同的未来》报告中提出的可持续发展定义是："既满足当代人的需要，又不对后代满足其自身需求的能力构成危害的发展"，这一定义得到普遍的认可，并在1992年的世界环境与发展大会上达成共识。

二、持续农业产生背景

可持续发展是世界经济迅速增长的同时，又面临诸如人口、资源、环境等重大危机的双重背景下产生的一种新的发展思想。持续农业是可持续发展思想在农业领域的体现。持续农业的概念首先于1985年在美国提出。随后，世界环境与发展委员会于1987年提出了"2000年粮食：转向持续农业的全球政策”报告，1988年联合国粮农组织制定了“持续农业：对国际农业研究的要求”的文件，1991年4月由联合国粮农组织与荷兰政府于荷兰联合召开的“农业与环境”国际会议上通过了“丹波（DENBOSCH）宣言”，呼吁必须密切关注环境问题，必须重新研究农业与环境的关系，提出了“持续农业与农村发展战略”的新概念（简称SARD新概念[①]），1991年6月，联合国世界粮食理事会提出了“对付90年代及90年代以后发展中国家粮食生产的挑战”的报告，为了解决粮食安全和公平问题，强调要注意技术和持久性发展问题。1991年8月在东京，国际农经学家大会的主题是“农业的持续发展与国际合作的作用”。1992年6月在巴西召开了联合国“环境与发展”的会议，持续农业被与会的183个国家和地区的代表团，其中有来自100多个国家的元首或政府首脑所接受。持续农业的影响已经深入国际技术、经济和社会发展的重要领域。

持续农业产生的背景，是现代农业的发展面临着一系列的困难问题。发达国家主要是环境污染、农业投入增加、成本过高；发展中国家主要是人口膨胀、资源破坏和过度消耗、食物安全问题严重。具体表现在以下两方面：

一是世界农业蓬勃发展，农产品生产相对过剩。20世纪初西方发达国家开始由传统农业向现代农业转变，到六七十年代基本上实现了农业现代化。20世纪60年代以来，许多发展中国家也借助于“绿色革命”的技术措施，加快了传统农业向现代农业的改造过程。世界农业的总态势已经由短缺农业转变为相对过剩农业，但主要是一些发达国家农产品过剩。可持续农业思潮源于西方发达国家，与这些国家由于农业发达而相对看轻农业的增产目标及转向关注环境保护和生活质量改善不无关系。

二是世界农业发展面临人口、资源、环境、经济、社会多种危机的挑战。①世界人口急剧增长，尤其是贫困的发展中国家人口增长最快，从而对农业产出提出越来越多的要求；②自然资源日益短缺，表现为可再生资源严重退化和非再生资源的过度消耗；③环境污染日趋严重，工业生产产生大量“三废”，农业生产不合理利用化学制品，造成农业环境和食品污染；④发达国家的农业财政负担越来越重，高投入农业的生产成本越来越高；⑤发展中国家日益增多的农村剩余劳动力缺乏就业机会，落后农村难以脱贫致富。

在吸收了国际农业与农村发展的经验教训基础上，为解决农业进一步发

---

① SARD是Sustainable Agricultural and Rural Development的简称。

展面临的一系列困难，中国政府结合本国国情提出了持续农业的发展战略。1992 年继《21 世纪议程》之后，中国率先制定了《中国 21 世纪议程》。1996 年八届人大四次会议批准的《中华人民共和国国民经济和社会发展“九五”计划和 2010 年远景目标纲要》明确提出，要实施科教兴国和可持续发展战略。从此，持续农业发展战略成为中国农业和农村经济发展的根本出发点之一。

三、发展可持续农业的意义及必要性

农业生产是一个庞大而复杂的系统工程，实现农业可持续发展是农业生产的基本要求。

农业生态系统是被人类驯化的自然生态系统，它不仅受自然的约束，还受到社会经济规律的支配。满足农业可持续发展要求的农业生态系统应该具有一定的生产力稳定性和持续性。

随着人类对资源和环境问题的重视，持续农业受到广泛关注。有的强调低外部收入、少化学污染；有的侧重水土保持；有的强调发展某些绿肥或护土植物；也有的强调多部门发展农业生态复合系统。虽然关注的形式有所不同，但其实质是一致的。中国通过发展生态农业来实现农业可持续发展。生态农业的基本内涵概括为:因地制宜利用现代科学技术与传统农业精华结合，充分发挥区域资源优势，运用系统工程方法，根据经济发展水平及整体、循环、再生的要求，全面规划，通过生态系统与经济系统的良性循环，合理组织农业生产，实现高产、优质、高效，达到经济、生态、社会效益统一。

世界各国提出了多种多样的实现可持续农业的途径，事实上任何农业生产经营方式都要求持久，持久性是现代农业和未来农业应该普遍具有的基本属性。作为一种指导农业生产发展途径和方向的具体生产经营方式，各国则根据本国资源、生态环境和农业生产的特点赋予持续农业以特定的内涵，但目标都是一致的。

四、持续农业的内涵

持续农业是一种不造成环境退化、技术上适当、经济上可行、社会上能接受的农业。这一概念强调了三种平衡：一是经济平衡，即生产力与收入；二是环境平衡，即资源利用与保护；三是社会平衡，即农民富裕与农村文明进步。

（一）持续农业的内容

丹波宣言提出，为促进农村持久发展所需的基本变革和调整应该包括以下内容：

1．开创一种综合农业管理系统，能够适应于维护必需的生物学过程以及有关的培训活动。

2．把决策管理权更多地移交到基层，加强地方管理能力。

3．对自然资源的使用必须制定明确的和公正的责权利，包括实行土地改革。

4．通过投资，改善、恢复和维护自然资源，改变对它们的压力，从而使自然资源能集约和安全地使用。

5．调整宏观经济和农业政策，促进生产系统，利用有助于实现持久农业和农村发展的技术。

6．鼓励对那些能够持久地生产和加工的作物扩大需求，并提供有利的生产激励。

7．支持那些特别注意保护人类健康和环境质量的农学措施、生产和加工系统。

8．为农村提供各种非农产品的就业机会，在有必要的地方，为移民提供基本的住宿条件。

（二）持续农业的目标

持续农业的目标是以现代工业和科学技术为基础，利用我国传统农业的有效技术精华，实现持续增长的生产率、持续提高的土壤肥力、持续协调的农村生态环境、持续利用的农业自然资源，实现高产、优质、高效、低耗，逐步建立起一个采用现代工业装备、现代科学技术和现代经营管理方法的农业综合体系。具体内容包括：

1．积极增加粮食产量，确保粮食安全，消除饥荒。

2．促进农村综合发展，增加农民收入，消除贫困。

3．合理利用、保护和改善自然资源，创造良好环境，以利于子孙后代生存和发展。

4．发展多种经营方式、多种生产类型、多层次的农业经济结构和发展模式。

5．进一步依靠科技进步，以继承和发展我国传统农业技术的精华与吸收现代高科技相结合。

五、持续农业的基本特征

持续农业发展是可持续发展战略中的一个子系统，其内涵应该充分体现可持续发展战略的特点和要求，它具有如下特征：

（一）经济可持续性

指在经济上可以利用自我维持和自我发展。农业经营的经济效益和可获利状况，直接影响到农业生产是否能够维持和发展下去。作为一种产业，要求提高生产效率，生产在市场上具有良好竞争力的农产品。缺乏经济可持续性的农业系统最终是不可持续的。

（二）生产可持续性

农业生产可持续性是指高产水平的长期维持，着眼于未来生产率和产量。生产可持续性的特征适应社会食物安全的要求。农、林、牧、渔各业的产出水平都应该保持稳定发展。如果农产品总量下降，就是农村经济和农民收入在增长，农业也不是可持续发展的。

（三）生态可持续性

生态可持续性指农业自然资源的永续利用和农业生态环境的良好维护。其主要特征是：维护可再生资源的质量，维持和改善其生产能力，尤其要保护耕地资源；合理利用非再生资源，减少浪费和防止环境污染；加强水利和农田基本建设，提高防灾抗灾能力。

（四）社会可持续性

它是指满足人类衣、食、住、行等基本需求和农村社会环境的良性发展，持续不断地提供充足而优质的粮食等农产品，是可持续农业的一个主要目标。农村社会环境改善主要包括人口的数量控制和素质提高、社会公平不断增加、资源利用逐渐改良、农村剩余劳动力就业机会不断增加和落后农村逐渐脱贫等等。社会可持续发展直接影响着农村的社会稳定和农业的可持续发展，不可忽视。

第二节　中国农业可持续发展面临的问题

中国农业可持续发展必须为全体国民享有充足与健康的食物和清洁的环境做出贡献。中国农业持续发展 5 000 年，世世代代积累了丰富的农业发展经验。但是，由于一系列非持续发展因素的积累影响，中国农业也面临着一系列问题。农业可持续发展中存在的问题主要是农业可持续发展与生态、环境建设及其相互关系的问题。

一、水土流失

中国是世界上水土流失最为严重的国家之一。建国之初，全国水土流失面积 150 万 km^2（指水蚀面积）。1993 年全国遥感普查结果表明，水土流失面积上升到 179 万 km^2，比 20 世纪 50 年代增加 19%，每年流失土壤总量 50 亿 t，约占世界流失总量的 20%。尽管每年都投入一定的人力、物力治理水土流失，但治理跟不上流失，尤其是 1985 年后水土流失速度急剧上升，治理速度相对在减缓，结果是水土流失面积日益扩大。目前，黄河中游的黄土高原区、长江中上游、南方山区、北方山区和东北黑土山区是全国水土流失最严重的地区。实际上，在全国几乎所有山区都存在不同程度的水土流失问题。黄土高原是中国水土流失最严重的地区，其总面积为 54 万 km^2，而水土流失面积高达 45 万 km^2，占 83%。严重的水土流失使黄河年均含沙量达到每立方米 37.5 kg，每年通过三门峡下泻的泥沙达 16 亿 t。中国水土流失发生面广，流失强度大，危害严重，后果堪忧，已经成为最大的生态环境问题之一。

水土流失主要表现在侵蚀产沙的危害和对土地资源的破坏上，其危害突出表现在以下几个方面：

（一）水土流失造成土壤严重退化，破坏土地资源，使土地肥力下降，也降低了土地的生产能力

全国每年流失土壤 50 亿 t，相当于毁坏土地 6.67 万 hm^2，黄河与长江入海泥沙每年为 20 亿 t，相当于每年毁地 2.67 万 hm^2。水土流失造成的土壤肥力损失十分巨大，仅黄土高原每年因水土流失带走的氮、磷、钾养分就达 38 亿 kg，由此每年损失的肥力相当于全国每年化肥总量。

（二）水土流失下泻的泥沙造成江河、湖泊和水库的淤积，降低了水库发电、灌溉和防洪效益，降低了江河通航能力，增加了江河洪水的威胁等等

据统计，建国以来全国兴建的 8.6 万座水库，总库容为 4 000 多亿立方米，已经淤积损失库容 1/10，淤废重点水库 22 座。黄河干流 7 个大型水库，已经淤积损失库容 40%，有的达到 70%。长江流域已经淤积损失库容 12 亿 m^3，相当于 12 座大型水库。长江泥沙流入沿江湖泊，导致湖泊淤浅，面积缩小。洞庭湖历年最大入沙量可达 2.66 亿 m^3，平均淤积厚度达 3.5 cm，每年淤积泥沙 1.2 亿 t，1949 年时湖泊面积为 4 350 km^2，到 1977 年时减少到 2 740 km^2，1985 年又降到 2 691 km^2，40 年来湖面缩小了 33.2%，湖泊容积缩小 43.7%，损失洪水调蓄能力 100 亿 m^3。鄱阳湖每年淤积量也达到 12.1

亿 kg，湖床平均每年增高 3 cm。近年长江流域屡受洪涝威胁以及 1998 年遭遇特大洪水的危害，与沿江湖泊萎缩有很大关系。此外，因河道淤塞而导致通航能力下降，全国河道通航里程由 20 世纪 60 年代的 17.2 万 km^2降到 10.8 万 km^2，淤积是重要原因之一。

（三）水土流失已经严重影响到中国一些地区的经济发展，成为贫困的重要原因

据水利部门的调查，凡是水土流失严重的地区，也都是经济发展落后的地区。全国有 87%的贫困县，是在水土流失严重的地区。这些地区由于地力下降，耕地萎缩，生产结构单一，木料、燃料、饲料、肥料“四料”俱缺，农业生产陷入一种“越穷越垦，越垦越穷”的恶性循环中。农田的水土流失还将化肥和农药带到江河湖泊中，最终流入海洋，这是造成水质恶化，特别是江河、湖泊和局部海域富营养化的重要原因。

二、森林锐减

森林是陆地生态系统中最重要的部分，它具有调节气候、涵养水源、保持水土、防风固沙、消除噪声等生态功能。这种生态效益要比直接的经济效益大得多。森林一旦遭到破坏，需要几十年甚至上百年才能完全恢复其正常的生态功能。

中国国土辽阔，但是森林覆盖率和人均木材占有量均低于世界平均水平。1990 年中国森林覆盖率仅为 12.98%，列在世界 120 个国家和地区的最后一位。而且近年来由于巨大的人口压力加上不正确的政策引导，森林锐减趋势十分明显（表 13-1）。

表 13-1 中国不同时期森林面积及森林覆盖率

时期	有林地面积（万 hm^2）	森林覆盖率（%）
“四五”	1 200	12.7
“五五”	1 153	12.0
“六五”	1 031	11.1
“七五”	964	10.3
“八五”	871	9.4

资料来源：中国科学院、国家计划委员会自然资源综合考察委员会，《中国国土资源数据集》（第一集）。

森林面积的减少，不仅造成用材紧张，而且导致水土流失、风沙干旱等等环境灾害。1998年长江领域发生特大洪水，一个重要的原因就是长江上游地区过度采伐森林。在兴安岭林区，森林覆盖率由20世纪50年代的65.81%下降到现在的40%左右。由于森林覆盖率的下降，大小兴安岭对西伯利亚寒流的屏障作用减弱，结果三江平原、松辽平原的冷害加重。如果森林面积减少发生在干旱、半干旱地区，往往会造成土地的沙漠化。

三、草场退化

草场退化指由于过度放牧和开垦等因素而导致草地生产能力降低和退化。草场退化，导致植被覆盖率降低，截水能力减小，一遇到暴雨极易造成水土流失；草场退化，导致土壤结构发生变化，造成土地的沙漠化和土壤侵蚀；同时，草场退化还引起气候条件恶化，大风、沙暴次数增加；另一方面使病、虫、鼠害或有毒杂草的危害上升，从而使得畜牧业的发展受到抑制。由于长期以来对草地采取掠夺式经营，草场退化面积不断增大，产草量大幅度下降。20世纪70年代，草场面积退化率为15%，20世纪80年代中期已经达到30%以上。

四、土地沙漠化

土地沙漠化是干旱、半干旱及干燥的半湿润土地因受人类活动而发生的土地退化过程。土地沙漠化常常是由于植被的破坏而造成的。

中国的沙漠、戈壁及沙漠化土地总面积153.3万km^2，约占全国土地总面积的15.9%。受人口增加和生产活动强度的影响，中国沙漠化土地呈不断扩大趋势。20世纪六七十年代平均每年增加沙漠化土地1 560 km^2，现在每年增加达2 100 km^2。中国沙漠化地区主要分布于北方干旱和半干旱地区，北方沙漠化土地面积已经达到33.4万km^2。在北方沙漠化土地形成原因中，因草地过度农垦为主的占25.4%，以草原过度放牧为主的占28.3%，因过度采樵为主的占31.8%，因工矿交通和城市建设破坏植被导致沙漠化的占0.7%，因水资源利用不当而发生沙漠化的占8.3%，只有5.5%是由于自然风力作用造成沙丘前移而导致农田或草场沙漠化。

五、淡水资源危机

淡水资源是人类生存与发展的基本条件。在全球淡水资源面临危机的背景下，中国的形势十分严重，问题日益突出。到1990年底，中国的淡水资源为 28.124 亿 m^3，居世界第六位，但人均占有量仅有 2 400 m^3，只占世界人均占有量的 1/3，已经被联合国粮农组织列入世界 12 个贫水国家名单之中。

同时，由于水资源时空分布不均，又造成了水资源在时间和空间上的相对紧缺。中国水资源的 82%分布在耕地面积只占全国的 36%的长江领域及其以南地区，而广大的北方地区严重缺水。尤其在一些大中城市已经出现生活用水十分紧张的现象。

中国水资源危机的原因一方面是水资源本身在减少；另一方面是中国不合理的利用方式所导致的浪费和破坏。如中国农业生产广泛采取漫灌方式，造成水资源的严重浪费。由于盲目地围湖造田，使湖泊面积逐年减少。近 40 年来，中国湖泊总蓄水量损失达到 260 亿 m^3，大大削弱了湖泊的蓄水防洪能力。

六、环境污染

由于我国处于工业化发展的起步阶段，加上生产工艺落后以及粗放的生产经营方式，目前环境形势相当严峻，水污染总体上呈现加重趋势。1996 年，有 78%的城市河段不适于作引用水源，50%的城市地下水受到污染。水污染主要来源是工业废水，污染类型以石油、氨氮、耗氧有机物和挥发酚等有机污染为主。大气污染主要集中在城市，主要污染物是烟尘和 SO_2，汽车尾气污染也在加重。由于受大气硫的污染，酸雨危害在我国发展速度之快，全球罕见，酸雨面积已占国土面积的 30%左右，而且酸度高，出现频率高。固体废弃物的产生量、排放量和堆存量不断上升。工业固体废弃物利用率很低，多数仅是简单堆放或随意弃置，不仅占用农田，而且对地表水和地下水造成严重污染。目前受污染的农田已经达到 10 万 km^2，因此造成的粮食减产每年在 1 000 万 t 以上。

乡镇工业污染日趋突出。1995 年乡镇工业 SO_2 排放量为 549 万 t，占全国工业 SO_2 排放量的 28.2%；乡镇工业烟尘排放量为 993 万 t，占当年全国工业烟尘排放量的 54.2%；乡镇工业粉尘排放量为 1 358 万 t，占当年全国工业粉尘排放量的 68.3%；乡镇工业固体废弃物产生量到达全国固体废弃物产生量的 38.6%。造纸、印染、电镀、化工、制革等是乡镇工业的主要污染行业。

环境污染已经造成了巨大的经济损失。根据一项研究成果表明，“六五”时期，环境污染造成的经济损失平均每年为 380 亿元，相当于 1983 年 GNP 的 6.75%，高于发达国家 3%～5%的水平。直至目前，环境污染损失与 GNP 的比值仍维持在6%～7%。

七、庞大的人口压力

当今世界所面临的人口、资源、环境等等重大问题中，人口膨胀是首要的可以说是其它问题的根源。按照中国资源承载力的研究，合理的人口承载力为9.5亿人，目前已经超载。按照温饱标准计算，中国理论最大承载人口为15～16亿人，目前正在向理论值迈进，到2040年左右中国人口将达到16亿左右，达到或接近承载极限。如此庞大的人口基数加上过快的增长速度，使得人口的生存压力十分巨大，发展机会更加难得。然而要在仅占世界耕地面积6.8%的土地上获得世界粮食生产总量的1/5多，并且维持持续增长，其任务的艰巨性是明显的。如此庞大的人口，使得中国人均资源占有量远远低于世界平均水平。人均耕地面积只有世界人均水平的1/3，人均水资源为1/4，人均森林面积为1/6，人均草场面积为1/2，人均矿产资源为1/2，人均能源消费量为40%。

八、农业投入不足

农业投入不足的首要原因是农业的比较利益太低。资料显示，每元资金投资于农业、工业和商业，其收益比例大致为1∶2.5∶2。受比较利益的驱使，农业生产要素如人力、土地向比较利益高、机会成本低的非农产业流动，致使农业投入不足。具体表现为：

（一）资金投入不足

农业资金投入严重不足且呈下降趋势。据统计，国家农业基本建设投资占总投资的比重除1991年有所恢复，为4%以外，1992～1995年继续下降，其中1993～1995年投资比重分别为2.8%、2.5%和2.2%，是新中国成立以来的最低水平，由此造成的农田水利等基本设施建设进展缓慢，严重影响了农业的抗灾和农业综合生产能力的提高；另外，国家财政对于农业支出的比重从1991年的9.1%下降到1994年的8%，农业贷款占国家信贷资金总额的比重也由1990年的22.9%下降为1994年的20%。

（二）科技投入不足

由于科技投入不足，农业科技队伍不稳定，失散流失严重，在全国乡级推广站“断奶”的有1.9万个，占全国已建立乡推广站的40%，这一状况使近年来毕业到农口的本科生和研究生已经流失30%～40%。在1978～1994年，国家对农业科研直接投资的平均增长速度为1.4%，扣除物价上涨因素，实际为负数。

九、农户的小生产不适应大市场

农村家庭联产承包责任制后，千家万户成为农业经营的主体。面对千变万化的大市场，农户的小生产与大市场的矛盾十分突出。一是农民自身素质较差，文化程度低，多数人商品意识不强，信息不灵，缺乏按市场法则进行生产和参与市场竞争的能力；二是农户生产规模小，全国有2.2亿个农户，平均每户经营的耕地仅为0.03 hm^2，被世界农业经济学家称为“超小型”经济，这在一定程度上导致了农业生产专业化程度低，经济实力不足，难以形成竞争优势，承担不起来自市场的价格风险；三是分散的农户，组织化程度低，商品交换方式落后，也没有代表自己利益的组织，在市场交易中处于不利地位；四是农业基本经营制度不完善，农业社会化服务体系不健全，农村市场的中介组织发育滞后，农民进入市场面临许多困难。

第三节　中国农业可持续发展政策

一、制定农业可持续发展政策的依据

农业可持续发展就是要不断满足当代人在各个时期不同的各种要求，并保证其不断发展，又不妨碍将来的发展。中国农业可持续发展要着重解决农用土地资源数量的相对稳定及土地产出率的提高、农业生产方式和经营机制的改革、农业生产环境的改善等基本面，以及相关因素的配套协调，从而建立起农业可持续发展的良性循环的复合自然经济。

中国农业可持续发展政策的制定，应该充分考虑农业发展的最终目标，其基本依据包括以下内容：一是主要农产品持续增长，达到保障供给，满足全国实现小康生活水平的需要；二是农村经济的持续增长，农民收入大幅度地提高，消灭贫困；三是建立起农村经济系统有效运转、良性发展的生产经营机制；四是资源得到保护，永续利用，生态环境良好，实现生产、经济、社会和生态环境的协调发展。

二、农业可持续发展政策目标

中国农业可持续发展是阶段性的，各阶段发展速度不同，发展目标与重点也不同。中国农业发展的近期战略目标也是农业可持续发展的目标。中国农业可持续发展的近期目标应该是“九五”到2010年的目标，到2000年粮食产量达到5 000亿kg，棉花525万t，肉类4 800万t，水产品2 850万t，农业总产值12 100亿元（按90不变价计算），年均递增4%左右，农民生活达小康水平，农民收入达1 200元。到2010年达到粮食产量5 600亿kg，棉花600万t，肉类5 800万t。

三、农业持续发展政策内容

中国农业可持续发展应该围绕保障供给、富裕农民、环境改善的三大目标，深化农村改革，形成适应社会主义市场经济发展要求的生产关系，并以科教为动力，加大力度发展农业生产，建立实行社会宏观调控和微观协调的资源、生产、经济、社会环境良性循环的复合生态经济系统，达到经济、社会与资源环境协调发展，实现区域联动，整体推进，农业和农村经济稳定持续发展。

1. 因地制宜，分类指导，保护农地资源。加强农业基础和现代化建设、土地基础地力建设和农业生态环境治理，提高农业综合生产能力，提高土地产出率和农产品总量，确保主要农产品的持续增长，实现保障供给。

2. 通过优化农业生产要素组合，并以资源优势为基础实行农业生产主导功能分区，保证粮棉油生产，发展多种经营，促进农业生产布局区域化、专业化、基地化。结合发展农产品加工和市场体系建设，逐步形成以基地为依托、具有市场竞争力的农业产业化体系和生产经营机制，形成农业和农村经济持续发展的基础框架。

3. 通过实施科教兴农战略，落实增加科技投入，充实科技队伍，提高全民科技素质，强化农业科技研究，发展高科技农业，实行科技开发，增加科技含量，增加科技储备，促进农业向科技型、市场型、外向型发展，成为农业稳定持续发展的支柱。

4. 通过合理调整产业结构，加快乡村城镇化和城乡一体化建设，协调二、三产业，形成支柱农业和反哺农业的投入、科技、服务等机制，改善农业和农村经济发展大环境，为加快农业的持续稳定发展提供保障。

生态农业① 建设是中国持续农业实践的具体体现。自20世纪80年代初中国提出发展生态农业的思路以来，生态农业建设方兴未艾，生态农业的试点范围涉及生态林业、生态畜牧业和生态渔业，截至1996年底，开展生态农业建设的地市有20个，县已经达到160个，据初步统计，乡村级试点达2 000多个，覆盖面积近0.13亿 hm^2。大部分试点年度粮食总产量增长15%左右，农民人均收入高于当地平均水平10%～12%。生态农业已经成为我国农业可持续发展的重要模式。

四、实现中国农业可持续发展的政策措施

（一）树立农业可持续发展的战略思想

在进行农业生产决策时，决策者要用农业可持续发展的思想来指导农业生产，在上项目、指挥生产等决策时要认真考虑，对不造成环境污染，技术上适当、经济上可行、社会上能接受的农业可持续发展的措施才能推广施行。

（二）建立支撑农业持续发展的投入体系

增加农业投入是农业较高水平上持续稳定发展的先决条件。农业向高层次发展意味着农业生产投入的增加，这是农业稳定持续发展的必然趋势。农业持续发展的投入体系应该在国家投资的启动下，增加自我造血功能，形成自我积累机制。由国家、集体、农民和企业单位组成投入体系，根据项目的性质、类别、经营主体，确保投入主体并形成配套体系。

（三）依靠科技进步，促进持续农业的发展

科技进步是持续农业发展的支柱。在加强基础理论研究的同时，加强生物技术、生态技术、农业系统工程技术的研究，重视研究和开发农业高新技术。健全有效的农业科技推广体系，在试点、示范上，因地制宜，大力推广新技术。搞好农业科技教育工作，办好各类专业院校，不断提高科技队伍的技术水平，增强科技队伍的可持续发展后劲。加强农村基础教育、成人教育，提高劳动者素质。

---

① 生态农业的发源地在我国，南方的桑基渔塘是典型的生态农业模式，但生态农业这个词，最早由美国土壤学家威廉·艾伯奇特提出（1971年），当时指不用农药少用化肥，通过增加土壤腐殖质改良土壤条件的农业，参见童天湘主编，《高科技的社会意义》，社会科学文献出版社，1998年版第80页；叶谦吉，《生态农业：农业的未来》，重庆出版社，1988年版，第6页。

（四）加强农业基础设施建设，增强提高产出率的后劲

为实现土地产出率持续稳步提高，重点抓以下几方面的建设和治理：一是抓以更新改造、提高标准、完善配套、健全体系为主体的农田基本建设，进一步提高抗灾能力，减轻自然灾害对提高产出率的影响；二是以提高耕地基础地力为主体的改土增肥建设，提高土壤质量，增强土地产出率的后劲；三是加强农业生产条件的现代化建设，包括农业机械、农业化学、农业电力、良种、农业技术，以及与此配套的农业技术体系建设，保证产出率的稳定提高。

（五）建立农业持续发展的法律保障体系

健全农业非持续行为的约束机制，加强立法和执法，重点抓农业资源综合法规建设。对一切损害、破坏农业资源、污染和破坏农业生态环境的行为，要绳之以法。通过健全和完善农业法规，配套组织，建立起农业持续发展的法律和保障体系，保障农业持续发展。

第四节 农业可持续发展中的资源保护政策

一、土地资源政策

土地资源是农业各种生产活动所必须的场所，是农业生产的最基本的生产资料，土地资源的稀缺性要求我们必须十分重视土地的保护和利用。

土地资源的破坏主要有水土流失、污染、不合理耕作、非农业占用等几个方面。保护土地资源要做好以下几方面的工作。

（一）防治水土流失

1982年6月2日，国务院制定发布了《水土保持工作条例》，规定了各种预防水土流失和治理水土流失的制度，这是进行水土保持的政策依据。防治政策措施包括：

1. 严禁在不合理坡度上和不合理部位上开荒；允许开荒的地方，开荒时必须经过有关部门的批准，并要同时采取水土保持措施。

2. 严禁滥伐林木破坏水土保持，严禁在森林地进行不合理的耕作。

3. 水利、交通、工矿、沙石、电力等工程建设，必须尽量减少破坏地貌和植被工程，同时必须有创面恢复和水土保持措施。

4. 禁止滥采林产品，破坏草皮、滥牧或过度放牧的各种生产经营方式。

5. 禁止不合理的林间采挖，培育食用菌、烧炭、烧砖、开矿、采石等副业生产活动，必须符合生产规划，结合水土保持措施。

治理措施主要可分为植物措施和工程措施两个方面。植物措施，就是要在水土流失部位植树种草，增加植被和提高植被质量。工程措施，就是要在必要的地方修建条田、梯田、塘坝、护岸、护坡、鱼鳞坑、竹节坝、水库等，来控制水土流失。治理当中要坚持植物措施与工程措施相结合。治理责任要坚持谁开发谁治理，谁受益谁补偿等政策原则。

（二）防止土地污染和质量恶化

土地污染一定要严加防范，由于不合理耕作造成土地板结、肥力丧失和由于不合理的工程建设造成的土地酸化、盐碱化等现象也必须严格防止。

（三）严格控制各种非农业占地

必须进一步加强《土地管理法》的实施，制止乱占滥用农业用地，特别是保护生产条件较好的基本农田。基本农田保护区制度要从试点向全国推广，要尽快把主要耕地划为基本农田。要尽快制定颁布《基本农田保护法》、《全国耕地肥力保养条例》等有利于农田保护的法律、条例。要把节约土地作为我国的基本国策。一切其它建设工程用地，都必须遵循经济合理的原则，凡有劣地可以利用的，不得占用良田。

二、森林资源保护政策

森林是农业生产的屏障，它既可以为农业涵养水源、保护水土、稳定气候、防风固沙，还能为农业代谢、积蓄和输送有机物质。因此，必须对其加强保护。

（一）实施分类保护政策

森林资源可以分为防护林、特种林、用材林、经济林和薪炭林。对防护林，只准进行抚育和更新性质的采伐；对特种林则严禁采伐；对用材林则必须按科学合理的方式采伐，采伐量必须低于其生长量；对薪炭林则应因地制宜大力发展，用以替代燃用材林；在经济林建设中一定要同时附有水土保持工程；对薪炭林、用材林等都要大力提高其生产率，以节约其发展空间，转而为扩大防护林、特种林的发展空间提供条件等。

（二）严格执行森林采伐限额

要依法实行凭证采伐制度和凭证运输制度等。通过各种控制措施，保证森林特别是用材林的消耗量低于其生长量，争取尽快地消除森林赤字，使森林覆盖率进入稳定或不断提高的状态。

（三）进一步加强森林管理

要建立健全各级林业管理机构；建立和完善护林员制度；要建立和完善森林监测体系，提高监测手段；要普及《森林法》教育，形成全民护林的社会风尚。建立起森林“三防”体系，即加强森林防火、森林病虫防治和防止乱砍滥伐、乱捕滥猎等，以有效地保护森林资源。

（四）加强国家和地方防护林体系建设

要继续完成“三北”防护林建设和长江中上游防护林体系建设，要继续推进平原绿化工程、太行山绿化工程、沿海防护林体系工程等林业重点工程建设。地方政府也要加强各自的林业重点工程建设，与国家防护林体系相衔接，形成全国一体的多层的防护林体系网络。

（五）实行林业产业扶持政策

林业生产周期长、见效慢、效益低，有时森林保护区区域的经济收益小，但下游地区和整体社会却会受益大，即兼有生态效益和社会效益。因此，国家应该增加对林业的资金投入，实行林业产业优惠和扶持政策。

三、草地资源保护政策

草地是农业的重要环境屏障，具有涵蓄水分、保持水土、转化太阳能、生产和积累有机物质等方面的作用，同时，还直接作为畜牧业的饲料基础。因此也必须对其加强保护。

国家《环境保护法》第十四条规定：“保护和发展牧草资源，积极规划和进行草原建设，合理放牧，保持和改善草原的再生产能力，防止草原退化，严禁滥垦草原，防止草原火灾。”国务院《水土保持条例》第二十条规定：“对沙化、退化的草原和草山草坡，应该根据草场的载畜能力有计划地调整载畜量，轮封轮牧，播种牧草，营造防护林，恢复植被，改良牧场。水土流失严重的地区，应该积极发展人工种植饲草，提倡圈养，改变野外放牧习惯，以恢复植被。”这些规定体现了如下的政策：

1．改善草地资源的利用方式。要根据草场状况合理调整载畜量，使牧畜的取食量保持低于牧草生长量以维持畜草平衡；要采取围栏等方式轮封轮牧，使草场循环利用；要结合采取圈养、舍养等方式，人工植草和采草，建立贮草、草粉加工基地等，提高对草场集约化利用水平。

2．对草场进行更新和改良：①对草场进行耕作，选择优良牧草品种，实施飞机播种，从而使得草场得以更新和改良；②兴建引水灌溉工程，提高草场生产能力；③采取各种措施，控制草原鼠、虫、病害；④建设防护林网等，控制草原风沙化和水土流失等。

3. 建立健全草原监护系统。要建立有关机构，安排人员，建设必要的设施，加强草原鼠、虫、病害的预测和防治，加强草原的防火和其它危害等。

4. 划定草原自然保护区，以重点保护和改良某些重要草地资源。

5. 宣传贯彻国家《草原法》，对草原施以法制管理，要完善草场承包经营责任制，调动广大牧民的积极性以加强对草原的建设和管理。

四、水资源保护政策

中国水资源一方面存在短缺的现象；另一方面又存在污染严重现象。水资源的保护政策要着重考虑解决上述问题。

（一）严格控制水体污染

一定要严格贯彻执行国家水污染防治法，防止对水体各种可能的污染；对已经污染的水域，采取有力措施，逐步加以治理以改善水质。坚持以防为主，防治结合的原则，切实加强统一管理和法制管理。

（二）坚持全面节水方针

大力推行计划用水、节约用水。要严格管理，杜绝浪费。要依靠科学技术，建立节水型社会经济体系，从而保护稀缺的水资源。

（三）合理开发、利用水资源

国家有关部门及各级地方政府在开发、利用和调节、调度水资源的时候，必须统筹兼顾，维护江河的合理流量和湖泊、水库以及地下水体的合理水位，维护水体的自然净化能力。要控制工矿区和农业灌溉等超采地下水，开展地下水回灌，制止北方地下水水位的继续下降，防止海水入浸；人工回灌补给地下水时，不得恶化地下水。

（四）采取重点保护和建设的方针

在普遍加强管理的基础上，在一定时期要进行重点水利工程建设，如划定有关保护区、实施重点防护工程和治理工程等。

五、生物资源保护政策

农业生物资源，即作为农业生产经营对象的天然生长和人工培养的动物、植物和微生物，包括作物品种、畜禽品种、野生动植物资源、水产资源、林种资源、草类资源和可用于农业防治的天敌资源（益鸟、益兽、益虫、有益微生物等)。这些生物资源是农业生产的载体,必须加强保护,使其丰富多彩,源远流长。

（一）建立物种资源库

通过投放一定量的科学基金，建立国家和地区物种资源库，保存和繁殖物种，并开展人工引种、驯化的科学研究工作。这种保护生物物种资源的方式在我国早已实行，现有的国家和地方的农业科学院所和其他生物研究院所等都设有相应的生物种子库、基因库等，形成了一个物种资源保存体系。

（二）实行保护区制度

对各种野生动、植物资源，特别是珍奇、稀有的野生动、植物品种，要采取建立保护区的办法，将其置于严格的正规管理和法制管理，从而使其得以有效保护。目前，中国自行确定和由联合国有关组织确定的我国保护区有400多个。具体分如下类型：自然保护区、生态保护区、生物圈保护区；国家公园、海洋公园、风景保护区；禁猎区、禁伐区、禁渔区、储备区、产卵场保护区、繁殖地保护区、越冬地保护区；保护地、原野地等等。与此同时，还规定了对某些野生动物、水生动物和植物的禁止捕猎季节和禁止采伐季节。这些自然保护区和特殊规定，对于保护我国的森林、珍贵植物、野生动物水生生物等资源，促进农业科学研究和农业生产开发等都具有非常重要的作用。

（三）坚持合理开发利用的原则

对于某些可以开发利用的野生动植物，要根据科学研究确定合理开发利用的方式和强度。如对于某些野生动物，除限制一定的捕猎季节外，还要在划定范围内限制一定的捕猎数量，以防灭绝性捕杀；对于一些珍稀植物（药材等），也应规定采挖数量，以保持其自然再生力；对于水产资源则应严格执行国务院《水产资源繁殖保护条例》的有关规定，采取合理的开发利用方式和强度，从而保证水产生物正常的种群繁衍。

思 考 题

1. 制定持续农业发展政策有何重要现实意义?
2. 持续农业发展政策的主要内容包括哪些?
3. 中国持续农业发展政策与现代化农业建设之间的关系如何处理?
4. 如何制定资源保护与中国持续农业发展协调发展的政策?

第十四章　中国农村社会发展政策

第一节　中国农村人口政策

中国社会发展所面临的人口压力越来越大。1997年，中国人口12.36亿，乡村人口8.66亿，占总人口的70%。从整体上讲，中国的人口问题可以说主要是农村人口问题。因此，要弄清楚中国人口问题，首先必须全面研究和把握农村人口的趋势和问题，寻求和确定有效的人口政策首先应该着眼于农村人口政策。

一、中国农村人口状况

（一）中国农村人口的现状

中国人口政策上曾一度发生过失误。但从20世纪70年代开始在全国推行计划生育以来，在控制人口增长方面取得了显著成效。全国和农村的人口出生率、人口自然增长率、妇女总和生育率都大幅度下降（参见表14-1）。目前，中国这几项指标都低于世界平均水平和发展中国家的平均水平，死亡率还低于发达国家水平，总和生育率接近发达国家水平，“八五”时期全国妇女总和生育率为2%。

表14-1　1990～1997年中国人口变化

年份	总人口（万人）	出生人口（万人）	死亡人口（万人）	净增人口（万人）	出生率（‰）	死亡率（‰）	自然增长率（‰）
1990	114 333	2 391	762	1 629	21.06	6.67	14.39
1991	115 823	2 258	768	1 490	19.68	6.70	12.98
1992	117 171	2 119	771	1 348	18.24	6.64	11.60
1993	118 517	2 126	780	1 346	18.09	6.64	11.45
1994	119 850	2 102	769	1 333	17.70	6.49	11.21
1995	121 121	2 063	792	1 271	17.12	6.57	10.55
1996	122 389	2 078	803	1 275	16.98	6.56	10.42
1997	123 626	2 048	805	1 243	16.57	6.51	10.06

资料来源：《中国统计年鉴》（1998），中国统计出版社。

从净增人口数量来看，“八五”期间，中国净增人口 6 788 万，平均每年增加 1 357.6 万人。比“七五”期间平均每年少增加 338.8 万人。“八五”期间净增人口呈逐年下降的趋势，从 1991 年的净增 1 490 万人减少到 1995 年的 1 271 万人，1997 年净增人口进一步下降到 1 243 万人。

从人口自然增长率来看，1995 年中国人口出生率为 17.12‰，比 1990 年的 21.06‰下降 3.94 个千分点。“八五”期间，人口死亡率变化不大，基本上在 6.5‰左右波动；中国人口年均增长率为 11.6‰，同“七五”相比下降 3.84 个千分点。

由于严格执行计划生育政策，中国过快的人口增长得到初步控制。但是，由于人口基数大，每年净增 1 500 万人，人口的形势依然严峻。特别是农村人口问题更为突出，根据中国人口数量构成、增长率、素质等，都决定了中国人口政策的重点应在农村。

1. 农村人口占绝大多数的格局未发生明显变化。据 1990 年全国第四次人口普查结果，1990 年，中国农村人口约为 8.34 亿人，占中国总人口的 74%，到 1997 年乡村人口占中国总人口的比重仍维持在 70.08%。这种农村人口占绝对多数的状况从新中国成立以来一直如此，其间并未因工业的发展和城市人口的增加而有所改变。目前，中国工业产值已经占工农业总产值的 2/3 以上，但相反农业劳动力却占全国劳动力的 2/3 以上。1952 年与 1990 年相比，农业产值占工农业总产值比重由 56.9%下降为 24.3%，下降了 32.6 个百分点；而农业劳动力占社会劳动力的比重由 88.1%下降为 74%，仅下降 14.1 个百分点。从世界多数国家的情况看，中国的产值结构已经相当于人均国民收入 1 000 美元左右的发展水平，而劳动力结构却只相当于人均国民收入 100 美元的水平，这是一个非常特殊的现象。因此我们必须在控制人口总量的同时，逐步实现农村人口和农业劳动力的转移。

2. 中国农业人口的增长量和增长率都大大高于非农业人口。据统计，1949 年中国农业人口 44 726 万人，到 1959 年达到 53 640 万人，这 10 年间净增加 8 914 万人，年均增长 20.4%；1969 年为 68 268 万人，第二个 10 年增加 14 628 万人，年均增长 27%；1979 年为 81 356 万人，第三个 10 年增加 13 088 万人，年均增长 19.6%；1989 年为 83 164 万人，增加 1 808 万人，年均增长 22.2%；1997 年为 86 637 万人，净增 3 473 万人，年均增长 33.2%。虽然 20 世纪 70 年代末由于已经开始重视和加强农村的计划生育工作，农村人口增长率有所下降，但由于基数过大，增长绝对数仍然很大。1997 年与 1949 年相比，中国非农业人口由 9 441 万人增加到 36 989 万人，增加 27 548 万人；而农业人口由 44 726 万人增加到 86 637 万人，增加 38 911 万人；非农业人口的比重由 7.4%上升为 29.9%，而农村人口比重由 82.6%仅下降为 70.1%。

3. 中国农村人口文化素质差。农村人口问题形式上是数量多，症结却在于文化素质差。据第四次人口普查资料，中国 15 岁及 15 岁以上人口中，文盲半文盲占 15.88%，有 1.8 亿人，其中 80%以上是农村人口，尤其是农村妇女。据 1987 年抽样调查，农村文盲半文盲占 12 岁以上人口的 31.5%，其中农村妇女的 44.2%是文盲和半文盲，达到小学文化程度的只占农村人口总数的 44.1%。

（二）中国农村目前及今后面临的人口问题

1. 总人口继续增长，经济发展的资源环境严峻。“八五”时期，中国人口自然增长率有了较大幅度的下降，这是严格执行计划生育目标管理责任制等多种因素共同作用的结果。中国第三次人口生育高峰尚未平稳度过，在今后较长一段时间内，育龄妇女人数平均每年在 3.4 亿左右，而且在经济发展水平较低的地区群众的生育观念还没有根本改变，如果计划生育工作稍有放松，有可能造成出生率再度回升。根据对中国人口发展趋势的估计，到 21 世纪中叶，总人口还将增加 3～4 亿人。由于中国庞大的人口，使得各种资源的人均拥有量不但低于多数发达国家，也远低于世界平均水平。中国主要自然资源的人均占有量仅相当于世界平均水平的 30%～50%，其中，耕地、淡水的人均拥有量不及世界的 1/10 和 1/14。从总体上看，人口持续增长，资源消耗增加，人均自然资源拥有量不断下降，这是今后 30～50 年中国经济发展所面临的资源环境的基本格局。

2. 劳动适龄人口增长迅速，过剩劳动力的安置成为改革和发展的难题。从 20 世纪 80 年代开始，中国已经进入劳动适龄人口（15～64 岁）增长高峰。1982 年劳动适龄人口为 5.74 亿人，占总人口的 57%；1987 年劳动适龄人口 6.54 亿人，占总人口的 61%；1990 年劳动适龄人口 7.2 亿人，预计到 2000 年将达到 8.2 亿人，2020 年劳动适龄人口将达到 10 亿人的最大规模。这意味着中国劳动力的无限供给将持续相当长时间，从而对社会就业造成更大的压力。中国农村的劳动剩余将构成就业压力源。进入 20 世纪 90 年代，中国农村人口形势变得日益突出，这不仅仅是由于农村劳动力转移的趋势明显减缓，还有几百万农民回流种植业，也因为全国人口的总量在增加，仅农村在 20 世纪 90 年代每年新增 1 000 万左右的农村劳动力，加上原来滞留农村的剩余劳动力，因此需要安置的剩余劳动力是一个庞大的数字。如何安置如此庞大的劳动力成为我国农村安定、繁荣和经济持续健康发展的一个关键问题。

3. 人口老龄化[①] 速度加快，农村社会保障体系面临挑战。中国实行的人口控制在有效遏制人口总量膨胀的同时，也伴随着人口老龄化速度的加快。1990年，中国60岁以上人口总数超过1亿人；2040年将达到3.2亿人，其中，农村老龄人口将超过2.5亿人。中国老年人口将在30年时间内成倍增长，老年人口比重由7%上升到14%，意大利完成这一过程用了60年，美国用了70年时间，法国用了135年，由此可见中国老龄化的速度之快[②]。尽管2000年前，中国老年人口所占比重与发达国家相比并不算高，但由于中国人口基数大，老年人口数量将居世界各国之首。预计到2000年，中国60岁以上和65岁以上老年人口将分别达到13 000万人和9 100万人。中国人口老龄化速度快，老年人口绝对数量多，而且人口老龄化是在经济发展水平较低的情况下到来的，这就增加了解决老龄化人口问题的复杂性和艰巨性。

就养老而言，城镇实行退休金制度，农村实行家庭养老制度，只有极少数的农村老人享受“五保政策”[③]。但随着农村经济环境和人口变化，农民家庭的养老功能正在逐步下降。一方面，农村经济体制改革后，乡村集体经济原来具有的一些保障功能消失。同时，市场经济条件下农民家庭经营的风险在增加，家庭收入来源失去稳定性，养老能力相对下降；另一方面，在20世纪70年代初接受计划生育的一代人从下世纪开始进入老年，农村老年人口负担系数迅速升高，大部分少子女农户家庭养老能力也下降。目前，农村保障体系中，养老已经成为影响农户生育和生产经营的一个重要问题。农村老年保障问题若不妥善解决，不但直接影响农村的人口控制，也会给农村未来发展设置障碍。

二、中国农村人口政策的目标

（一）中国农村人口政策的重要性

人口政策是一个国家的政府制定的关于本国人口问题的行为准则。由于

---

① 人口老龄化是指人口中老年人口比例日益上升的变动过程。一个人口从年轻型向成年型再向老年型的转变就是一个老龄化的过程。国际通用的老龄型人口标准是：60岁及60岁以上的人口的比例超过10%或65岁及65岁以上人口比例超过7%。

② 国家统计局编，《’97中国发展报告》，中国统计出版社，1997年版，第224页。

③ “五保”指由村社集体经济保证一些孤寡老人的吃、穿、用、住及丧葬。

人口运动具有周期长、惯性大、影响范围广、不易调整等特点，所以，人口政策的内容不仅要有利于当前人口问题的解决，更应该有利于未来人口与经济的长期协调发展。

农村人口政策是国家制定关于农村人口再生产和人口职业结构变动、地区迁移、人口素质提高以及扶幼养老等方面的准则。农村人口政策既是国家人口政策的组成部分，又是农村社会经济政策的组成部分。但是，人口政策有其相对独立性，这主要是由于农村地区与城市地区相比，在经济活动、经济和社会发展水平、科学文化水平、人口科学文化素质的方面都有明显的差异性。

中国是世界上人口最多的发展中国家，农村人口占总人口的比重在75%以上，农村人口政策在整个人口政策中占有特殊地位。从某种意义上讲，农村人口控制住了，中国人口过多的问题就比较容易解决了；农村人口的素质提高了，国民整体素质也就提高了。

农村人口政策在实现中国农村社会经济政策的目标中具有特殊意义。中国农村社会经济政策的目标是：提高农业劳动生产率，发展农村商品经济，提高农民收入和生活水平。然而，这些目标能否实现以及实现程度如何，与农村人口政策的贯彻程度密切相关。没有农村人口的适度增长、人口素质的不断提高以及人口职业结构的合理变动与分布，就很难有农业劳动生产率的提高、农村商品经济的发展和农民收入水平、生活水平的大幅度提高。

（二）中国农村人口政策的内容及目标

1. 中国农村人口政策的目标。中国在人口控制方面取得的成就举世瞩目。但是，人口规模庞大，人口素质较低，人口结构不合理的问题仍然是困扰中国社会经济发展的难题。今后中国人口政策的制定仍然要着力解决上述问题。因此，严格控制人口数量，大力提高人口质量，逐步调整人口结构，就是今后中国人口政策的目标。这一政策目标同样适用于农村，并且在一定时期内将维持不变。现阶段中国人口政策的目标具体体现在以下几个方面。

(1) 实行计划生育，严格控制人口增长。2000年前，力争把年平均人口自然增长率控制在12.5‰以内，妇女总和生育率要从1990年的2.3降到低于目前发达国家2.0的水平，并期望在21世纪把人口控制在15～16亿。

(2) 努力提高人口质量。到20世纪末，基本扫除青壮年文盲，基本实现九年制义务教育，同时加强各种形式的文化教育和职业培训，加强妇幼教育，提高全民族综合素质。

2. 中国农村人口政策的基本内容。人口政策是中国的一项基本国策。鉴于农村人口在中国总人口中占有较大比重，中国人口政策的内容多数是针对农村人口而制定的，可以将人口政策的内容与农村人口政策的内容等同看待。中国人口政策的内容非常丰富，具体包括以下基本内容。

(1) 控制人口数量。鉴于在20世纪90年代中国仍处于第三次生育高峰，控制人口数量依然是人口政策的中心，但具体政策内容应有所调整。如将生育政策由单纯的生育数量控制转向生育数量、生育时间、生育间隔综合控制；将政策重点由提高一胎生育比例转向消除多胎生育；将政策实施重点由城镇转向农村，由发达农村转向贫困地区、少数民族地区等。

(2) 提高人口质量。提高人口质量是中国人口政策的核心内容。要通过制定和完善《婚姻法》和《未成年人保护法》等法律法规，确定和保护健康的婚育行为和抚养行为，并使新生人口在身体发育、心理成长等方面得到良好的关怀和培养。要加速建立全国性的初级保健网，在广大农村实行婚前检查、围产期检查、新法接生、科学喂养等一系列政策措施，以期把第三次生育高峰中出生的不良婴儿减少到最低限度。要制定营养、卫生等方面的宣传教育政策，提高全民的健康意识。要制定扫盲政策和计划，尽快减少成人文盲比例；提高正规教育质量，使受教育者的知识文化水平能够适应经济建设的需要；建立健全非正规教育，扩大教育途径，鼓励成人接受终身教育，以更新知识，适应社会发展需要。

(3) 调整人口结构。人口结构调整的重点是人口城乡结构和地区结构。城乡结构的调整要通过发展小城镇和加速城市化来进行，重点进行户籍制度改革，以适应农村人口非农化的发展。地区结构的调整是根据各地区自然条件和经济发展状况，制定具有针对性的人口流动和迁移政策。防止人口向东南沿海过度集中，有计划地疏散贫困地区人口。

三、中国农村人口政策

中国人口政策的重点在农村，农村人口政策的内容十分丰富，这里主要介绍农村人口生育政策、质量政策和社会保障政策。

（一）农村人口生育政策

1. 中国人口生育政策的演变。中国人口生育政策自建国以来大致分为以下几个时期：

(1) 鼓励生育政策阶段（1949～1952年）。新中国成立后，百业待兴，各项建设都需要劳动力，加之主观上把人口增长作为社会主义的人口规律，国家采取了鼓励生育的政策。人口的平均自然增长率从20世纪上半叶的2‰～3‰猛升到1952年的20‰。

(2) 计划生育政策酝酿和试行阶段（1953～1973年）。1953年开始，中国出现了第一次生育高峰，与人口有关的青少年就学、妇女就业、城市住房和基本生活用品供应等问题引起了人们重视，节制生育政策开始在决策层酝酿。1953年8月，政务院批准了卫生部的《避孕及人工流产办法》。1954年底，政务院指定有关部门的负责人组织了节育问题研究小组，提出了开展节育工作的一些办法。以1956年6月周恩来总理在《关于发展国民经济的第二个五年计划的建议报告》提出"赞成在生育方面加以适当节制"为标志，我国人口政策开始从鼓励生育向节制生育转变。随后制定的《全国农业发展纲要（草案）》中正式提出："除了少数民族地区以外，在一切人口稠密的地方，宣传和推广节制生育，提倡有计划地生育子女"。自此，计划生育正式成为中国的新人口政策。

然而，限于当时的情况，节育政策尚未执行即被废止。直到20世纪60年代初，第二个更大的生育高峰出现，国家才重提人口政策。1962年，中共中央和国务院在《关于认真提倡节制生育的指示》中规定："在城市和人口稠密的农村提倡节制生育，适当控制人口自然增长率，使生育问题由毫无计划的状态，逐渐走向有计划状态。这是我国社会主义建设中既定的政策。"此后，国家开始进行计划生育试点工作，并制定了一些具体措施，如减免节育手术费等，鼓励节制生育。但"文化大革命"开始后，人口政策的执行受到严重干扰，人口控制工作被迫停顿，致使第二次生育高峰一直延续到20世纪70年代初。

(3) 计划生育政策执行阶段（1973～1984年）。这一时期中国人口政策概括为"有计划增长人口政策"，其基本要求是"晚、稀、少"。"晚"是指男性25周岁以后，女性23周岁以后结婚，女性24周岁以后生育；"稀"是指两胎间隔4年左右；"少"是指一对夫妇不超过两个孩子。对待少数民族，"采取有利于人口增长和生产发展的适当措施，但对个别子女过多，有节育要求的，也给予指导和帮助"。

党的十一届三中全会以后，计划生育工作得到进一步加强和完善，实行计划生育被确定为基本国策，之后又写入宪法，作为公民的行为准则。1980年，中共中央和国务院规定："国家干部和职工、城镇居民。除特殊情况经批准外，一对夫妇只生育一个孩子。”“农村普遍提倡一对夫妇只生育一个孩子，某些确有困难要求生二胎的，经过审批可以有计划地安排。不论哪一种情况都不能生三胎。”为贯彻计划生育政策，1981年3月，国家计划生育委员会成立，取代原计划生育领导小组这一临时机构。相应地，在全国各级部门普遍建立了计划生育工作机构，配备了计划生育专职干部。

(4) 人口生育政策充实、完善和发展阶段（1984年以后）。过严的生育政策与现阶段群众的生育愿望产生了巨大矛盾，“一胎”政策的实施使计划生育中的许多问题暴露出来，使决策层对人口政策的特殊性有了更深入的认识。1984年，国家决定对人口政策进行调整。一方面，完善计划生育的一些具体政策，如“农村独女户放开二胎”、“少数民族也要计划生育”，废除生育政策上的“一刀切”，强调各地区依人口变化程度自行调整生育控制政策；另一方面，扩充原有政策内容，提出“控制人口数量、提高人口素质”的新方针。

（二）农村人口质量政策

人口质量包括人口身体素质和文化科学素质两方面。中国农村人口质量要比城市人口质量差，其主要标志是死亡率、平均寿命以及文盲、半文盲率等指标均比城市人口要逊色，如人口的死亡率，1997年农村为6.90‰，而城市则为5.58‰。

1. 农村人口身体素质政策。在发展农村经济，不断提高农民物质文化生活水平的基础上，大力发展农村医疗卫生事业，优生优育，搞好妇女儿童的保健，降低死亡率，提高健康水平。解放后，随着经济的发展和人民生活水平的提高，以及医疗卫生条件的改善，中国农村人口素质有了大幅度提高。农村死亡率由1954年的13.71‰下降到1997年的6.90‰。人口身体素质的其它指标如身高、体重、胸围、体力和耐力水平等都发生了很大变化。但目前农村人口的身体素质与城市人口相比仍有差距，如人口的死亡率，1997年城市为5.58‰，农村为6.90‰。造成这种状况的主要原因是农村的生活水平、医疗保健事业还落后于城市。所以，农村人口身体素质的提高必须从发展农村经济和搞好医疗保健两个方面入手，其中，优生优育是基础环节。通过制定法律禁止近亲结婚，提倡婚前检查，开展优生优育咨询，加强幼儿保健，都是保障优生优育的具体措施。

2. 农村人口文化科学素质政策。建国以来，中国农村人口科学文化素质有了很大提高，文盲、半文盲比例下降。但总的说来，中国农村人口的科学文化素质仍然很低，不仅低于发达国家水平，与中国城市人口的科学文化素质相比也有很大差距。20世纪90年代初，中国6亿在业人口中文盲半文盲的比例达23%，其中农村在业人口中，文盲半文盲比例高达35.5%。在非文盲就业人口中，也有50%以上的人缺少专业知识和技能，难以适应现代化的需要。为此，必须首先搞好各种农村职业教育，提高农业劳动者的劳动技能。

第二节　中国农村教育政策

一、教育对经济发展的作用

（一）教育的发展有利于推动经济增长

经济学家在研究过程中发现，用传统生产要素如土地、劳动力和资金还不能完全解释一国的经济增长，在不能被解释的部分中教育占有较大成分。关于教育对经济增长的贡献，西方在20世纪70年代就有大量研究，其中以世界银行教育局萨卡罗勃劳斯的研究成果最为著名。他的研究结果表明，教育投资的收益远高于物质资本投资的收益。在发展中国家物质投资的收益率一般为10%左右，而用于小学教育投资的收益率为27%，中等教育投资的收益率为16%，高等教育投资的收益率为13%。随后，鲍曼和安德森的研究表明，一国的人均GNP要达到300美元，必须具有40%的成人文化普及率，要达到500美元以上则需要90%以上的文化普及率。相关研究发现，发展中国家的文化普及率提高20%～30%可望使国民收入增长8%～16%。教育对经济增长的促进作用由此可见，而且随着经济发展水平的提高教育的贡献也越来越大。

（二）教育的发展有利于经济结构的调整和演进

首先，教育提供新产业衍生和发展所必须的科学技术条件。教育不仅能提供第一流的科学技术研究队伍，而且还能更新和创造新的科学技术，以保证产业升级所必须的科学技术创新和新材料革命。其次，教育能够借鉴、引进、传播世界最新科技成果，并用之装备未来的劳动者，使其能够适应并积极地在现代化生产中发挥作用，将科学技术变成现实生产力。对发展中国家来说，教育是调整就业结构、解决农村剩余劳动力转移和结构性失业问题的必要条件。最后，教育能够提供一支适应本国经济发展水平和社会环境的管理人员队伍，以此来保证经济结构演进所要求的组织创新和管理体制变革。

（三）教育的发展有利于人口素质的提高

通过教育，特别是提高女性人口的教育水平不仅能提高婚龄，还能大幅度降低生育率。从长远观点看，教育有利于提高新一代人口的身体素质和文化科学素质。受教育者往往能够获得较多的优生、优育知识，不但可以减少不良个体的出生，还能使婴儿受到科学的哺育和良好的教育。

二、世界及中国农业教育状况

（一）发达国家和发展中国家的农业教育

由于农业的特殊性，加上现代化的农业生产需要生产者必须掌握相应的知识和技术，并不断开发新技术，所以，农业教育在世界各国都不同程度地受到了重视，并得到大力发展。发达国家大力投资农业教育，提高了农业生产者素质，到20世纪90年代初，发达国家的农业生产者全部达到高中以上文化水平。美国政府自1955年以来，对农业教育和科研投资大体上以8%的速度增长；日本设有专门的农业科技教育项目，20世纪70年代以来，又兴办了50多所农业大学，发展农业教育；英国和法国除继续加强对精英型农业人才的培养外，还特别加强投资农业职业教育，培养高素质的一线农民。德国在继承原有的农业教育体系外，又把一些办学水平较高的农业专科学校升格为高等农业专科学校，担负培养农业技术人才的任务。发展中国家也在积极投资农业教育，提高农业生产者素质，以适应现代农业生产对劳动力提出的要求，提高其农产品在国际市场的竞争力。如印度的农业教育拨款自1966～1984年增长了33.8倍。

（二）中国农业教育发展的现状

1. 中国高等农业教育状况。中国高等农业教育是整个农业教育体系的龙头，改革开放以来是中国农业教育发展最为迅速的时期，逐步形成了以本科为主体、研究生教育、专科教育协调发展的格局。1997年，高等农业院校招收研究生2 754人，是1978年的8.7倍；在校研究生7 597人，是1978年的24.2倍。1978年以来，共为社会培养输送研究生19 011人。1997年招收本专科生60 639人，是1977年172 19人的3.5倍；在校本专科生184 053人，是1977年43 793人的4.2倍。1978年以来共为社会培养输送本专科生57万多人。学校数量从1977年的41所发展到1993年的67所，其中包括16所专科学校、5所农业职业技术师范高等学校。1994年后实行以“共建、调整、合作、合并”为主要内容和形式的高等教育管理体制改革，到1997年独立建制的农业院校由1993年的67所调整到目前的52所。

2. 中国中等农业职业教育

（1）中等农业职业教育。农业中专教育是农业教育的重要组成部分，承担着直接培养县、乡、村农业专业科技人员和管理人员的任务，在农村职业技术教育体系中起骨干作用，在提高农民素质和直接为当地经济服务中发挥着重要作用。改革开放以来，中国农业中专经历了恢复、调整、改革、建设、发展几个阶段。中等农业学校从1978年的302所增加到1997年的365所；在校生由1978年的8.7万人增加到1997年的45万人，增长了4.2倍；年招生规模由1978年的4.6万人增加到1997年的16.5万人，增长2.6倍。1978年以来共输送毕业生85万人。

（2）农村职业中学教育。中国农村职业教育是20世纪80年代初期发展起来的，1984年农村职业高中在校生中，农科专业占82.7%。“八五”是职业教育高速发展的时期，中国中等职业学校的招生和在校生年均递增率分别为10.26%和8.87%。到“八五”期末，它提供了高中阶段56%的教育机会，接纳了约30%的初中毕业生。这一时期，农村中等职业教育也有很大发展，农村职业高中招生数分别由1985年的64.09万人增加到1995年的89.09万人；在校生分别由1985年的118.52万人，增加到1995年的198.25万人。但是，农业职业教育的发展一直是薄弱环节，随着农业的波动而起伏。

（3）农业广播电视教育。中国农业教育的重点在农村，难点也在农村，农村劳动者素质低下已经成为农村经济发展的制约因素。为适应农村体制改革和经济发展的需要，由原国家农委、农业部等10个单位于1980年12月联合创办了中央农业广播电视学校，由农业部直接管理，1988年正式列入国家及地方成人中等专业教育事业计划。中央农业广播电视学校及各地各级农业广播电视学校从中国农村的实际出发，运用广播、电视等现代传播手段实施教学，打破了时空界限，为农村基层干部和广大农民学习科技文化知识提供了极大的方便，弥补了中国农村成人教育和职业教育资源不足，为农村培育了大批留得住、用得上的人才。目前，农业广播电视学校已经形成包括1所中央校、38所省级校、309所地级分校、2 273所县级分校、2万多个基层（乡镇）教学班的五级办学体系；有专、兼职办学人员5.26万人，在校生90万人；设有种植、养殖、经济与管理、农业工程四大门类37个专业，成为中国农村成人教育和职业教育的重要力量。据统计，截止到1996年，农业广播电视学校累计招收中专生300万人，毕业116万人，结业130余万人，开展适应技术培训2 000万人次。

（4）绿色证书制度[①]。“绿色证书”是对劳动者的岗位培训，目的是培训一支农民技术骨干队伍。1989 年，农业部在总结北京大兴县等提出对从业农民实行技术许可证制度经验基础上，借鉴国外的经验，开展了农民技术资格证书（简称“绿色证书”）的试点工作，1991～1994 年在总结试点经验的基础上，农业部向国务院提出了“关于实施‘绿色证书工程’的意见”，经国务院批转后在全国实施。1997 年农业部制定《“绿色证书”制度管理办法》并以农业部令颁布实施，“绿色证书”工程由试点阶段转向全国铺开阶段。农业部自 1992 年起颁发了农业、畜牧、水产三大类 12 个岗位达标规范，每个岗位专业知识应该学习 300 学时，3～5 门课程，凡达到规范要求的可获得由农业部印制的“绿色证书”，取得证书的农民可获得承包、贷款、录用村干部和农民技术员的优先权。截止到 1997 年底，全国共有 1 200 多个县开展了“绿色证书”教育，100 多万人获得了“绿色证书”。“绿色证书”制度有利于促进农村教育改革，建立和完善符合中国国情的农民技术教育制度，有利于调动农民学科学、用科学的积极性，帮助农民致富奔小康。

3. 农业干部教育。1978 年，当时的农林部根据中央提出的靠政策、靠科学加快农业发展的方针，专门召开全国性会议研究制定了《关于大力加强农业技术培训工作的初步规划》，提出分级培训领导管理干部，分专业对口培训科技干部的实施方案，并依托沈阳农业大学、原北京农业大学和南京农业大学等高等农业学校率先举办农业干部培训班，重点轮训省、地、县三级领导干部。1983 年 11 月，农业部根据国务院关于干部教育走向经常化、制度化、正规化的政策规定，将部属干训班统一组建为中央农业管理干部学院，并设 16 个分院，形成了统一规划管理、遍布全国的农、牧、渔、机、垦、乡镇企业干部培训网。到 1985 年底，全国已经培训省、地、县三级领导干部近 2 万人，其中包括省委书记、副书记、副省长、副部长 44 人，全国 29 个省、市、自治区农委主任、农牧渔业厅（局）长 200 多人，地市党政干部约 1 000 人，县（旗）党政干部 700 余人，覆盖面达 98%。“六五”期间还有 10 万多名各类农业干部经过系统的教育，获得了大、中专文凭。“八五”期间，全国共培训各级农业管理干部 370.4 万人次，其中省级农业领导干部 1 355 人次，县处级农业领导干部 1.6 万人次，乡镇村干部 168.9 万人次，专业技术人员的继

① 绿色证书在我国是指农民技术资格证书，是农民达到从事某项工作岗位规范要求具备的基本知识和技能后，经当地政府认可的从业资格凭证，也就是农村劳动者的岗位合格证书。

续教育66.2万人次，其它各类农业干部133.6万人次。1996年中共中央组织部和农业部联合制定了《1996～2000年全国农业干部培训规划要点》，该规划要点提出了要以政治理论、专业知识、现代管理知识和科学技术为重要培训内容，坚持分级分类培训原则，对县以上农业领导干部采取专题研讨为主，专业技术人员以继续教育为主，对其他农业管理干部以岗位培训为主开展培训。

（三）中国农业教育存在的问题

1. 教育结构与经济发展不相适应。高等教育的招生、培养与就业还不能适应社会经济发展，招生难、就业难以及专业设置的过分行业性，仍然是制约高等农业教育发展的主要因素；教学内容过于陈旧，课程体系不尽合理；层次发展与经济发展还不协调，研究生教育相对滞后；办学特色不明显，定位趋同化，造成有限教育资源的浪费。

2. 高中等农业教育办学效益偏低。1997年，高等农业院校的校平均规模为2 935人，师生比为1∶7.2；中等农业学校校平均规模为1 232人，师生比为1∶17；农村职业中学农科学生平均规模仅为200多人，与教育部规定的办学规模标准还有相当差距。

3. 农业教育投入不足。教育经费占国民生产总值的比重，世界平均是5.5%，中国只有3.4%（1997年数字）。1997年抽样调查，中国文盲半文盲人口比例为16.36%（15岁以上城乡人口一起统计），大多数分布在乡村。这说明中国农村人口中文盲占了很大比重。没有受到良好的教育是造成文盲率过高的原因。农业教育投入不足已经严重影响了农业劳动者素质。

4. 艰苦的工作条件使得农业院校毕业生不安心农业工作，农业院校毕业生流失现象严重。据农业部教育司的调查，农业院校毕业生在工作中，办公经费能保证的仅为29.3%，能方便地获得各种信息的仅占26.4%，文化生活贫乏的占26.7%。这使得农业院校毕业生不能安心农业工作，流向其它收入较高的行业。据农业部教育司对“八五”期间农业院校毕业生就业去向的抽样调查，64.9%的农科毕业生在农业系统岗位就业，31.1%的农科毕业生在非农系统与专业相关的岗位上就业，55.4%的毕业生在县及县以下单位就业。

二、中国农业教育政策的目标

中国农业教育政策的目标是积极发展研究生教育；稳步推进本科教育，扩大高等农业教育的规模；在普及义务教育的同时，重点发展职业技术教育和成人教育；着眼农村劳动者素质的提高，为面向21世纪农村经济发展提供智力支持和人才储备。

高等农业教育政策的重点在四个方面：一是人才培养和科学研究要为农民致富、农业和农村经济发展服务；二是要为实现我国农业现代化服务；三是要面向新的农业技术革命；四是农业高等教育要面向市场，树立教育大市场的观念。技术教育政策的重点是对四类人群进行教育培训：一是“三后生”（小学、初中、高中三个层次不能升入上一级学校的）每年达到1 000万人，绝大部分在农村，要对他们进行农业职业教育；二是每年50万的复员军人，这是农村青年中素质较好的群体，要与部队配合进行培养；三是几百万全国乡村干部，这是农村教育的重点；四是农民技术骨干培训，培训要分三个层次，即中等教育、初等教育和科普教育，以形成塔式农村人才队伍结构。在农村要办好四类学校，即普通中学的职业班、农业职业中学、农业广播电视学校和农机化培训学校。

三、中国农业教育政策措施

1. 逐步建立增加农业教育投资的多元化体制，提高办学效益。农业教育是一项最有效的长远农业保护措施之一，因此，国家要逐年增加对农业教育的经费投入，将规定的教育经费占财政支出的15%落实到实处；要提高非义务教育阶段学生的收费标准；鼓励和支持企业、社会团体及各界人士投资兴办农业教育；要提高农业院校的办学效益。

2. 调整教育结构，加大农业技术教育的发展空间。农业高等教育主要不是量的扩张，而应该是质量的提高。要注意提高研究生的培养层次；农业职业教育应该大力发展。在开展正规职业教育的同时，还应该大力开办非学历的职业技术教育。

3. 拓宽农业职业技术教育的范围，开展一定的非农职业教育。农业教育要着眼于现代农业，现代农业的范畴可涵盖从生产原料到加工食品，因此，农业教育的范围应该不断扩大，以适应市场经济变革对农业教育提出的人才培养要求。

第三节　中国农村扶贫政策

一、中国贫困地区的基本状况及其特征

党的十一届三中全会以来，中国农村经济迅速发展，农民生活明显改善。

但是，由于自然条件、历史条件和工作基础的差异，农村经济发展很不平衡，还有一部分地区仍未摆脱贫困状况，农民的温饱问题没有完全解决。研究贫困问题，首先要对贫困有进一步的了解。

（一）贫困的标准[①]

这里所说的贫困，是指绝对贫困，不涉及相对贫困。所谓绝对贫困是缺乏劳动力再生产的物质条件，甚至连简单再生产也不能维持或者只能进行萎缩再生产，个人和家庭生存受到威胁的情况。

绝对贫困的主要表现是食物没有保障。由于收入过低而造成不定期挨饿，经常满足不了人体所必需的热量标准，或者由于某种原因造成短期食物消费下降到最起码的需求水平以下，持续地满足不了人体所必需的最低量标准，造成严重营养不良。参照世界银行提出的指标体系，各国制定的绝对贫困标准是最低营养以每人每日摄入热量不低于 2 250 kcal（中国为 2 400 kcal）(1 kcal＝4.18 kJ)和食物支出约占个人收入的 75%。低于这个贫困线的就是贫困。

每个国家参照国际贫困线，根据本国实际情况来确定具体的贫困线。确定符合上述贫困标准和切合本国实际的贫困线至关重要，因为它将决定贫困人口规模的大小，是制定扶贫政策及其实施计划的重要根据。1984 年 9 月，中共中央、国务院《关于帮助贫困地区尽快改变面貌的通知》规定，以乡为单位，1981～1983 年三年平均人均纯收入 120 元以下、人均口粮南方 200 kg、北方 150 kg 的即为贫困。有的研究人员认为这一贫困线标准偏低，据此标准估计出来的 1.5 亿人贫困人口偏少[②]。

1986 年国务院制定的贫困线标准视地区而异：①一般而言，农村人均纯收入低于 150 元为基本标准；②老革命根据地、少数民族自治县和半牧区县为人均纯收入低于 200 元；③井冈山地区、赣南地区、闽西南地区、武陵山地区、大巴山地区、大别山地区、太行山地区和沂蒙山地区等老革命根据地以及内蒙古、青海、新疆等省区中有特殊困难的少数民族自治县和牧区县，贫困线放宽到人均纯收入 200～300 元。[③] 按照 1985～1990 年我国农村居民生

---

① 有关贫困的测量方法，参见林闽钢，“国外关于贫困程度测量的研究综述”，《经济学动态》，1994 年第 7 期，第 74 页。

② 牛若峰，《中国农业的变革与发展》，中国统计出版社，1997 年版，第 423 页。

③ 国务院贫困地区经济开发领导小组办公室，《中国贫困地区经济开发概要》，农业出版社，1989 年版。

活消费综合价格指数大约上升 60%，农业经济专家牛若峰据此测算，20 世纪 90 年代初中国农村合理的贫困线是 320～415 元。

经过十多年扶贫计划的实施，1993 年中国农村贫困人口还剩余 8 000 万，占总人口的 6.75%，到 1997 年，贫困人口还有 5 000 万[①]，占总人口的 4.04%，1998 年贫困人口进一步减少到 4 200 万人，农村贫困发生率从 1978 年的 30.7%下降到 1998 年的 4.6%。规定贫困县农民人均纯收入从 1985 年的 206 元提高到 1998 年的 1 318 元。

（二）中国贫困人口的地区分布

中国的贫困人口主要集中在老革命根据地、深山区、荒漠区、少数民族地区、地方病高发区和库区移民。目前，中国贫困地区共划 18 片[②]，涉及 21 个省、自治区，331 个县，约 4 000 万贫困人口。其中 1985 年人均纯收入 150 以下的 108 个县，150～200 元的老区县和少数民族自治县 83 个，200～300 元的在战争年代贡献大、在国内外有影响的老区县和牧区县 140 个。除国家重点扶持的贫困县外，各省、市、自治区从本地实际出发，也划了一些贫困县，由地方财政重点扶持。

这些地区主要以点、片地形形状分布于高原、深山、高山、高寒和水库移民区，以及荒漠、石灰岩山区等环境恶劣的区域。这些地区，虽然经过 20 年农村改革开放和各级政府的扶贫济困活动，贫困人口已大大减少，但区域格局基本变化不大，重点集中在中西部地区。贫困人口小片集中，分散在各

---

① 《农民日服》，1997 年 5 月 7 日。

② 18 片地区包括：①努鲁儿虎山地区，主要包括辽宁朝阳、内蒙古赤峰、河北承德和秦皇岛等地、市的一些县；②太行山地区，主要包括山西晋东南、河北邯郸、河南安阳地区的一些县；③吕梁地区，主要包括山西吕梁、汾阳、晋西北地区的一些县；④陕北地区，主要包括陕西延安、榆林地区和甘肃庆阳地区的一些老区县；⑤甘肃中部地区，主要包括以甘肃定西地区为中心的 18 个干旱县；⑥西海固地区，主要包括宁夏固原、银南地区的一些贫困山区县；⑦秦岭大巴山地区，主要包括陕西汉中、安康、商洛，河南洛阳、南阳，湖北鄂西、郧阳，四川万县、达县、广元等地区的一些贫困山区县；⑧武陵山地区，主要包括四川南部、贵州西部、云南东北部一些贫困山区县；⑨乌蒙地区，主要包括四川涪陵、湖北恩施、贵州黔东南地区的一些贫困山区县；⑩横断山地区，主要包括云南西部和西北部的一些贫困山区县；⑪滇东南地区，主要包括云南红河、文山州的一些贫困山区县；⑫桂西北地区，主要包括广西百色、河池地区的一些贫困山区县；⑬九万大山地区，主要包括广西柳州、贵州东南部一些石质山区；⑭大别山地区，主要包括河南信阳，安徽六安、安庆，湖北黄冈地区的一些贫困山区县；⑮井冈山老区，主要包括江西吉安、赣州地区以及湖南东南部一些老苏区；⑯闽西、闽东粤北地区，主要包括福建龙岩、宁德，广东梅县地区一些老苏区；⑰沂蒙山区，主要包括山东临沂地区一些老革命根据地；⑱西藏地区。

大片里的贫困人口数量有所减少。贫困地区和贫困人口形成的历史和现实状况，无论是已经脱贫还是正在脱贫或未脱贫的贫困户，在贫困期间，一般都是自行封闭的社区自然经济，形成了贫困的再循环。

（三）中国贫困产生的原因

贫困地区经济发展缓慢甚至停滞不前的原因是多方面的，大多数是受自然条件、经济条件的制约。自然条件恶劣、交通不变、文化落后、科技人员缺乏，加上指导思想不解放，有些方针政策不对头，广大群众的生产积极性没有很好调动起来。表现在：

1. 生产关系的不断变革，超越了贫困地区的历史发展阶段、生产力水平和群众觉悟程度。加上政策多变，山权、林权不稳，如很多地方把社员自留山、自留树几放几收，把生产队的山林过渡为生产大队或公社所有，国营农、林、牧场无偿占用集体山林、土地等等。这些都在群众中造成了极深刻的消极影响。实行联产承包责任制后，这些问题得到很大解决，但有些方面政策还不够稳定。

2. 在生产方针上，不从贫困地区实际情况出发，长期“以粮为纲”，忽视林牧渔多种经营、农工商运服综合发展，结果大量毁林毁草种粮，造成水土流失，形成恶性循环。

3. 在农林牧和土特产品经营管理上，统得过死，包得过多；取之于山多，用之于山少；山区群众在农林牧渔各业生产中获利甚少，甚至根本得不到任何利益，因而严重影响了群众生活积极性。

4. 在贫困地区扶持上，指导思想不够对头，方法不当。单纯生活救济多，扶持发展生产少，养成依赖思想，缺乏自我发展能力。结果是越救济越懒，越救济越穷。虽然国家花钱不少，但贫困面貌长期得不到改变。

5. 水利建设方面，在山区修建了许多水库，淹没了很多良田和村庄，移民安置去向不合理，安置费用标准低，使用不当。很多移民失去了原来的生产条件，生活十分困难。

（四）中国农村贫困地区的主要特征

1. 自然资源丰富多样，但保护利用差。贫困地区幅员辽阔，土地资源丰富，但山地面积大，25 度以上坡地比重大，耕地所占比重小，土质差，水土流失严重，产量低而不稳。生物资源多样，全国 30 000 多种种子植物、1 800 多种陆生脊椎动物，绝大多数在贫困地区可以见到。这对全面发展贫困地区农林牧渔和工商业，提供了良好的物质条件，但是，长期以来，由于保护利用不当，许多地区的动植物资源采捕过度，特别是森林资源破坏严重，由于森林资源的衰竭，林区经济长期处于贫困状态。全国 18 片贫困地区中，约有 80%的贫困县分布在林区。贫困地区矿产资源比较丰富，已经探明的金属矿藏有 30 多种，有色金属近 40 个品种，稀有金属矿 20 多种，铁矿储量近 70 亿 t,煤的储量近 2 000 亿 t。但由于人才和资金缺乏，技术落后，交通不便，贫困山区的矿产资源没有得到合理的开发利用。

2. 地形复杂，气候多变，灾害频繁。贫困地区除青藏高原外，大部分分布在我国第二地形阶梯的高原、山地和第一、第二地形阶梯过渡地带的中低山地；一部分在东部丘陵山区。地貌种类多样，恶劣气候较多。贫困地区的气候，受东南季风与西北季风的影响都很强烈，寒、暖、干、湿的季节变化大。冬季寒冷干燥，夏季炎热多雨，春秋为两种季风交替时期，天气多变。贫困地区自然灾害频繁，常见的有干旱、雨涝、霜冻、冰雹、台风、干热风、寒露风等。一般南方多涝，北方多旱，高原多寒。春季南涝北旱，盛夏北涝南旱。气候多变、多灾、贫水、贫热、缺氧、少光等不利因素，往往成为贫困地区脱贫致富的重大障碍。

3. 交通不便，经济落后，财力匮乏。贫困地区山高路远，居住分散，公路和人马驿道稀少，交通十分不便，即使修了公路，由于标准低、质量差，通行能力，抗灾能力都很低，尤以西部少数民族地区更为突出。占全国面积2/3以上的西部地区，铁路里程还不到全国的 1/4。目前全国还有 4 000 多个乡、十几万个村不通汽车或拖拉机，而这些大部在贫困地区。贫困地区经济、技术十分落后。贫困面比较大的甘肃、宁夏、青海、西藏、内蒙古、新疆等地，土地面积超过全国的一半，工业产值不到全国的 4%。所在的贫困地区，几乎没有什么大工业。即使有工业的地方，结构也十分不合理，多半是采矿和原料加工。由于生产不发达，经济技术落后，贫困地区普遍财政困难，入不敷出，靠国家补贴过日子。贫困地区粮食普遍不能自给，靠国家调拨。

4. 文化教育落后，人口增长过快，科技力量薄弱。一是文化设施少，群众文化生活贫乏；很多贫困地区至今没有文化馆、电影队，群众看不到电影、报纸，听不到广播，文化生活极其贫乏；二是教育事业十分落后。普遍存在校舍设备差、师资质量差，学生入学率、巩固率、合格率低的现象。全国平均每 10 万人口中拥有教员 956 人，而贫困地区不到 600 人。全国平均文盲比重为 25%左右，而贫困地区达 50%以上；三是卫生条件差，缺医少药。有些贫困地区地方病、传染病又在蔓延。全国贫困地区有 70%的县境内流行一种或一种以上的地方病；四是人口增长过快，人口素质低。贫困地区的人口自然增长率高于全国平均水平。贫困地区早婚、近亲结婚和换婚严重，痴呆病人多；五是科技人员少，外流严重，科技水平低。不少贫困地区没有农林牧技术人员，生产技术落后，生产工具简陋，耕作方式原始，毁林开荒，刀耕火种，单产很低。

二、中国扶贫进展以及扶贫工作存在的问题

（一）中国扶贫的进展及展望

1980年以前，中国农村处于普遍贫困的状态，1978年贫困人口数量2.5亿。改革开放以后，以家庭联产承包责任制为主要内容的一系列农村改革，促进了农村经济社会的全面高速发展，农民收入提高很快，贫困程度大幅度减轻，贫困人口数量到1985年减少了一半。自20世纪80年代中后期以后，我国进行了大规模、有计划的扶贫开发工作，大幅度增加了投入，加大了政策力度，实施了一系列旨在促进贫困地区经济社会发展的优惠政策，在扶贫方式上实现了由单纯救济式扶贫向开发式扶贫的转变。

进入20世纪90年代，中国进入以稳定解决绝对贫困为目标的扶贫攻坚阶段。这一阶段的突出特点：

一是我国改革开放进一步深化，社会主义市场经济体制正在建立，市场取向的重大经济改革措施陆续出台。市场经济的利益导向性既给贫困地区的发展带来机遇，也带来了挑战和影响。因此，缓解和消除贫困需要国家有力的干预和支持；

二是贫困地区脱贫的难度明显加大。经过20世纪80年代的努力，条件相对较好、过去政策因素影响较深的地区已经解决了温饱。但是到1998年，中国仍然有4 200万农村居民生活在贫困线以下，尤其是中西部欠发达地区贫困人口较为集中。占中国农村总人口4.04%的这部分农村绝对贫困人口，其共同的特征表现为地域偏远，交通不便，生态失衡，有相当一部分贫困地区属于不适合人类生存的“自然障碍区”，或是环境生态严重超负荷的地区，经济发展缓慢，社会发育程度低。这些贫困地区劳动力负担人口多，平均每个劳动力负担人口1.72人，比全国平均农村劳动力负担人口高8.9%；人均收入水平低，不及全国农村居民平均收入水平的1/3；人口文化素质较差，农村劳动力文化程度指数仅达到小学程度，为6.12年，其中文盲半文盲劳动者比重高达21.9%，比全国同期平均水平高出1倍以上。这决定了脱贫难度相

当大。因此，要想取得理想的扶贫效果，需要比以前付出更大的努力。

（二）扶贫工作中存在的问题

1. 新形势下对贫困地区优惠政策已经弱化。目前中国经济体制改革正在逐步深化，社会主义市场经济体制逐步建立。虽然从长远看，市场经济体制的建立会给贫困地区带来更多的发展机会，而且随着经济体制的逐步完善，国家财力增强后，可以对贫困地区给予更多的扶持。但在近期内，市场经济的利益导向性的优胜劣汰，必然使基础差、起点低、经济技术水平落后、商品意识差的老少边穷地区，与发达地区相比，处于更加不利的地位。在这种形势下，贫困地区的优惠政策实际上被弱化了。诸如"七五"时期国家对贫困地区实行的农产品自由购销、农业税减免、免征能源交通基金、少数民族贫困县核定基数上缴税收全留等政策，由于实行了分税制财政体制改革和工商税制改革而失去意义或名存实亡。国家"八七"扶贫攻坚计划中新制定的有些优惠政策，在市场经济条件下，操作上的一些问题没有解决，各有关部门和各级地方政府在实际工作中还没有落实。

2. 扶贫信贷资金使用和管理亟需加强。扶贫信贷资金是中国扶贫投入的主体，但长期以来在管理中存在许多问题。目前扶贫资金的管理使用上存在不少问题，资金不能及时足额到位，挤占挪用现象比较严重，不少资金用到了与解决群众温饱问题没有多大关系的项目上，甚至搞了一些非生产性项目。一些地区过分强调承贷者的还款能力，把扶贫贷款的绝大部分用于发展工业，只有一小部分被用于支持真正能使农村贫困人口受益的农业。有的地区扶贫贷款用于县乡工业的比重达80%，用于种养业的仅占20%。贷款到位迟、随意缩短贷款期限、担保难、扶贫企业和贫困户贷不到款等问题比较普遍。在扶贫拨款、贷款使用上还存在虚报多领、挪用、浪费等现象。

3. 反贫困投入力度与反贫困所要达到的目标不相称。目前国家财政扶贫投入主要包括支援发达地区发展资金、"三西"① 建设专项资金、以工代赈资金等，占国家扶贫总投入不到一半。从国际上看，反贫困主要靠政府财政的无偿投入，大部分国家是用财政拨款给政府主管部门，或拨款给政策性金融机构，为金融机构的扶贫贷款提供贴息并承担部分经营风险，同时在利税方面给予特别优惠。我国的扶贫投入主要靠贷款，而且近几年来对扶贫贷款的财政贴息不能及时到位，在一定程度上影响了金融机构对贫困地区的贷款能

---

① 指甘肃省的安西、定西和宁夏自治区的西海固地区。

力和积极性。对于自然条件恶劣的地区，由于环境差，很难找到贷款风险小效益高的经济开发项目，贷款运用困难，因此要靠大量扶贫贷款脱贫致富是很难的，必须像国际通行的那样主要使用财政投入结合民间救济进行扶贫才能奏效。

根据多年来扶贫开发的经验和典型测算，要稳定地解决温饱问题，一个贫困人口至少要投入 1 500 元，如果按照世界银行等国际组织的标准要 5 000 元。按前一个标准计算，要解决 4 200 万贫困人口的温饱问题，到 2000 年之前需要投入 630 亿元。1999 年中央的扶贫资金投入为 248 亿元①，加上地方每年 20 亿元的扶贫投入，总共是 268 亿元，两年共 536 亿元，缺口 94 亿元。增加扶贫投入难度之大由此可见。

4. 以工代赈规模不足，管理需要改进。从 20 世纪 80 年代中期开始实施的以工代赈措施，是专门帮助贫困地区进行基础设施建设的一项重要措施，对促进贫困地区的经济发展起着至关重要的作用。同时通过组织贫困农户投工投劳，取得一定报酬，也部分地起到了直接赈济的作用。目前已经确定的“九五”期间扶贫以工代赈总规模只有 200 亿元，比“八五”期间的规模有所增长。但考虑到近几年的通货膨胀使扶贫难度加大和贫困地区的实际需要等因素，“九五”期间每年坚持以农田基本建设、小型灌溉系统、农村公路等基础设施为主。

三、中国的扶贫政策及扶贫方式的选择

（一）中国的扶贫政策

1. 产业规划布局与扶贫政策。产业规划布局是国家宏观调控手段的综合政策体系之一。根据贫困地区的特殊情况，在产业政策和布局上给予支持和倾斜，是非常重要的扶贫政策。贫困地区的建设项目和经营的企业，除省地级以外，一般都在农村、山区，要上的产业项目都规模小、数量较少，扶贫作用较大。在全国整个产业系列中所占比重也很小，一般都不会对全国产业政策的实施构成大的影响。除了个别污染、亏损严重、无法治理的要坚决予以淘汰外，只要有市场有原料、能吸收当地大量劳动力、不亏本的，即使规模小一些，在一定阶段内，也应该从各方面给予支持，使贫困地区有机会以

① 温家保，1999 年 6 月 8 日在中央扶贫开发工作会议上的讲话，《农民日报》，1999 年 7 月 22 日第 2 版。

成本低的优势进入市场参与竞争。

2. 国土整治和重大项目建设与扶贫政策。在市场机制下，国家为了实现解决整体发展战略和布局政策导向，对国计民生有关键作用的国土整治、重大项目建设和区域布局进行有计划的组织和实施。与此同时，对同等条件的项目，首先要考虑贫困地区，以此确定为扶贫的一项重要政策。

治理环境恢复生态，既是脱贫的对策，也是保持国民经济可持续发展的重要措施。中国贫困地区大部分处在环境差地带，治理好荒漠化国土，恢复生态良性循环，既可以保持国家经济和社会持续发展，提高农业生产效率，又可以解决大部分贫困人口的稳定脱贫。因此，在发展经济与治理环境并重的思想指导下，应该首先注重解决水土流失和风沙化造成的众多人口贫困的地带。可形成既解决生态环境治理，保持经济发展的持续性，又使贫困人口脱贫有保障，取得一举三得效应。

在安排国家重点建设项目的时间、数量、地点上，要体现扶贫开发政策。通过在贫困地区建设项目可开发当地资源、吸纳当地劳动力；通过产品工艺扩散和所需生活品的供应、社会服务等第三产业发展，既可为贫困人口直接增加收入，同时经过利税环节，又扩大地方财政投入，形成新的区域经济增长点，为扶贫做出贡献。

3. 社会发展中的扶贫政策。国家在组织各地区劳动力输出输入容量的信息网络以及引导人口流动的劳动力就业的有序化过程中，发现贫困地区的劳动力在民工潮中，虽然数量占很小比例，但对处于贫困的农户来说，能有一个劳动力外出打工，就能解决一个家庭的生活问题，因此要实行贫困劳动力优先就业的原则。贫困人口的共同特点是接受文化教育少，劳动力素质低。加强贫困地区的文化教育，已经成为扶贫的一项重要内容。各级政府应该加强文化教育投入，走农科教结合的道路。

提高贫困地区劳动力身体素质，是脱贫的关键环节。劳动力的身体素质好坏同经济收入有着正相关的关系。从总体上看，贫困农户的劳动力群体中，残疾和患病人口较多，是造成贫困的重要原因之一。因此，必须加强卫生保健，提供这方面的社会服务，改善这些地区的医疗卫生落后状况。在改善乡镇卫生院、农村卫生室条件、培训乡村医生过程中，把扶持农村劳动力身体素质放在首位，是一项重要的扶贫政策。

（二）扶贫方式的选择

1. 最有效的方式就是直接扶持贫困农户。由于过去多采用救济式的方式，资金大部分被直接消费掉，没有形成生产开发能力，只输入不产出商品效益，形成了贫困农户“吃粮靠返销，生产靠救济”的状况。改变这种扶贫方式，并不是完全否定直接的扶贫，而是否定“救济式”的方式。将扶持的财物直接拨给或贷给贫困户搞产业开发，仍然是最有效的脱贫方式。但首先被扶持的农户，对要开发的产业产品，要会生产经营，能稳定增加自己的收入；其次是本乡本村的领导要强有力，能促进被扶持的目标实现；第三是扶贫投入要改变济富不济贫的现象。

2. 利用扶贫资金组织企业搞开发项目建设。实现扶贫经济实体化，通过经济实体连接贫困的千家万户。这是多年来总结扶贫方式所肯定的经验。首先是运用当地现有企业或聘请能人来牵头；其次是利用群众团体和中介机构来组织；第三是个人、单位支援的扶贫，大批安排的专项建设。这些扶贫方式，再经过进一步延伸拓展，实现贸工农一体化，产加销一条龙的综合经营体系，在逐渐积累雄厚资产基础上，减少经营风险，取得金融上的信誉。这是利用市场机制脱贫致富的重要方式。

3. 贫困地区农民自愿组成经济合作组织，带动贫困农户脱贫。由农村能人牵头，通过开发产品，进行共同经营。这种方式，在东南亚一些国家，曾被贷款银行所接受，因为脱贫效果比较好，偿还能力比单个农户好。在中国应该根据贫困地区的当地条件，有针对地推行，也是扶贫的一种好方式。

4. 在贫困地区推行农村股份合作制。以贫困基层集体或分包给农户的荒山等土地和贫困农户的劳动力为主体参股；另一方面以扶贫资金或单位及个人援助资金参股，组成股份，按股投入，取得收益按股分配。由县、乡组织领导，聘请或选拔懂技术会经营的人牵头，按适合当地的优势产业为主，根据市场需求选择开发一种和几种产品，或搞服务性第三产业。以扶贫资金为基础，吸收县、乡机关和个人投资入股。还可以横向联合，制定优惠政策吸引区外股东入股，逐步扩大扶持的范围和产业的开拓。

5. 选择和培植支柱产业，组织连片开发，建立区域发展基地。从经济资源联系紧密、有共同特点出发，将跨村、跨乡、跨县，甚至跨省的区域，作为扶贫整体来考虑各层次支柱产业和开发项目。构成上下游产业紧密的链条，并同国内外市场连接，从而摆脱被扶持的项目和农户孤军深入看不到大趋势的缺陷。形成以区域经济发展为支撑，一般达到户户有专业、村村有产品、乡乡有产业、县县有项目，连起来是基地，既可以是有厂房的企业，也可以是无厂房的企业。

6．提高贫困地区人口的素质，增强自身脱贫致富的能力。目前贫困地区大多十分封闭落后，人口文化素质很低，脱贫致富的能力很差。因此，要通过义务教育、成人扫盲等活动，努力提高贫困人口的文化水平，这样就可以接受新观念，增强脱贫致富的主动性。同时要向贫困地区传授和推广农业先进适用技术，真正解决温饱问题，促进贫困地区经济发展，最终还要靠科学技术。实行扶贫开发与计划生育相结合的原则，教育贫困地区的农民少生优生，尽快摆脱越穷越生、越生越穷的恶性循环状态。

思考题

1．中国农村人口政策的主要内容包括哪些？
2．中国农村人口政策在控制过快的人口增长方面能够发挥多大的作用？
3．制定农村教育政策与促进农业生产发展之间的关系如何协调？
4．农村教育政策包括哪些基本内容？
5．如何认识中国农村的贫困问题对制定扶贫政策的影响？
6．扶贫政策的制定对解决中国农村社会稳定与发展有何作用？

参 考 文 献

1. 杨德祥主编．农业政策学．北京：北京农业大学出版社，1993
2. 沈承刚著．政策性．北京：北京经济学院出版社，1996
3. 谭向勇，肖海峰，李秉龙编著．农业政策原理．太原：山西经济出版社，1997
4. 胡乃武主编．当代中国经济发展中的政策选择．杭州：浙江人民出版社，1993
5. 林德金，陈洪，刘珠江．政策研究方法论．延吉：延边大学出版社，1989
6. [英] C. 里特森著，章景瑞译．农业经济学——原理与政策．北京：农业出版社，1988
7. 中国农村经济编辑部．关于农地制度改革的若干问题．中国农村经济，1992 (5)
8. 高一雷．谈土地永包制、独子继承与土地使用权流转市场．农业经济问题，1993 (4)
9. 鄂玉江．农村土地制度深化改革模式选择．农业经济问题，1993 (4)
10. 商春荣．论我国农村土地制度改革．农业经济（人大复印报刊资料），1997 (7)
11. 傅晨．农地制度变革的线索与基本经验．经济体制改革，1997 (2)
12. 张小华，黎雨主编．中国土地管理实务全书．北京：中国大地出版社，1997
13. [台] 许文富．农业政策导论．台北：财团法人丰年社，1999
14. 肖自力，周双超主编．中国人口与可持续发展．北京：中国人口出版社，1998
15. 郭建雄著．二元经济与中国农业发展．北京：经济管理出版社，1999
16. 国家统计局编．中国统计摘要（1998）．北京：中国统计出版社，1998
17. 潘金云主编．中国第一资源——人力资源开发利用理论与实践．北京：机械工业出版社，1991
18. 袁永康，吴尚民．制约农村经济进一步改革与发展的主要问题与对策．经济学动态，1994 (7)
19. 赵树凯．缓解就业压力需要城乡统筹．中国经济时报，1999.3.31

20. 中国社会科学院农村发展研究所，国家统计局农村社会经济调查总队．1997～1998 年：中国农村经济形势分析与预测．北京：社会科学文献出版社，1998
21. 韩德乾主编．新的农业科技革命．北京：中国农业出版社，1998
22. 陈建军主编．农业管理学．北京：科学技术文献出版社，1997
23. 李秉龙，乔娟．论农业教育与其经济利益向农业的转移．农业经济问题，1997（10）
24. 路明．高举邓小平理论伟大旗帜，总结经验，深化改革，开创高等农业教育新局面．高等农业教育，1998（3）
25. 韩惠鹏．农业教育的恢复调整和改革发展．高等农业教育，1998（12）
26. 温家保．坚定信心，加大力度，确保如期实现扶贫攻坚目标．农民日报，1999.7.22
27. 张国庆．现代公共政策导论．北京：北京大学出版社，1997
28. 张金马．政策科学导论．北京：中国人民大学出版社，1992
29. 王国刚，刘志彪．经济政策学概论．南京：南京大学出版社，1990

图书在版编目(CIP)数据

农业政策学/钟甫宁主编．—北京：中国农业大学出版社，2000.8(2018.3 重印)
面向 21 世纪课程教材
ISBN 978-7-81066-229-1

Ⅰ.农…　Ⅱ.钟…　Ⅲ.农业政策-中国-高等学校-教材　Ⅳ.F320

中国版本图书馆 CIP 数据核字(2000)第 29182 号

出版发行	中国农业大学出版社
经销	新华书店
印刷	北京时代华都印刷有限公司
版次	2000 年 8 月第 1 版
印次	2018 年 3 月第 11 次印刷
开本	16　16.5 印张　272 千字
规格	787×980
定价	25.00 元

社址　北京市海淀区圆明园西路 2 号
邮编　100193　电话(010)62732620